기독교 영성의 역사

기독교 영성의 역사

초판 발행: 1997년 2월 10일
3쇄 발행: 2007년 10월 30일
지은이: 정용석, 이후정, 유해룡, 지형은, 최형걸, 홍성주
발행처: 도서출판 은성
등록: 1974년 12월 9일 제9-66호
주소: 서울 강동구 성내동 538-9 은성빌딩
전화: 02-477-4404
팩스: 02-477-4405
http://EunsungPub.co.kr

출판 및 판매에 관한 모든 권한은 본 출판사가 소유하고 있습니다.
출판사의 사전 서면 허락 없이 상업적인 목적으로 번역, 재제작, 인용, 촬영 등을
할 수 없음을 알려드립니다.

Printed in Korea
ISBN 89-7236-165-8 33230

Originally published in English under the title of *A History of Israel* by John Bright.
Published by Westminster John Knox Press, in U. S. A. in 2000.
All rights to this book, not specially assigned herein, are reserved by the copyrights owner.
All non-English rights are contracted exclusively through Westminster John Knox Press.

기독교 영성의 역사

정용석
이후정
유해룡
지형은
최형걸
홍성주

은성

차례

머리말/ 이후정(감리교신학교, 교회사) / 11

제1장 기독교 영성: 개론적 고찰/ 정용석(이화여대, 교회사) / 17
   1. 기독교 영성에 대한 세 가지의 이해/ 17
      1) 물질과 대립되는 개념 / 18
      2) 영적인 세계에 대한 개념 / 19
      3) 무아지경에 대한 개념 / 20
   2. 기독교 영성에 대한 용어 / 21
      1) 용어의 유래 / 21
      2) 영성의 정의 / 27

제2장 초대 기독교의 영성/ 정용석(이화여대, 교회사) / 31
   1. 종말론적 영성 / 34
      1) 기독교의 역사관 / 35
      2) 천년왕국설 / 35
      3) 어거스틴의 종말론 / 37
      4) 심판과 부활 / 38
   2. 예배 영성 / 42
      1) 초대교회 예배 / 42
   3. 공동체적 영성 / 50
   4. 순교 영성 / 56
   5. 수덕적 영성 / 61

제3장 초대 수도원의 영성/ 이후정(감리교신학교, 교회사) / 67
  1. 서론 / 67
  2. 사막 교부들의 영성 / 70
      1) 『안토니의 생애』 / 70
      2) 『사막 교부들의 금언집』 / 75
  3. 닛사의 그레고리와 마카리우스의 영성 / 79
      1) 성 그레고리의 고전적 비잔틴 영성 / 79
      2) 마카리우스의 성령 중심의 체험적 영성 / 88

제4장 중세 기독교의 영성/ 유해룡(장로회대전신학교, 교회사/ 영성) / 97
  1. 고대 시대의 영성 / 97
      1) 들어가는 말 / 97
      2) 어거스틴의 영성 경험의 패턴 / 100
      3) 위-디오니시우스의 영성 경험의 패턴 / 105
      4) 나오는 말 / 111
  2. 동방교회의 영성 / 112
      1) 동방교회 영성의 특징 / 112
      2) 삼위일체적 영성 / 113
      3) 헤지카즘 전통의 의미 / 117
      4) 헤지키아 영성 / 119
  3. 스콜라 시대의 영성 / 123
      1) 서론 / 123
      2) 『성 프란치스코의 생애』에서의 영성신학 / 126
  4. 보나벤투라의 영성 / 136
      1) 보나벤투라의 작품의 성향 / 136
      2) 『하나님께 이르는 영혼의 여정』에서의
         보나벤투라의 영성 / 137
      3) 맺음말 / 144

5. 후기 중세시대의 신경건운동 / 146
      1) 신경건운동의 기원 / 146
      2) 신경건운동의 일반적 특징 / 148
      3) 신경건운동의 영성 / 150
  6. 로욜라의 이냐시오의 영성 / 155
      1) 로욜라의 성장 배경 / 156
      2) 『영신수련』 / 159

제5장 근대 교회의 영성/ 지형은(서울신학대학교, 교회사) / 169
  1. 머리말 / 169
      1) 강의 목적 / 169
      2) 영성과 경건주의 / 170
  2. 배경: 종교개혁 뒤 1600년 즈음의 상황 / 173
      1) 종교개혁부터 아욱스부르크 평화회의까지 / 173
      2) 개신교 정통주의 시대 / 177
      3) 1600년 즈음에 있었던 경건성의 위기 현상 / 182
  3. 시작: 경건주의 출발 / 189
      1) 새로운 경건성과 요한 아른트 / 189
      2) 필립 야콥 스페너 / 194
      3) 아우구스트 헤르만 프랑케 /202
  4. 오해: 경건주의에 관한 오해 / 207
      1) 경건주의와 각성운동 시대 / 208
      2) 알브레히트 리츨의 경건주의 연구 이후 / 209
      3) 제2차 세계대전 이후 / 212
      4) 1964년 이후 / 213
  5. 구상: 경건주의의 본디 특징 / 215
      1) 『경건한 소원』의 저술 배경 / 215
      2) 서문 / 216
      3) 본론 / 218

6. 오늘: 경건주의의 교훈과 한국 교회 / 227
      1) 한국 교회: 과거 / 227
      2) 한국 교회: 현재 / 229
   7. 내일: 21세기와 "열린 경건" / 231
      1) 21세기를 보는 상반된 두 가지 시각 / 231
      2) "열린 경건 / 231"
      3) 한국 교회가 나아갈 방향 / 232

제6장 수도원의 역사/ 최형걸(기독신학교, 교회사) / 239
   1. 수도원의 시작 / 244
      1) 배경 / 244
      2) 이상 / 245
      3 두 가지 질문 / 247
   2. 교회의 위상 변화와 금욕가들이 광야로 나감 / 252
      1) 사회 환경 / 252
      2) 광야의 은둔자들 / 255
      3) 초기 공동체의 생활 양상 / 257
      4) 수도원의 삶의 형태 형성 / 259
   3. 수도원 이상의 서방 전래와 베네딕트 수도원 / 259
      1) 수도원의 서방 확산의 원인 / 261
      2) 수도원들의 형태 / 264
      3) 전체적 특성과 확산의 이유 / 267
      4) 수도원의 정형화 / 269
      5) 국가 정책과 수도원 / 272
   4. 수도원 개혁 운동 / 274
      1) 배경 / 274
      2) 클루니 수도원의 개혁 운동 / 275
      3) 시토 수도원의 개혁 운동 / 277
      4) 그레고리 개혁 / 279

5. 탁발수도회의 등장과 유럽의 사회 개혁 / 283
    1) 시대적 배경 / 283
    2) 도미니크 수도회 / 284
    3) 프란시스코 수도회 / 285
    4) 어거스틴 수도회 / 290
6 종교개혁기의 수도원 운동 / 293
    1) 중세의 가을 / 293
    2) 수도원의 두 양태 / 294
    3) 예수회 / 296

제7장 영적 독서 안내/ 홍성주(성결대학교, 교회사) / 305

1. 기본서 / 307

2. 고전 / 308

3. 기도 / 309

4. 영성 형성 / 311

5. 영성 지도 / 311

6. 영성 훈련 / 312

7. 영성사 / 313

8. 개신교 영성 / 314
    1) 현대 / 314
    2) 고전 / 315

9. 영성과 기도에 관한 한국 문헌들 / 316

머리말

　이 책은 지난 여름에 은성 수도원에서 열렸던 영성 세미나에서 행해진 강의들을 책으로 묶은 것이다. 주로 목회자들과 신학생들이 참여했던 이 세미나는 그동안 그곳에서 정기적으로 행해졌던 세미나보다는 좀더 체계적이고 학문적으로 역사적인 관점에서 기독교 영성을 취급해 보려는 취지를 갖고 있었다. 따라서 영성에 대한 관심과 연구가 있는 신학 교수들이 강의를 맡았다. 강의 형태를 책으로 엮은 것이어서 편집 과정에서 보충과 수정이 있었으나, 원래의 강의가 갖는 좀더 구어적인 성격을 어느 정도 지니고 있는 부분도 있을 것이다. 물론 목적은 기독교 영성을 더 깊이 있게 이해하고자 하는 교회와 신자들의 요청에 응답하려는 것이다. 그러나 글은 다소 에세이식으로 된 부분들도 있으며, 전반적으로는 평이하게 독자들에게 다가가려 한다.

　기독교 영성이란 주제는 오늘날 교회와 신학에서 많이 언급되고 있다. 이것은 현대에 와서 드러난 새로운 주제가 아니라 교회의 역사 속에서 중심적인 위치를 점해 온 기독교의 종교적 차원인 신앙의 원천을 재확인하고 생동력 있게 하려는 노력이라고 볼 수 있다. 그것을 우리는 과거에 경건(piety), 신심(devotion), 넓게는 신앙이라고 하여 신학과 구별시키기도 하였다. 그러나 영성과 신학의 구별은 결코 그 둘의 대립이나 분리로 인도되어서는 안될 것이다. 왜냐하면 영성이란 교회의 삶 전체에 걸쳐 기초와 원천이 되는 생명 있는 본질을 뜻하며, 신학은 그것을 기초로 하여 반성과 인식을 거쳐 이해의 과제를 추구해야 하기 때문이다. 참된 영성은 하나님과 인간의 친밀한 교통의 관계를 체험과 인식, 삶과 실천에 걸쳐서 발견하는 것이며, 우선적으로는 초월자에 대한 만남과 접촉을 전제한다. 그러므로 영성은 기도와 신비적 명상을 일차적인 주제로 하면서, 그것이 어떻게 하나님과의 사랑의 일치를 향해, 그리고 이웃과의 사랑의 삶에로 우리를 이끌어 주는지 탐구해 본다. 그렇게 될 때, 사랑은 우리의 삶을 하나님의 집으로, 그의 성령이 그리스도의 온전하고 빛나는 형상을 우리 안에 재창조하시면서 거하시는 변모의 자리로 화하게 한다.

　기독교의 역사는 우리가 오늘 우리의 영성을 이끌어내는 샘과 같다고 할 수 있다. 그것은 무엇보다도 성경을 원천적 자료(primary source)로 하였다. 그렇지만 성경의 드높은 종교적 세계는 예수 그리스도를 정점으로 하여 완성된 후에 이제 넓은 들판으로 흐르는 강처럼 기독교의 역사를 통해 펼쳐져 나갔다. 그 속에서 하나님의 사람들은 삼위일체의 현존의 장소인 교회의 친교 속에서 다시 하나님의 말씀을 듣고 배우고 그리스도의 신비체를 경험하였다. 그것은 다름 아니라 성령으로 말미암아 회심하고 거듭 난 사람들의 새로운 삶이었고, 예수 그리스도의 삶의 모본에 일치되도록 성숙과 온전을 향해 진보하는 재창조와 재형성의 역사였다. 어두움과 혼돈의 한가운데에서 빛이 비추어, 교회의 역사는 계속 하나님을 완전하고 투명하게 관조하는 종말론적 삶에로 향해지는 순례의 길을 걸어가고 있는 것이다.

우리는 이 책 속에서 비록 충분하지는 않지만 기독교 영성의 역사를 개관하게 될 것이다. 먼저 동·서방 교회를 포함하는 초대 교회의 영성은 전체 기독교 영성의 역사에 있어서 하나의 모델 혹은 패턴을 제공하고 있는 것 같다. 위대한 교회의 영적 스승들(spiritual masters)인 초대 교부들의 넓고 깊은 영성의 세계는 오늘 우리와 같이 세속화되고 물질 문명이 극도화된 현대를 사는 기독교인들에게 어떤 의미가 있을까? 많은 현대의 영성가들이 그럼에도 불구하고 초대교회의 원천에 다시 돌아가려 하고 있는 이유는 그곳에서부터 좀더 조화 속에 일치된 교회의 삶과 신앙의 패턴에로 접근할 수 있는 단서들이 도출되기 때문이 아닌가 한다. 그것은 오늘의 영성의 사막 속에서 다시 샘을 찾아 떠나는 사람들에게 길잡이가 되기도 한다.

기독교 수도원의 역사는 초대교회에서 출발하여 전 교회사에 걸쳐 흘러온 영성의 거대한 맥이다. 수도생활 자체는 결코 교회의 발명품이 아니었다. 그것은 종교적인 구도자들에게 있어서 지극히 당연한 수행이었다. 구약과 신약성서 속에서 우리는 그 모델들을 접한다. 모세의 광야에서의 단련, 엘리야의 광야길, 마지막 예언자 세례자 요한의 광야에서의 극한적 삶 등이 수도생활의 전례라면, 예수 그리스도 역시 40일간의 광야 생활 없이 그의 구원의 사역을 시작하지 않으셨다. 바울의 아라비아 광야행은 같은 맥락에서 이 위대한 사도의 삶에 무엇으로도 대신할 수 없는 또 하나의 배경을 제공한다. 그리고는 초대교회의 수도생활이 뒤따랐다. 그후 역사의 긴 세월 동안 철저한 복음적인 삶(evangelical life)의 연속으로서의 수도생활은 교회의 세속화와 정욕적인 육의 어두움의 세력과 대결하는 영성의 훈련장이었고, 위대한 영성가들을 만들어낸 도가니요 산실이었다. 오늘 우리가 어떻게 기독교 공동체에서 이 전통을 회복할 수 있을까? 우리는 진지하게 이 질문을 받아들여 삶의 깊이 속에서 묵상, 반성해야 할 것이다.

중세의 영성의 역사는 위대한 성자 어거스틴에게서 출발하여 긴 서구 교회사 속에서 전개되었다. 우리 개신교도들에겐 아직도 낯설고 친숙해지기 힘든 중세의 세계이지만, 그 속에서 우리는 아름다운 영혼의 노래를 창조의 아름다움 속에서 들려주는 아씨시의 성자 프란시스코를 비롯하여 많은 영성의 대가들을 만나게 될 것이다. 위대한 사랑의 합일의 신비주의를 펼쳐낸 성 베르나르, 사변적이고 존재론적인 독일 신비주의가 마이스터 엑하르트, 영국의 여성 신비가 줄리안 등등, 많은 영성의 사람들이 이 암흑 시대라고 불리는 긴 시대 속에서도 밤하늘의 별들처럼 빛나고 있다. 그리고 우리가 종교개혁자 루터에 이르러 새로운 교회사의 격동기를 만나지만, 루터 역시 독일 신비주의 전통 속에서 자신의 실존주의적 신앙 체험의 근거를 익혔던 것이다. 따라서 중세와 종교개혁의 단절성이나 불연속성에만 몰두하는 것보다는, 영성의 전통이 어떻게 끊어짐 없이 기독교의 역사를 이어왔는가에도 관심하지 않을 수 없다. 또한 개신교의 출발점과 나란히 스페인의 위대한 종교개혁자이며 신비가였던 아빌라의 성녀 테레사와 아름답고 지순한 영성 시 속에서 펼쳐졌던 십자가의 성 요한의 치밀하고 체계적인 영성의 구도는, 좀더 실천적이고, 세상 속에서의 수도적 삶에 투철했던 예수회의 창시자 성 이냐시오 로욜라의 강력한 영성수련과 더불어 위대한 가톨릭 영성 전통을 수립하였던 것이다.

이런 관점에서 근대 기독교의 영성은 비록 신구교의 분열과 대립의 아픔으로 교회가 시련을 겪었으나 결코 기독교의 생명을 잃지 않게 해주는 젖줄로 남아왔다. 위대한 개신교의 유산인 경건주의와 복음적 부흥운동, 대각성운동의 영성은 오늘 우리 개신교도들의 삶에 지대한 영향을 미치고 있다. 이들 속에서 우리는 거듭남의 체험이 가지는 종교적 중요성이 이성주의와 교리주의의 엄청난 도전을 극복하고 생명 있는 샘이 되었음을 발견한다. 뿐만 아니라 신비주의적 영성의 맥도 끊어지지 않은 채 새로운 형태로 전개되었다. 오늘에 이르러 오순절 운동의 다소 열광적인 영성도 활력 있게 발출되고 있다고 하겠다.

독자들은 이 책을 통해 영성이라는 주제에 더 친숙해지는 데 도움이 되는 역사적인 뿌리와 흐름들을 접하게 될 것이다. 또한 기독교 영성을 이해하는 데 필요한 좋은 안내서들 역시 소개받게 되리라 믿는다. 바라기는 이 책이 한국의 진실한 기독교 신자들의 더 성숙한 영성에 대한 갈증과 희망을 조금이나마 채워줄 수 있었으면 한다. 그리하여 우리의 교회가 온전하고 순수하고 건강한 원 형태로 변모되고 삼위일체 하나님의 생명력이 그 가운데 충만하게 되기를 바라며 이 책을 엮어 내는 바이다.

이후정

제1장
기독교 영성: 개론적 고찰

정용석(이화여대, 교회사)

이 장에서는 크게 두 부분으로 나누어 설명하고자 한다. 먼저 '기독교 영성이란 무엇인가'를 살펴보고, 그 다음으로는 '초대 기독교의 영성의 특징이 무엇인가'를 살펴 보되, 초대교회의 교부들의 글과 초대 교인들의 신앙생활을 보면서 살펴 보도록 하겠다.

1. 기독교 영성에 대한 세 가지 이해

미국에서는 1970년대부터 영성(spirituality)이라는 말이 사람들 입에서 오르내렸고, 한국에서는 1970년대 말 또는 1980년 대부터 영성, 또는 영성생활이라는 말이 오르내리게 되었다. 그래서 영성 운동, 영성 세미나 등과 같은 말이 교회에서 많이 나오고 그런 프로그램이나 활동들이 많이 일어나고 있다. 그러나 현재 일어나고 있는 영성운동은 종래의 성령운동 또는 부흥회에 영성운동이란 이름만을 붙인 경우가 많다.

영성, 또는 영성생활이란 무엇인가? 전통적으로 기독교 영성이라고 말할 때 어떻게 이해를 했는지 세 가지 예를 들어 보겠다.

1) 물질과 대립되는 개념

첫번째로, 영이라고 하면 육, 또는 물질과 대립되는 것으로 이해하게 된다. 그래서 육적이거나 물질적인 욕구를 억제하고 영혼이나 정신적인 것만을 중시하고 추구하는 입장에서 영성을 이해하는 것이 있다. 이런 입장의 대표적인 경우는 플라톤의 이원론이라고 할 수 있다.

플라톤의 이원론은 영혼과 육체를 철저하게 대립되는 것으로 이해한다. 그래서 영혼은 원래 이데아에 속한 것인데, 그것이 타락해서 현상의 세계로 떨어지게 되었고, 현상의 세계에 속한 육체라는 감옥에 갇히게 되었다. 그렇기 때문에 이 영혼이 구원을 받는 길은 본래 자신의 고향인 이데아의 세계로 다시 돌아가는 것이라고 믿는다. 그것은 죽음의 의해서 완전한 길에 이를 수 있다고 한다. 그래서 소크라테스는 죽을 때에 상당히 태연하게 죽었다. 그는 유언으로 자기가 닭 한 마리를 꾸어서 먹은 것이 있는데 그것을 갚아 달라고 할 정도로 여유있게 죽었다. 왜냐하면 소크라테스나 그의 제자 플라톤에 의하면 구원이란 영혼이라는 것이 육체라는 감옥을 벗어나서 본래의 고향인 이데아의 세계로 돌아가는 것으로 생각했기 때문이다.

이 영혼이 본래의 이데아의 세계를 사모하는 마음을 에로스라고 한다. 지금은 에로틱, 에로티시즘이라는 말이 관능적이라는 뜻으로 쓰이지만, 원래 희랍어의 에로스라는 말은 영혼이 본래 있던 이데아의 세계를 사모하는 마음을 의미한다.

이러한 플라톤적인 이원론적인 생각에 바탕을 두고 영적인 것과 육적이며 물질적인 것을 대립하는 것으로 보는 입장을 심령주의(spiritualism)라고 말할 수 있다.

2) 영적인 세계에 대한 개념

두번째 견해로, 현실 세계와는 다른 어떤 영적인 세계, 소위 영계(靈界: spiritual world)를 사모하는 마음, 또는 영적인 세계를 중시하는 마음, 그러한 입장을 영성 또는 영적인 것이라고 이해하기도 한다. 그래서 현실 생활에서 그러한 것에 이르기 위해서 사람들은 세속을 벗어나서 은둔생활을 하거나 기도원 같은 곳에 간다.

은둔생활은 필요하기도 하다. 세상을 떠나서 자신의 속을 들여다 보고 하나님과의 가까운 관계를 추구하는 입장에서 보면 중요한 생활이다. 그러나 현실 생활을 무시하는 태도는 바른 것이라 할 수 없다. 이러한 태도를 소위 도피주의(escapism)라고 할 수 있다.

3) 무아지경에 관한 개념

세번째 견해는 소위 영성이라는 것은 우리 인간의 이성과는 다른 것이라고 보는 것이다. 이성의 한계를 넘어서 어떤 심리적인 흥분에 사로잡히거나, 또는 무아지경(ecstasy)에 이르는 체험을 얻는 것을 영성으로 이해하기도 한다. 이런 입장을 열광주의(熱狂主義) 혹은, 열정주의(enthusiasm)라고도 한다. 대표적인 예는 한국에서 아주 강하게 일어난 오순절주의 중심의 성령운동이다.

2. 기독교 영성에 관한 용어

1) 용어의 유래

이러한 기독교 영성에 대한 이해를 가지고 있는데, 과연 이것이 옳은 것인가? 이 점을 문제로 던지면서, 기독교 영성에 관한 용어에 대해서 살펴 보자.

루아흐

구약성서에 히브리어로 "루아흐"라는 말이 있다. 이는 "영(靈)"이라는 의미이다. 하나님의 영을 "루아흐"라고 한다. 이 말의 원래의 뜻은 "바람", "숨", "호흡", 또는 "생명의 원리", 또는 "하나님의 능력"을 의미한다.

프뉴마

이 "루아흐"가 신약으로 넘어가서 헬라어로 "프뉴마"라고 불린다. 헬라어로 "프뉴마"(*pneuma*)는 영(靈), "프쉬케"(*psyche*)는 혼(魂), "소마"(*soma*)는 몸을 말한다. 여기서 몸이란 전체적인 의미가 있으며, 육(肉)을 "사르크스"(*sarx*)라고 한다.

"영" 또는 "영성"에 대해서 중요한 가르침을 주고 있는 분이 있는데, 바로 사도 바울이다. 사도 바울의 서신에서 보면 소위 영적인 인간(*anthropos pneumatikos*)과 육적인 인간(*anthropos sarkikos*), 또는 영적인 인간과 자연적인 인간으로 구분한다. 여기서 사도 바울은 영과 육, 영과 물질을 대립시키는 것이 아니라, 영적인 것을 말할 때는 성령을 따르는 것을 말하며, 육적이라는 것은 성령을 거스르고 인간 자신의 욕심이나 의지를 따르는 것을 말한다.

> "육에 속한 사람은 하나님의 성령의 일을 받지 아니하나니 저희에게는 미련하게 보임이요 또 깨닫지도 못하나니 이런 일은 영적으로라야 분변함이니라"(고전 2:14)

> "육신을 좇는 자는 육신의 일을 영을 좇는 자는 영의 일을 생각하나니 "(롬 8:5)

> "내가 이르노니 너희는 성령을 좇아 행하라 그리하면 육체의 욕심을 이루지 아니하리라 육체의 소욕은 성령을 거스리고 성령의 소욕은 육체를 거스리나니 이 둘이 서로 대적함으로 너희의 원하는 것을 하지 못하게 하려 함이니라 너희가 만일 성령의 인도하시는 바가 되면 율법 아래 있지 아니하니라"(갈 5:16-18)

이러한 사도 바울의 글을 보면 영적이라는 것은 소위 물질적인 것과 대립되는 것이라기보다는 성령을 좇는 것을 말하며, 성령을 따르지 않고 성령을 거스리고 자신의 의지나 욕심을 따르는 것을 육적이라고 말한다.

로마 제국에서는 라틴어를 사용했다. 따라서 처음 2세기말 정도까지는 로마 교회에서도 희랍어를 사용했다. 하지만 서서히 로마 제국 내에서는 라틴어만을 사용하게 되었다. 라틴어를 사용하게 되면서 "영"이라는 단어는 소위 *spiritus*라는 말로 표현되었다. 그리고 영적이라는 말은 *spiritalis*, 또는 *sprituaiis*로 바뀌게 되고, 여기서 *spiritualitas*(영성)라는 말이 나오게 되었다.

영성

이 말을 처음 사용한 사람은 리에츠라는 지방의 감독이었던 파우스투스(Faustus of Riez)이다. 이 사람의 말 중에 "영성의 발전을 위하여 행동하라"(Age ut in spiritualitate proficias)라는 말이 있는데, 거기서 spiritualitate라는 말이 나온다. 여기서 이 사람이 사용한 영성이라는 말의 뜻은 사도 바울의 말대로 성령을 따르라는 뜻이었다. 이렇게 11세기까지 계속 사도 바울의 가르침대로 사용되었다.

그런데 9세기에 풀다(Fulda: 베네딕트 수도원이 있던 곳)의 수도사인 칸디두스(Candidus)는 다른 뜻으로 사용하게 되었다. 즉 spitualitas를 corporalitas 또는 materialitas, 즉 육체성 또는 물질성이라는 말과 반대되는 개념으로 사용했다. 이후로 영성이라는 말은 육체성 또는 물질성과 대립되어서 쓰이는 전초가 되었다.

토마스 아퀴나스의 영성에 대한 개념

교회사에서는 중세의 시작을 보통 7세기초로 본다. 600년에 대 그레고리라는 로마의 감독이 즉위한 때부터를 중세의 시작으로 보며, 11, 12세기 이후 스콜라 신학이 발전한 시기를 중세의 전성기로 본다. 당시 토마스 아퀴나스(Thomas Aquinas, 1225-1274)라는 유명한 학자가 배출되었다. 아퀴나스는 유명한 『신학대전』(Summa Theologica)이 저자이다.

아퀴나스의 글을 보면, 처음에는 부분적으로 사도 바울의 가르침을 따라서 "성령을 따른다"는 의미로 영성이라는 단어를 사용했지만, 후반부에 가서는 대부분 칸디두스를 따라서 육체적인 것이나 물질적인 것과 반대되는 개념으로 사용했다. 이것이 굳어져서 중세기에는 영성이라는 개념이 주로 성직자들 또는 특별한 종교인들, 소위 특별한 능력을 가진 종교인들이 가지고 있는 능력 또는 특성을 영성이라고 지칭하게 되었다. 일반 신도들에게는 영성이라는 것이 극히 미미하다고 여겼고, 소위 고위 성직자나 신비한 능력을 가진 수도사들에게 영성이 있다고 말하게 되었다.

경건한 종교적 삶의 의미의 *spiritualite*

그러나 17세기에 들어서서 프랑스에서 불어로 *spiritualité*라는 말을 경건한 종교적 삶을 가리키는 말로 사용하였다. 그러다가 기욘 부인(Madame Guyon)과 그의 제자인 페넬론(Fénélon)이 정적주의(Quietism)라는 운동을 일으키게 되었다. 이들은 자기들의 신앙 운동을 「신 영성 운동」(la nouvelle spiritualité)이라고 지칭했다. 그리하여 당시 볼테르(Voltaire) 등은 이들이 사용하는 영성이라는 말을 비난하면서 부정적인 인식을 갖게 되었다.

부정적인 인식(신비주의)으로서의 영성

영성이란 일종의 신비적인 것으로 여겨졌다. 특히 종교개혁 이후에는 수도원주의 또는 신비주의에 대해서 매우 부정적인 전제를 가지고 출발했다.

개신교 전통에서는 수도원이라는 말을 매우 부정적으로 취급한다. 왜냐하면 수도원의 타락상, 세속을 떠난 수도원의 현실 도피적인 것, 신비적인 것에 너무 몰두하는 것 등의 경향 때문에 종교혁자들은 수도원 주의를 크게 비판했기 때문이다.

현대의 영성 이해

종교개혁이 일어나면서부터 독일에서는 수도원주의가 크게 쇠퇴하였고, 개신교에서는 수도원 또는 신비주의에 대해서 매우 부정적인 인식을 가지고 있었다. 그리하여 영성이라는 말이 잘 사용되지 않다가, 20세기에 영성이라는 말이 나오기 시작했다.

1930년대 및 40년대에 프랑스의 파리 가톨릭협회(Institut Catholique de Paris)에서 유명한 신학자인 에티엔 질송(Étienne Gilson)이 영성에 대한 강의, "영성의 신학과 역사"(Théologie et histoire de la spiritualité)를 하면서 다시 영성이라는 말이 활발하게 사용되었고, 그 영향으로 영어권에서도 spirituality라는 용어의 사용이 점차 확산되었다.

우리나라에서는 어떤 이들은 영성이라는 말이 우리나라의 전통적인 영성을 나타내기에는 미흡하다고 여긴다. 한국 신학연구소의 이정희 선생은 "영성"이란 말 대신 "기(氣)", 또는 "신명"으로 표현하자고 주장하기도 한다.

가톨릭 교회에서는 영성이란 말을 자연스럽게 사용해 내려왔다. 그러나 개신교에서는 영성이란 말을 열정주의 또는 신비주의, 또는 수도원주의와 연관시켜 생각했고, 그래서 부정적인 인식을 갖고 있기 때문에 사용을 꺼리고, 영성이란 말 대신 경건(piety), 헌신(devotion), 완성(perfection)이란 말을 사용했다.

개신교는 영성이란 말이 우리의 신앙 생활에서 도덕적인 요소를 무시하는 것, 즉 도덕폐기론(antinomianism)이라고 부정적으로 인식하는 경향이 있었다. 그러나 20세기 중반에 들어서면서 개신교에서도 영성에 대해 관심을 많이 갖게 되고, 그에 관한 서적도 출판되었다.

　지금은 신학자들 간에서 영성이라는 말이 대단히 폭이 넓게 사용된다. 우리의 삶 자체(life itself)가 영성, 또는 우리의 삶의 방향, 또는 삶의 길이 영성이라고 폭넓게 사용된다. 또 우리의 삶의 영역도 보통 종교적인 삶, 신앙적인 삶이라 하면 개인의 영혼과만 관련되어 내면적인, 심리적인 차원에만 국한시켰지만, 이제 영성이란 말은 우리의 삶 전체를 사용하는 말로 사용된다. 특히 사회적, 정치적 영역까지 포함하는 전인적이고 총체적인 삶의 모습을 가리키는 말로 사용된다. 전인적이란, 영혼과 육체를 대립되는 관계로 보는 전통적인 이원론적 사고를 거부하고 영혼과 육체가 불가분의 관계 속에서 상호보완적이며 조화를 이룬다고 보는 것을 말한다.

　우리의 육체는 죄 된 것, 죄에 속한 것, 악에 속한 것이라고 생각해서 육체를 탄압함으로써 영혼이 순수해질 수 있다고 생각하는 것은 기독교의 전통적인 가르침이 아니다. 그것은 기독교의 가르침 중에서 지나치게 나간 금욕주의를 말한다.

　기독교 전통에서는 결코 영혼과 육체를 대립된 관계로 보지 않는다. 영혼과 육체는 상호협동적이고 상호 보완적인 관계이다. 그래서 많은 교부들의 글에 보면, 육체는 영혼이 훈련받는 학교, 또는 훈련장이라는 말을 많이 한다. 인간에서 있어서 영혼과 육체가 구분(distinction) 되기는 하지만, 분리(separation) 되지는 않는다. 그것이 기독교의 바른 전통적인 가르침이다. 물론 기독교 역사에서 보면, 영혼은 순수하게 하고 정화시키기 위해서 육체를 탄압하는 운동 또는 경향이 많이 있다.

"총체적"이란 말을 정의하자면, 영성의 영역이 개인의 내면 세계에 국한되는 것이 아니라, 인간과 인간과의 관계, 나아가서 생물 또는 무생물을 포함하는 모든 피조물과의 관계로 확장됨을 의미한다는 의미에서 총체적이란 말을 사용한다.

요사이 영성이란 말은 이런 의미에서 전인적, 총체적 삶의 모습을 가리키는 말로 쓰이게 되었다. 따라서 영성이란 말을 할 때도 여성해방영성(feminist spirituality), 해방영성(liberation spirituality), 또는 생체영성(bio-spirituality), 또는 생태 영성(ecological spirituality), 심지어는 토마스 베리라는 학자는 지구 영성(earth spirituality)을 말한다. 심지어 공산주의자들은 마르크스주의에도 영성이 있다고 주장하여 소위 마르크스주의 영성(Marxist spirituality)을 말한다.

영성이라는 용어의 사용이나 영역에 대해서도 의견이 다르다. 보수적인 사람들은 영성이란 말을 기독교에만 한정시켜 사용하기를 주장하고, 좀 개방적인 학자들은 타종교 심지어는 지구나 생물, 마르크스주의자들, 모든 인간의 활동, 인간의 삶에 영성이 있다고 주장한다.

2) 영성의 정의

기독교라는 한계를 벗어나서는 일반적으로 영성을 어떻게 정의하는가? 『영성사전』(*Westminster Dictionary of Christian Spirituality*)에서 고든 웨이크필드(G. S. Wakefield)는 "영성이란 인간 삶의 활기 또는 생기를 돋우고 초지각적(super-sensible) 실체들을 향해 뻗어나가게 하는 태도, 믿음, 실천이다"라고 정의한다.

또 캐나다의 신학자인 월터 프린사이프(W. Principe)는 "영성이란 인간이 신앙이나 신념에 따라 지고의 이상이나 목표를 성취하기 위해 사는 모습을 말한다"고 정의했다. 브래들리 핸슨(B. C. Hanson)은 "개인이나 공동체가 인간 삶의 본질과 목표에 대한 확신에 따라 사는 삶의 양식이다"고 정의했다.

한스 우르스 폰 발타자르(Hans Urs von Balthasar)라는 유명한 가톨릭 신학자의 정의가 가장 많이 인용되는데, 그의 정의에 의하면 "인간의 근본적인 실천적 또는 실존적 태도로서, 이것은 인간 자신이 종교적 존재, 또는 더욱 일반적으로 말해서 자신이 윤리적으로 사는 존재임을 이해하는 방식의 결과요 표현이다. 그리고 인간이 삶을 통하여 자신의 객관적이고 궁극적인 통찰력과 결정에 따라 습관적으로 행동하고 반응하는 방식이다"라는 것이다.

한국신학대학교의 김경재 교수는 『그리스도인의 영성훈련』이라는 책을 썼는데, 이 책에서 영성이란 "다차원적 존재로서 인간이 자신의 생명을 둘러싸고 또한 구성하는 자연, 사회, 동료 인간과 신과의 교통과 만남 속에서 창출해 내는 전인적 생명 약동이요 반응이다"라고 정의한다.

GTU(Graduate Theological Union)의 교수요 수녀인 슈나이더(S. M. Schneiders)는 영성을 정의하기를, "철학적으로는 지식과 사랑을 통한 자기 초월의 능력이며, 종교적으로는 신과 인격적 관계 속에서의 자기 초월의 능력이다"라고 했다.

이것을 일반적으로 영성이라고 정의할 때, 기독교 영성이란 무엇인가? "삶을 통한 기독교 신앙의 체험"이라고 정의하는 사람도 있고(B. C. Hanson), "구현된 신앙"이라고 표현하는 사람도 있다(W. Principe). 보다 교리적인 틀 안에서 표현할 때, "삼위일체론적이고 기독론적이며 교회적인 종교적 체험"이라고 표현하는 사람도 있다(S. M. Schneiders).

김경재 교수는 "그리스도인 자신의 삶 속에, 교회 공동체 삶 속에, 그리고 이 세상 역사의 과정 속에 임재하는 하나님의 창조적 입김을 심도 깊게 체험하면서 삶의 전 영역을 자유, 사랑, 공의, 평화로 변하게 하는 창조적 변혁의 힘"이라고 정의한다. 다시 정의해 보면, 기독교 영성이란 바로 기독교 신앙에 입각한 삶 자체(life itself), 삶의 방향(way of life)이라고 말할 수 있다.

그러므로 기독교 영성이란 신앙의 체험(experience), 훈련(discipline), 실천(practice)으로 이루어지는 전인적, 총체적 삶이다. 다른 말로 기독교 영성은 "그리스도 안에서 성령의 인도를 따라 하나님과의 합일(合一)을 추구하는 신앙의 삶"이라고 정의할 수 있다.

기독교 영성의 궁극적 전형은 예수 그리스도에게서 찾을 수 있다. 그리스도는 "보이지 않는 하나님의 형상"(골 1:15)이다. 창세기 1:26을 보면, 하나님이 자신의 형상대로 남자와 여자를 창조하셨다. 이 하나님의 형상이 인간의 타락으로 인해서 우리 안에서 흐려지게 되었다. 그러나 완전히 상실한 것은 아니다. 하나님의 형상은 마치 오래 된 그림에 먼지와 때가 끼어 원래의 아름다운 모습이 보이지 않듯이, 죄와 교만과 무지 등이 인간 안에 있는 하나님의 형상을 덮어서 보이지 않게 된 것이다.

우리가 신앙생활을 통해서 이와 같은 죄 된 요소들을 마치 먼지와 때를 제거하듯이 제거할 때, 우리 안에 있는 하나님의 형상이 다시 드러나게 된다. 이것은 바로 우리의 구주이시며, 우리 삶의 모범이 되시는 그리스도를 따르는 삶을 통해서 이루어진다. 왜냐하면 예수 그리스도는 하나님의 형상이시며, 보이지 않는 하나님의 형상(the visible image of the invisible God)의 보이는 형상이시기 때문이다.

예수 그리스도를 따를 때 그리스도의 모습을 닮아가고, 바울이 말하는 대로 그리스도의 향기가 우리의 삶에서 풍겨 나오게 된다. 그리스도를 닮아가는 것이 곧 하나님의 형상을 회복해가는 과정이다. 이것을 초대교회에서는 신화(神化), 또는 신격화(神格化)라는 말로 표현했다. 신화란, 인간이 신이 된다는 말이 아니라, 인간이 신과 하나가 된다는 것이다. 다시 말하자면, 갈라디아서 2:20에 기록된 대로 "이제 사는 것은 더 이상 내가 사는 것이 아니요 내 속에 계신 그리스도가 사는 것이라"와 같이 나와 그리스도가 하나가 되는 삶을 말한다(참고. 고후 3:10; 빌 3:12-21).

영성생활 또는 신앙생활은 그리스도를 본 받는 생활이라고 볼 수 있다.(『기독교 사상』(1993년, 2월호, 3월호에 실린 기독교 영성과 영성학을 참고하라).

제2장

초대 기독교 영성

정용석(이화여대, 교회사)

　초대 기독교 영성을 다루기 전에 먼저 초대 기독교에 대해서 간단히 살펴보기로 하자.
　초대 기독교란 보통 100년경부터 600년경까지를 말한다. 수도원 운동은 약 3세기말부터 시작되었다. 본 장에서는 이 운동이 일어나기 전까지, 즉 대략 3세기말까지에 대해 다루려 한다.
　초대 기독교는 오순절 사건 때부터 시작되었다고 할 수 있다. 유대인 선교는 야고보, 베드로 요한을 중심으로 이루어졌고, 사도 바울이 등장하면서 바나바와 실라와 함께 이방인 선교를 주로 담당하였다. 그리고 예루살렘 교회의 수장은 예수의 동생 야고보가 맡았다. 이러면서 서서히 예루살렘을 출발점으로 하여 사마리아, 갈릴리로 뻗어가면서 시리아, 소아시아, 마케도니아, 그리스, 이태리 지방까지 퍼져 나간다.
　그러면서 기독교는 크게 두 문화권에서 서방 기독교와 동방 기독교라는 두 종류로 갈라지게 된다. 서방 기독교는 라틴 문화권에 속하는 지역, 동방 기독교는 희랍 문화권에 속하는 지역이다.

초대 기독교를 교부들을 중심으로 나눈다면, 사도 시대가 약 60년경에 끝나고, 그후로는 속사도 시대(post-apostolic age; sub-apostolic age)가 시작되어 2세기초까지 이어진다. 이 시기에 씌어진 글로는『디다케』(12 사도 교훈집), 『바나바 서신』, 『헤르마스의 목양자』, 『안디옥의 이그나티우스의 일곱 서신』, 『서머나의 폴리캅의 두 개의 서신』 등이 있다.

2세기초부터 2세기말까지는 기독교가 로마제국 안으로, 또는 그레코-로마 세계로 뻗어 나가면서 기독교의 교리를 확립하고, 기독교 신앙을 이방인들에게 변증하는 시대였다. 이 시대를 희랍 변증가의 시대라고 한다. 당시의 유명한 인물로는 순교자 저스틴(Justin Martyr), 타티안(Tatian), 아리스티데스(Aristides) 등이 있다.

2세기말부터 교부 시대가 시작되어 7세기까지 이어진다. 당시의 유명한 인물로 동방에 네 명의 박사가 있고, 서방에 네 명의 박사가 있었다. 서방 교회의 네 명의 박사는 밀라노의 암브로즈(Ambrose), 힙포의 어거스틴(Augustine of Hippo), 불가타(Vulgata)라는 라틴어 성경을 펴낸 제롬(Jerome), 대 그레고리(Gregory the Great) 등이다. 동방 교회의 박사는 알렉산드리아의 아타나시우스(Athanasius : 아리우스주의를 대항해 싸운 인물), 가에사랴의 바질(Basil), 나지안주스의 그레고리(Gregory of Nazianzus), 콘스탄티노플의 존 크리소스톰(John Chrysostom)이다.

이단자들 중에서 대표적인 인물로는 아리우스, 아폴로나리스, 네스토리우스 등이 있는데, 이들은 모두 동방 교회 출신이었다.
　이러한 사람들의 글을 보면서 초대 기독교의 영성의 특징을 살펴보기로 하자.

1. 종말론적 영성

1) 기독교의 역사관

　초대 기독교 영성의 특징 중 첫번째로 들 수 있는 것은 초대 기독교는 종말론적 공동체였다는 점이다. 따라서 종말론적 영성(eschatological spirituality)이라는 특징을 뽑을 수 있다.

　특히 초대 교회 사람들은 그리스도가 곧 재림할 것이라고 믿었다. 그렇기 때문에 어떤 핍박이 와도 이겨낼 수 있는 강한 신앙을 가질 수 있었다. 1세기말에 쓰여진 신앙 교훈집인 『디다케』에 보면, "그리스도의 재림에 대비하라. 그리스도께서 언제 재림하실지 모른다…심판이 곧 닥칠 것이다. 많은 사람이 멸망할 것이나 믿음 안에 굳게 서는 사람은 저주로부터 구원 받을 것이다"고 기록되어 있다.

　기독교의 종말론은 창조론에 근거한다. 기독교의 역사관과 희랍의 역사관은 크게 다르다. 희랍의 역사관은 일종의 순환적 역사관(circular view of history)이다. 그래서 희랍 역사관에 의하면, 세상의 끝은 시작과 같다(The end is like the beginning). 즉 돌아서 제자리로 돌아오는 일이 반복된다는 것이며, 따라서 새로운 사건, 새로운 인물이란 있을 수 없으며, 모두 과거에 있던 것의 순환이라는 것이다. 어찌 보면 불교의 윤회론과 비슷하다고도 볼 수 있다.

　이에 비해 기독교의 역사관은 시작이 있고 끝을 향해서 나아가는 종말론적, 또는 직선적 역사관(linear view of history)

이다. 이것은 창조에 근거한다. 왜냐하면 모든 피조물은 시작이 있기 때문에 끝이 있기 때문이다. 시간조차도 하나님에 의해 창조된 것으로 본다. 창조되기 전에는 시간이 없었다. 기독교의 가르침에 의하면, 하나님의 창조로부터 모든 것이 시작되었고, 창조 이전에는 하나님밖에 존재하지 않았다. 시간 자체도 하나님에 의한 피조물이다. 이에 비해서 플라톤 철학에 의하면, "시간이란 영원의 형상이다(Time is the image of eternity)"고 이해하므로, 시간 자체도 영원한 것을 반영한다.

그러나 기독교에서는 시간도 피조물이기 때문에 시작이 있고 끝이 있다고 본다. 그래서 기독교의 창조론을 잘 나타내는 말이 라틴어로 "무(無)로부터의 창조"(*Creatio ex nihilo*: Creation out of nothing)이다. 이것이 곧 기독교의 창조론이고, 이것이 기독교 역사관의 근거가 된다.

2) 천년왕국설

초대 교회에서 가장 널리 퍼졌던 종말론 중의 하나는 천년왕국설이다. 현대에는 천년왕국설은 그다지 큰 빛을 보지 못한다. 물론 요한계시록을 강조하는 사람들은 천년왕국설을 강조하지만, 주류 교회에서는 천년왕국설을 그다지 다루지 않는다.

천년왕국설(millenarianism; chiliasm)이라는 말은 희랍어로 1,000을 의미하는 *chilias*(라틴어로는 *mille*)에서 유래한 것이다. 이것은 요한계시록 20장에 나오는 말에 근거한 것이다. 이는 "그리스도가 재림하고서 천 년 동안 다스리실 것이며,

그후에 사탄이 풀려나서 분쟁이 있다가 다시 종말이 오고 심판이 올 것"이라는 주장이다.

초대교회에서는 이 설을 믿었다. 이것을 대표하는 것이 『바나바 서신』인데, 거기에 보면 "창세기의 창조 설화는 마지막 완성에 대한 예언이다. 하나님은 세상을 엿새 동안 창조하셨고, 그 완성을 육천 년 뒤에 이루실 것이다. 왜냐하면 주님에게 있어서 하루는 천 년에 해당하기 때문이다(시 90:4). 하나님께서 일곱째 날에 쉬셨다는 것은 그의 아들이 와서 불법한 자들(사 11:4; 살후 2:8)의 시대를 끝내고 그들을 심판할 것을 말한다(사 30:26; 계 20)"라고 기록되어 있다(『바나바서신』 15:3-9).

심지어 육천 년이 되는 해가 언제인가를 생각한 사람도 있었다. 로마 교부인 히폴리투스, 북아프리카의 줄리우스 아프리카누스 등은 육천 년째가 되는 해는 약 500년을 말한다고 주장했다. 히폴리투스의 말에 의하면, 주님의 첫번째 재림(주님의 탄생)은 아담 이후 5,500년째 되는 해 수요일에 있었으며, 주님의 탄생 후 500년째 되는 해에 종말이 올 것이었다(히폴리투스의 『다니엘서 주석』 제4장 23-24).

변증가 저스틴의 『대화록』(*Dialogue*)을 보면, "성자들이 새로운 예루살렘에서 천 년 동안 다스릴 것이다"라고 기록되어 있다(*Dial*. 81).

이러한 천년왕국설은 몬타누스주의(Montanism)에서 절정에 달했다. 몬타누스주의는 2세기 후반에 등장한 이단 중의 하나이다. 몬타누스는 시빌이라는 이방 여신을 섬기는 사제였다가 기독교로 개종한 인물이다. 이 몬타누스주의는 기독교 역사상 최초의 성령 운동이다. 성령의 체험, 성령의 역사를 중시하면서 방언과 예언을 강조했다.

몬타누스를 따르는 여 교역자가 둘 있었는데, 그들은 프리스킬라와 막시밀라였다. 이들은 소아시아 반도의 페푸자에 그리스도께서 재림하실 것이므로 그곳에 모여서 살아야 한다고 주장했다.

몬타누스는 이단으로 정죄 되었다. 몬타누스주의가 정죄되면서 천년왕국설은 쇠퇴하였다. 그러나 천년왕국설은 항상 기독교가 환난을 당할 때 다시 나타나곤 하였다. 이러한 종말론이 나타남으로써 신자들의 믿음이 강해질 수 있기 때문이다.

3) 어거스틴의 종말론

303년부터 약 10년 동안 대 박해를 일으킨 디오클레티안 황제의 박해 때에 다시 천년왕국설이 등장했으나, 콘스탄틴 황제 이후 기독교가 로마 제국의 지지를 받게 되면서 쇠퇴하기 시작했다. 그러다가 어거스틴은 천 년이란 기간을 새롭게 해석하여, 천 년이란 세월을 교회의 시대를 말한다고 했으며, 그럼으로써 천년왕국이란 곧 교회 왕국으로 간주되었다. 이것은 중세에 교황이 황제보다 우위가 되게 하는 교리적 기초가 되었다.

4) 심판과 부활

천년왕국설에 대한 신앙, 그리스도에 대한 재림에 대한 신앙은 곧 심판주로 오시는 그리스도의 심판과 신자의 부활에 대한 신앙으로 연결된다.

그런데 하나님이 심판의 하나님이라는 것을 반대하는 사람들이 있었다. 하나님이 사랑의 하나님이지 왜 심판의 하나님이냐는 주장이었다. 이런 이단 중의 하나가 마르시온주의이다. 이것은 2세기 중반에 나타난 것이다. 마르시온은 구약 성서와 신약 성서를 구분하여, 구약 성서는 이스라엘의 역사책이고, 신약 성서야말로 참된 성서라고 주장했다.

> "구약에 등장하는 이야기는 이스라엘의 역사이고, 거기에 등장하는 야웨 하나님은 분노와 질투와 심판의 신이다. 이런 신은 참된 신이 아니라 데미우르고스(일종의 조물주)이다. 이 신은 열등한 신으로서 우리가 믿는 신이 아니다. 우리가 믿는 신은 그리스도의 아버지인 사랑의 하나님이시라."

마르시온은 구약 성서는 경전이 아니며, 신약 성서 중에서도 사랑을 강조한 것, 누가복음, 바울 서신 일부만을 경전으로 인정했다. 결국 마르시온도 이단으로 정죄 되었다.

사랑의 하나님이 왜 심판을 할까? 정의라는 것이 하나님의 속성이 아니라고 생각하는 경향에 대해서, 교부들은 "심판과 공의는 우리의 신앙의 처음이요 끝이다"(『바나바 서신』 1.6)고 응답했다.

터툴리안의 『마르시온 반박』에서는 "공의와 선함은 서로 뗄 수 없는 하나님의 두 속성이다"(*Adv. Marc.* 126)고 했다. 어거스틴 이전의 가장 훌륭한 신학자로서 후대에 정죄를 받기도 한 오리겐은 "하나님의 공의는 교회가 가르치는 신앙의 항목이다"(*Princ.* 3.11), "하나님의 공의는 도덕적 삶의 동기가 되며 인간이 자유 의지를 갖고 있다는 증거가 된다"(*C. Cels.* 8.48)고 했다. 왜냐하면 하나님은 인간에게 자유의지를 주셔서 선도 행하고 악도 행할 수 있는 자유를 주셨다는 것이다. 그러므로 "세상의 종말 때 선인과 악인은 구분될 것이다"(오리겐, *C. Cels.* 4.9).

심판 후의 부활도 문제가 되었다. 이방인들, 특히 희랍 철학을 공부한 사람들의 마음에 가장 걸리는 것이 두 가지가 있었다. 그것은 기독교의 교리 중 화육(化肉)의 교리와 부활의 교리였다. 이 두 가지 교리는 모두 육체를 갖는 것에 대해 말한다. 그리스도가 화육한 것도 몸을 입는 것이고, 부활도 몸의 부활을 말한다. 이방인들은 도저히 이것을 받아들일 수 없었다.

플라톤 철학에 젖은 사람들은 우리의 영혼이 육체를 떠나야만 구원을 얻는데, 왜 그 몸을 다시 입어야 한다는 것인지 이해할 수 없었다. 또 신이 어떻게 육체를 지닌 인간이 될 수 있는가? 그것은 신에 대한 모욕이라고 생각했다.

그러나 부활 신앙이야말로 기독교 고유의 신앙이다. 터툴리안의 말대로 "기독교 신앙은 죽은 자의 부활을 확신하는 데 있다"(터툴리안, *De Res.* 1).

"부활 신앙이 없다면 기독교의 모든 가르침은 사라진다"
(어거스틴, *Serm.* 361.2).

180년경에 활동하면서 기독교를 비판한 인물인 켈수스는 중기 플라톤주의자이다. 그는 『진정한 교리』(*True Doctrine*)을 저술했으나, 이 책은 현재 남아 있지 않다. 오리겐은 『켈수스 반박』(*Against Celsus*)이라는 책에서 켈수스의 글을 인용했다. 이 책에서 켈수스는 다음과 같은 말을 했다.

> "기독교의 부활 신앙은 벌레의 희망에 불과하다. 인간의 영혼이 왜 썩어 없어진 육체를 다시 필요로 한다는 말인가? 썩은 육체가 다시 원 상태로 돌아온다면, 그것은 도대체 어떤 육체란 말인가? 기독교인들은 하나님에게는 모든 것이 가능하다고 말하지만, 신이 그런 수치스러운 일을 할 리도 없고 자연의 법칙에 어긋나는 일을 할 리가 없다."
> (오리겐, *C. Cels.* 5.14).

그러나 기독교에서는 철저하게 "부활과 심판을 부인하는 자는 사탄의 맏아들이다"라고 주장했다(폴리캅, *Phil.* 7.1). 또 리용의 교부 이레니우스는 "몸의 부활을 부정하는 것은 예수의 인간성과 그의 죽음으로 인한 구원의 효력과 성찬의 의미와 효력을 부인하는 것이다"라고 말했다(이레니우스, *Adv. Haer.* 5.1-15). 그리스도의 인간성은 우리 죄를 사해주는 데 있어서 매우 중요한 것이다. 예수가 인간이 아니었다면 십자가의 죽음으로 인한 우리 죄의 사함은 있을 수가 없었을 것이다. 더구나 성찬식의 효과가 있을 수 없다.

당시 나타난 이단 중의 하나가 가현설(Docetism)이다. 가현설에 의하면, "그리스도는 원래 플레로마라는 천상계에 속한 영적인 존재인데, 이 존재가 예수라는 인간이 세례를 받는 순간 예수의 몸에 들어갔다. 그러다가 십자가에 달릴 때 그리스도라는 영은 떠나갔다. 그렇기 때문에 실제로 십자가에 못박혀 고통당하고 죽은 것은 나사렛 출신의 예수라는 인간이지 그리스도가 아니다."

이에 대하여 초대 교부들은 반박하고, 예수 그리스도는 영과 육을 갖춘 분, 신성과 인성을 갖춘 분이며, 그분이 실제로 십자가에 달려 돌아가심으로써 우리 죄가 사함을 받았다고 반박한다.

　이처럼 초대 교회 교인들은 그리스도가 곧 재림할 것이며, 심판과 부활이 있을 것이라는 신앙에 철저히 근거하여 살았다. 그렇기 때문에 많은 탄압을 이겨내고 뜨거운 신앙을 가질 수 있었다.

2. 예배 영성(liturgical spirituality)

초대 기독교는 철저하게 예배 공동체였다. 예배(liturgy)란 말은 희랍어로 레투르기아(*leturgia*)인데, 이것은 봉사, 섬김 이라는 뜻이다. 히브리서 8:6, 빌립보 2:30에 그리스도의 봉사, 그리스도인의 봉사라는 말이 나온다. 정확히 말하자면 "예배를 본다"는 말은 정확하지 못하다. 왜냐하면 예배란 하나님께 드리는 것이기 때문이다. 그러므로 "예배를 드린다"고 하는 것이 정확하다. 초대 기독교는 철저하게 예배를 통해서 그리스도와 함께 하는, 그리스도의 현존을 체험하는 공동체였다.

1) 초대 교회 예배

초대 교회 예배의 내용을 간단히 살펴보자. 초대 교회의 주일 예배의 내용을 처음으로 언급한 사람은 저스틴이다. 그의 저서인 『제일 변증』(*The First Apology*)에서 "주일 때 우리는 성경봉독, 설교, 기도, 애찬을 갖는다"고 했다(*I. Apol.* 67).

다른 자료들을 모아 초대 교회 예배 내용을 나열해 보면, 성경봉독, 설교, 기도, 찬송, 평화의 입맞춤, 애찬, 축도의 순서로 일부 예배가 끝난다. 2부 예배에는 세례를 받은 사람들만이 참석하며, 성찬식을 하고 주기도를 함으로써 끝난다.

설교

초대 교회에서는 설교 도중에 박수를 치는 경우가 많았고, 기록에 보면, 설교자는 앉고 회중은 서서 경청했으며, 한 시간 이상 계속되었다. 때로 한 사람 이상이 설교를 했는데, 주로 강해 설교를 했다. 감독이 부족했기 때문에, 감독이 없는 교회에서는 집사가 감독의 설교문을 가지고 가서 대독을 하는 경우가 있었다. 요즘은 집사가 평신도이지만, 과거에는 집사가 목사 후보로서 감독의 보좌역을 했다. 예를 들어 알렉산드리아의 아타나시우스는 알렉산더 감독의 집사였다.

기도

"기도는 하나님과의 대화이다"
 (존 크리소스톰, *Hom. Gen.* 30,5).

기도의 내용은 다섯 가지로 이루어져야 한다고 가르친다. 먼저 하나님을 찬양하고, 은혜에 감사하고, 우리의 죄를 고백하고, 우리의 소원을 간구하고, 다른 사람을 위한 중보의 기도를 해야 한다. 이 말은 오리겐의 『기도에 관하여』(*De Oratione: On Prayer*)라는 글에서 언급한 것으로서, 그후 이것이 교회의 전통이 되었다.

"신자의 전 생애는 하나의 기도이다."(*Or.* 12,2)

기도에는 말로 하는 기도도 있지만, 묵상 기도도 있으며, 넓은 의미에서 우리의 삶 자체가 하나의 기도라고 말할 수 있다. 초대 교인들의 기도 자세에 관해서, 터툴리안은 다음과 같이 말했다.

"금식을 할 때는 무릎을 꿇고 기도해야 한다. 무릎을 꿇는다는 것은 겸허와 참회를 의미한다. 그러나 주일날에는 서서 기도를 드려야 한다. 왜냐하면 선다는 것은 기쁨과 확신을 의미하기 때문이다."

오리겐은 기도의 자세에 대해서 말하기를, "양팔을 벌리고 손을 위로 약간 올리고 손바닥을 위로 향하게 한다"고 했다. 양팔을 벌리는 것은 그리스도가 십자가에 달리신 것을 의미하는 것이고, 손을 위로 약간 올리는 것은 하늘을 향하는 것이다. 또 동쪽을 바라보고 기도하라고 했는데, 동쪽은 낙원과 그리스도가 재림하는 곳을 의미한다.

『디다케』에 의하면 하루에 세 번씩 주기도를 하라고 했고, 터툴리안은 아침, 9시, 12시, 3시, 저녁, 밤에 기도하라고 했다. 기도한 후에는 "아멘"을 하라고 했다.

찬송

초기에는 시편을 많이 불렀다. 그러다가 서서히 유대교에서 벗어나면서 찬송가 가사가 등장했다(빌 2:6-11; 딤전: 3:16; 엡 5:14; 골 1:15-20; 계 4:11; 5:9f; 7:15-17; 11:17f). 찬송가의 형식을 최초로 만든 사람은 밀란의 암브로즈인데, 그는 한 절을 네 줄씩 해서 여덟 줄의 찬송가 형식을 만들었다. 최초의 찬송가 모음은 시리아어로 보존된 『솔로몬의 송가』(Odes of Solomon)이다.

평화의 입맞춤(kiss of peace)

이것은 현대의 예배 순서에는 없는 내용이다. 사도 바울 서신의 끝부분에는 "여러분에게 입맞춤을 한다"는 내용이 있다. 이것이 초대 교회 시대에 행해지던 것이다. 초대 교회에서는 항상 입맞춤을 했는데, 이것은 사랑과 친교의 표현이었다. 저스틴의 글에도 "기도를 한 후 우리는 키스로 서로에게 인사한다"는 내용이 있다(*I Apol.* 65.2).

그러나 클레멘트의 『교사』라는 글을 보면, 어떤 사람들은 뻔뻔스럽게 큰 소리로 키스를 한다고 불평하는 내용이 있다. 로마의 감독 히폴리투스의 『사도 전승』이라는 책에 보면, "남자는 남자에게만, 여자는 여자에게만 입맞춤을 하라"는 내용이 있다. 교리문답자는 평화의 입맞춤을 할 수 없다고 금지했다.

이렇게 말썽이 생김에 따라 초대 교회에서 평화의 입맞춤이 없어졌고, 그 대신에 제단이나 성화 또는 컵, 성경에 입맞춤을 하는 예식으로 바뀌게 되었다.

애찬(agape)

사도행전에서 보는 바와 같이 애찬의 원래의 목적은 가난한 자들을 구제하는 데 있었다. 초기에는 애찬과 성찬(eucharist)이 구분되지 않았지만, 3세기 중반부터 성찬이 나타나기 시작되고 중세에는 애찬이 없어졌다. 애찬이 없어진 가장 큰 이유의 하나는 사람이 너무 많아졌기 때문이었다.

성찬

초대 교회에서는 예배를 드릴 때마다 성찬식을 행했다. 『디다케』에 보면, "성찬은 세례 받은 자에게만 제한된다"(*Did.* 9), "다툼이 있었을 때는 성찬 전에 화해해야 한다"(*Did.* 14)고 했다. 안디옥의 이그나티우스는 "성찬은 감독 또는 감독이 지명하는 자만 집례할 수 있다"고 했다(*Smyrn*. 8). 저스틴은 "성찬은 떡과 물에 탄 포도주를 사용한다"고 했다(*I Apol*. 65; 67).

금욕을 강조했던 에비온주의, 마르시온주의와 같은 초대 교회의 이단에서는 포도주를 사용하지 않고 물을 사용했다. 그러나 정통교회에서는 반드시 물에 탄 포도주를 사용해야 한다고 가르쳤는데, 이것은 포도주 자체가 상징하는 것이 있기 때문이었다.

그 당시 지중해 연안에서는 물과 포도주를 2:1, 또는 3:1 정도의 비율로 섞어서 사용했다. 예를 들어 플루타크라는 철학자의 글에 보면, "회의석상에서는 1:3의 비율이 적합하다. 1:2의 비율로 섞어서 마시면 약간 취하고 농담도 하게 된다. 2:3의 비율로 섞어서 마시면 시름을 잊고 평안하게 잠들게 된다. 1:1, 또는 순 포도주를 마시면 취하여 쓰러지게 된다"고 했다. 유대교 율법서에서는 1:2 또는 1:3의 비율을 권장한다. 그래서 초대 교회에서도 그렇게 사용했다.

떡은 그리스도의 화육을 강조하고, 그리스도가 실제로 인간이 되었음을 강조하며, 그리스도의 수난을 기억하게 한다. 또한 우리 몸의 부활과 영생을 의미하며 교회의 결속을 의미한다.

포도주는 무엇을 의미하는가? 포도나무는 교회를 상징한다. 포도주는 거룩한 가르침, 성령의 은사를 상징한다. 물과 포도주를 섞을 때, 물은 인간, 포도주는 그리스도의 피를 상징하기 때문에 성찬식을 통해서 포도주를 마심으로써 그리스도와 우리가 하나가 된다는 가르침이 있다(키프리안, *Ep*. 63.13). 성찬식을 통해서 우리는 그리스도와 연합하고, 하나님의 은사를 받게 되고, 교인들 간의 결속을 이루게 된다.
　성찬 신학은 상징론(symbolism)과 실재론(realism)으로 갈리게 된다. 상징론의 입장에서는 성찬식은 그리스도의 죽음을 회상하는 것이라고 본다. 실재론에서는 성찬식을 통해서 실제로 그리스도가 임한다고, 심지어 더 나아가서 떡과 포도주가 실제로 그리스도의 몸과 피로 바뀐다고 여긴다.
　초대 교회는 이 두 가지 견해를 다 받아들였다. 그러다가 중세에 들어와서 가톨릭에서는 화체설(transubstantiationism)이 등장하여 떡과 포도주가 실제로 그리스도의 몸과 피로 변한다고 주장했다. 종교개혁자인 루터는 그리스도의 실제적인 몸이 성찬식의 떡과 포도주와 함께 한다(임한다)는 임재설, 또는 공재설(consubstantiationism)을 주장했다. 이에 비해 쯔빙글리는 그것은 단지 그리스도의 죽음을 기억하는 것이라는 회상설을 주장했다. 칼빈은 일종의 영적 임재설을 주장했다.

세례

　세례는 매번 행하지는 않았다. 세례에 대하여 『디다케』에 아주 중요한 기록이 있다.

> "세례는 흐르는 물에서 행해져야 한다. 여의치 않다면 고인 물에서 행하라. 따뜻한 물보다는 찬 물로 행하라. 만일 물이 귀하다면 물을 머리에 세 번 뿌려 행하라. 세례받기 전에 하루 또는 이틀간 금식하라."(*Did.* 7.1-4)

　세례식의 진행: 세례식의 내용을 살펴보면, 초대 교회에서는 세례 받기 전에 3년 동안 교리 문답을 했다.
　당시 세례의 내용을 적은 글의 내용을 보면 다음과 같다.

먼저 감독이 성령의 임재를 간구하는 기도를 하고, 물 속에 들어 간다. 겉옷을 벗은 후 사탄을 배척하고 악령을 몰아내기 위한 기름을 바르는데, 이를 도유식(塗由式; anointing)이라 한다. 도유식을 한 후, 물에 서서 성부, 성자. 성령의 이름을 고백하며 몸을 물에 세 번 담군다. 그 다음에 성결과 정화를 의미하는 기름을 또 바르고, 옷을 입고 안수를 받는다. 안수를 받은 후 세례자는 회중들로부터 평화의 키스를 받고 세례 성찬(baptismal eucharist)을 받는다(히폴리투스의 『사도전승』). 이것이 초대 교회에 행했던 세례식이다.

이 과정에서는 여 집사가 감독의 일을 도와주는데, 초대교회에 여 집사(deaconess)라는 직제가 있었다. 여 집사가 하는 일 중에 아주 중요한 일은 여 신도가 세례 받을 때 옆에서 보조하는 것이다. 도유식을 할 때 남자인 감독이 기름을 발라줄 수 없기 때문이다. 그래서 기름을 발라 주고 부축해 주는 등 남자가 할 수 없는 일을 여집사가 했다.

지금 침례교에서는 침례를 고수하지만, 그 외의 교회들은 『디다케』에 나오는 대로 머리에 물을 세 번 뿌려서 행하고 있다.

세례의 의미: 세례의 의미로서는 회개, 신앙고백, 죄 용서, 성령의 은사, 거듭남, 교회의 일원이 되는 것, 구원 등이 있다.

세례의 종류: 초대 교부들의 저작에 보면, 세례의 종류에는 세 가지가 있다. 보통 받는 물세례(baptism of water)가 있다. 그리고 피세례(baptism of blood)가 있는데, 이것은 순교를 말한다. 세번째로 성령세례(baptism of the Holy Spirit) 또는

불 세례(baptism of fire)가 있는데, 이것은 심판을 의미한다.

3. 공동체적 영성(Communal Spirituality)

초대 기독교의 영성의 특징 중의 하나는 공동체적 영성이다. 초대 교회가 수많은 난관을 극복하고 승리하게 된 이유가 무엇인가? 초대 교회는 크게 삼중고(三重苦)를 겪었다. 즉, 유대교의 박해가 있었고, 이단의 난립이 있었고, 로마 제국의 박해가 있었다.

공동체 의식

이 삼중고를 극복하고 승리하게 된 원인이 있다면 그것은 무엇인가? 물론 신앙적인 면으로는 하나님의 섭리에 의해서라고 할 수 있다. 그렇다면 "하나님의 섭리는 인간 역사 속에서 어떻게 나타났을까?" "기독교 승리의 요인이 무엇일까?" 등 여러 가지로 말할 수 있다.

그렇지만 요즈음 사회학적으로 성서나 초대 교회를 연구하는 학자들에 의하면 가장 큰 원인은 바로 "공동체 의식"(sense of community)이라고 한다(프린스톤 대학의 교수인 John Gager의 *Kingdom and Community*을 참조).

공동 소유

터툴리안은 『변증』이라는 글에서 "우리는 부인 빼고는 모든 것을 나눈다"고 했다. 그리고 초대교회 교인들은 어딜 가든지 교인이라는 증거로 서찰을 받아갔다. 감독으로부터 받은 이 서찰을 가진 사람은 어느 집에서나 환대를 받을 수 있었다. 또 초대교회 기독교의 신앙을 나타내는 상징으로 물고기를 그린 그림을 사용했다. 물고기 상징은 "예수 그리스도 하나님의 아들 구세주"(Ichthus)를 의미한다.

환대

『디다케』에 환대에 대한 가르침이 있다.

> "주의 이름으로 방문하는 자는 누구나 환영하고 최선을 다하여 대접하라. 그러나 그는 이틀 또는 삼일 이상 머물러서는 안된다. 만일 그가 더 이상 머물기를 바란다면 그에게 일을 시켜 체재비를 치르게 해야 한다."(Did. 12)

구제헌금

초대 교회에서 아주 중요하면서도 현재 교회와 다른 점이 구제 헌금이다.

오리겐은 『레위기 강요』에서 다음과 같이 말했다.

> "죄를 용서받는 일곱 가지의 길이 있는데, 가장 으뜸 가는 길은 세례요, 그 다음은 순교요, 그 다음은 구제요, 그 다음에 용서요, 회개 시키는 것, 사랑, 참회이다."
> (오리겐 Lev. Hom 2,4)

이 정도로 초대 교인들은 구제에 대해서 신경을 썼고, 구제 헌금을 많이 냈다. 만일 구제헌금을 낼 형편이 안된다면, 금식을 해서 그 양식을 절약한 것으로 구제 헌금을 했다. 그렇기 때문에 초대교회에서 금식의 으뜸 가는 목적은 구제헌금을 내기 위한 것이었다. 이는 유대교에서 금식이 회개를 의미하는 것과는 다르다. 기독교의 금식은 구제를 목적으로 한다. 『디다케』에 보면 일주일에 두 번, 수요일과 금요일에 금식하라고 되어 있다.

초대교회에서는 헌금을 어떻게 사용했는가? 영국의 옥스포드 대학 교회사 교수인 헨리 체드윅(Henry Chadwick)의 연구에 의하면, 초대 교회에서는 헌금의 4분의 1 정도는 감독 생활비로 쓰고, 4분의 1은 기타 교직자들을 위하여 사용하고, 4분의 1은 교회 관리비, 그리고 4분의 1은 구제비로 사용했다.

"감독의 첫번째 의무는 가난한 자를 돌보는 일이다."
(이그나티우스, *Pol.* 4.1)

"구제헌금은 하나님께서 주신 선물을 다시 하나님께 드리는 것이다."(존 크리소스톰)

물론 그때는 지금에 비해서 교회의 조직이나 살림살이가 단순하였다. 그러나 강조되어야 할 것은 초대교회에서는 헌금의 25%가 구제비로 사용되었다는 것이다. 오늘날의 교회는 초대교회의 구제비 비중의 정신을 살려야 할 것이다.

로마 황제 줄리안은 콘스탄틴 황제의 조카뻘이 되는 사람인데, 줄리안 황제를 두고 배교자 줄리안이라고 할 정도로 이방 종교를 부흥시키려고 애썼던 사람이다. 줄리안 황제가 이방 종교를 부흥시키려고 기독교가 워낙 뿌리를 내렸기 때문에 애를 써도 제대로 안되었다고 한다. 그래서 이 사람이 친구에게 한탄하는 내용이 있다.

"왜 우리는 무신론자들이 낯선 사람에게 자비를 베풀고 죽은 자를 묻어주고 거룩하게 사는 척하여 그 세력을 확장시켜 나가는 것을 보지 못하는가? 사악한 갈릴리인들이 자기들의 가난한 사람들 뿐만 아니라 우리의 가난한 사람들도 도와 주는 것을 볼 때 창피할 뿐이다."

(줄리안 황제의 편지)

참고로 옛날 기독교가 탄압을 받은 가장 큰 이유는 무신론이기 때문이었다. 그 당시의 종교관에 의하면 신은 반드시 보여지는 신(神)이라야 했다. 그래서 자기들의 신상(神像)을 세워서 보여야 되는데, 기독교인들은 보이지 않는 신에게 예배를 드렸으므로 로마인들은 기독교인들을 무신론자들이라고 해서 탄압했다. 오늘날과는 전혀 반대이다. 우리는 보이는 신상을 우상으로 취급한다.

초기 그리스도인들은 "갈릴리인" 또는 "나사렛당"이라고 불렸다. 그러다가 처음으로 기독교인이라고 불린 곳은 안디옥이었다(행 11:26). 줄리안 황제의 편지에 "갈릴리인들이 가난한 사람들을 돕는데, 자기들 뿐만이 아니라 우리들까지도 도와주는 것을 볼 때 참 부끄럽다"는 말을 할 정도로 기독교인들의 박애 정신, 공동체 의식은 강했다.

초대교회에서 설교를 가장 잘 한 사람을 한 명 꼽으라면 콘스탄티노플의 감독 존 크리소스톰일 것이다. 존 크리소스톰은 굉장한 설교가였다. 이 사람이 얼마나 설교를 잘했는지, 설교 도중에 가끔 소매치기를 조심하라고 주의를 해야 할 정도였다. 설교를 듣고 있는 사람들이 너무나 설교에 넋을 잃고 있어서 이 때 소매치기들이 돈을 훔쳤다고 한다.

그 정도로 설교를 잘한 이 사람의 본명은 존이고, 크리소스톰은 별명이다. 크리소스톰을 영어로 "the golden mouthed"

즉, "황금의 입을 가진"이란 뜻이다. 크리소스톰—황금의 입을 가진 존은 현대 용어로 말하면 "민중 목회자"라고 할 정도로 가난한 사람들에 대한 관심이 높았다. 그는 사회 정의와 경제적인 평등을 부르짖으면서 부자들에 대한 비난을 서슴지 않았던 사람이다.

5세기 사람인 크리소스톰의 설교, 다시 말해서 약 1500년 전의 사람이 했던 설교를 읽어 보면 이 시대에도 전혀 어색하지 않을 정도로 시대를 초월하고 현장감이 있는 설교였다.

"가난한 사람들이 곧 그리스도 자신이다…그리스도께서 배고픔으로 지쳐 있을 때 당신은 개를 배불리 먹이고 호화로운 잔치를 벌여 흥청거린다. 그리스도께서는 집 없이 헤매시는데, 당신은 교회에 별장을 짓고 화려한 욕실과 수많은 방을 가지고 있으면서도 그리스도께는 오두막집 하나도 드리지 않는다. 당신이 교회에 와서 몇 마디의 기도를 하고 가끔 금식을 하는 것만으로는 충분치 않다. 우리는 헐벗고 굶주린 사람들의 원성을 들어야 하며 그들을 위하여 무엇인가를 해야 한다…이 세상의 모든 것은 주님의 것이며 우리는 그것을 나누어 가져야 한다. 주님의 것을 혼자 소유하고 누리는 것은 죄악이다. 주님께서 부(富)를 주신 것은 그것을 다른 사람들과 나누라고 주신 것이다…사회의 불의와 불평등에 무관심한 것은 곧 기독교인이 되기를 거부하는 것이다."(존 크리소스톰의 설교 중에서)

"가난한 사람들에게 관심을 갖지 않는 자는 인간이 될 자격이 없는 사람이다."(존 크리소스톰의 설교 중에서)

크리소스톰의 설교에서 우리는 소유에 대한 기독교의 가르침을 들을 수 있다. 우리가 가지고 있는 물질의 원래 소유자는 하나님이고, 우리는 청지기일 뿐이다. 그것은 관리하라고 맡겨주신 것이지, 우리의 소유가 아니다. 그렇기 때문에 그것을 필요한 사람과 나누어야 한다.

4. 순교 영성(Martyrdom Spirituality)

초대교회가 약 280년 동안 탄압을 받으면서 수많은 순교자가 생겼는데, 그러면서 싹튼 것이 순교의 신앙이다. 이 순교 영성은 매우 중요할 뿐만 아니라 현대인들도 이어 내려가야 할 귀한 전통이다.

순교자를 *martyr*라고 하며, 순교를 *martyrdom*이라고 한다. 희랍어로 "마르투스"라는 말은 "증인"(witness)이라는 뜻이고 "마르투레오"라는 말은 "증거하다"(to testify)라는 뜻이다. 순교자는 신앙을 증거하는 사람이다. 이 말의 어원으로는 "증거하다"였지만, 오늘날에 와서는 "순교하다"라는 말로 바뀌었다.

순교자야말로 진정한 그리스도의 제자, 그리스도를 본받는 자, 하나님의 운동 선수, 신앙의 수호자, 사탄과의 투쟁자, 신앙의 옹호자, 그리스도인의 삶의 완성자 등으로 불렸다. 특히 순교를 하는 사람은 피의 세례를 받기 때문에 죄를 용서할 수 있는 능력이 생긴다고 믿었다. 그래서 순교를 앞둔 사람이 감옥에 갇히면 많은 사람들이 찾아와서 그 사람에게 죄사함을 받는 기도를 부탁했다.

그리고 순교하는 것은 곧 신자의 특권이라고 믿었다. 그래서 일부러 순교를 하는 "자발적 순교"(voluntary martyrdom)라는 말이 나왔는데, 많은 사람들이 이러한 영광의 면류관이요, 구원의 지름길이요. 그리스도와의 연합을 빨리 이루기 위해서 무리를 지어서 로마 총독에게 가서 "우리는 기독교인이니 처형해 달라"고 했다. 그래서 교부들이 이를 많이 말렸다.

이러한 자발적 순교를 일종의 자살 행위로 보았기 때문이다. 기독교에서는 절대로 자살은 허용하지 않는다. 왜냐하면 우리의 몸은 우리의 것이 아니라, 하나님의 것이기 때문에 만일 우리 몸의 건강을 해친다면 그것은 하나님의 것을 우리가 망치는 것이다. 하물며 목숨을 끊는다는 것은 인간으로서 용서받지 못할 죄를 짓는 것이다.

순교에 대한 좋은 글들이 많다. 허버트 무수릴로(Herbert Musurillo)라는 이태리 학자가 초대 기독교의 순교사화만 모아서 편집한 책(The Acts of the Christian Martyrs)이 있다.

"이 세상이 사실은 감옥이라고 생각할 때 여러분은 감옥에 갇힌 것이 아니라 감옥에서 나온 것이다. 이 세상은 죄악과 욕심으로 가득차서 인간의 영혼과 마음을 사로 잡는다. 세상은 결국 하나님의 심판을 받을 것이다."

(터툴리안. *Mat.* 2)

"로마 총독은 폴리캅을 회유하려고 하였다. '당신의 나이가 아깝지 않소? 황제 숭배를 맹세하고 그리스도를 저주하시오. 그러면 당장 풀어줄 것이오.' 군중들은 계속 '무신론자를 처단하라'고 외쳤다. 폴리캅은 대답했다. '나는 86년 동안 그리스도의 종으로 지내왔는데, 그분은 한번도 나를 섭섭하게 한 적이 없습니다. 그런데 어떻게 내가 구세주이신 그분을 모욕할 수 있단 말입니까? 나는 그리스도인입니다.' 총독은 군중들에게 선포했다. '폴리캅은 자신이 그리스도인임을 고백했다.' 군중들은 사자를 풀 것을 요구했지만 맹수놀이하는 때가 지났기 때문에 산 채로 태우라고 명했다. 병사들이 그를 움직이지 못하도록 통나무에 못질하려 하자 폴리캅이 말했다. '나를 못질하지 마시오. 나에게 힘을 주시는 분께서 내가 불 속에서 몸부림치지 않도록 도우실 것이오.'

폴리캅은 하늘을 우러러보며 기도했다. '전능하신 하나님, 저에게 이런 영광스러운 기회를 주셔서 순교자의 반열에 설 수 있게 하심을 감사드립니다.' 군중들은 불에 타면서도 초연한 폴리캅의 자세를 보고 이교도와 그리스도인들의 다른 점에 놀라면서 칭송하는 사람도 있었다."

(폴리캅의 순교)

또 한 사람 여자 순교자의 이야기가 있다. 페르페투아라는 여인은 귀족이었다. 이 사람의 글에 다른 사람이 글을 첨가해서 전해 내려오는 것이『페르페투아와 펠리키타스의 순교』이다. 페르페투아는 17살쯤 되는 귀족집 딸이었다. 그녀는 하녀 펠리키타스와 같이 순교하였다. 그녀는 순교의 기회를 영광이요 특권이라고 생각하면서 기쁨으로 받아들였다. 기록에 보면 다음과 같은 내용이 있다:

"총독 힐라리온은 말했다. '네 아버지의 흰 머리와 네 어린 아이가 불쌍하지도 않느냐. 황제를 위한 제사를 드려라.' '나는 제사를 드리지 않겠다.'고 대답하였다. 힐라리온은 물었다. '너는 그리스도인이냐?' '나는 그리스도인이요.' 나의 아버지가 고집을 꺾으려고 했지만 힐라리온은 그를 쫓아 내고 매질을 하게 했다. 아버지의 상처를 보니 마치 내가 매질을 당한 것처럼 괴로웠다. 우리 모두는 맹수들에게 내던져지도록 판결이 내려졌다. 우리는 감방으로 돌아오면서 크게 기뻐했다. 나는 감방에서 아이에게 젖을 먹일 수 있었다. … 여인들이 옷이 벗기우고 그물로 덮여서 경기장으로 끌려 나갔다. 한 사람은 어린 소녀였고, 또 한 사람은 최근 출산했기 때문에 젖을 흘리고 있었다. 사람들이 너무 끔찍해 하자 그들은 다시 불려 들어가 헐렁한 옷이 입혀졌다. 페르페투아가 먼저 황소에게 받혀 넘어졌다. 그녀는 마치 고통보다는 정숙함을 염려하듯이 일어나 앉아 찢어진

옷으로 다리를 가렸다. 그리고 순교자는 흩어진 머리카락을 한 채 고난 받을 수 없다고 생각하면서 떨어진 머리핀을 주워 머리에 꽂았다. 그리고 쓰러져 있는 펠리키타스를 도와 함께 일어섰다…그녀는 남동생과 세례 준비자들에게 외쳤다. '믿음과 사랑 안에서 강건하시오. 우리의 고통을 보고 걸려 넘어지지 마시오.'"

(페르페투아와 프리스킬라의 순교)

오리겐은 "만일 세례가 그리스도의 죽음과 부활에 신비적으로 참여하는 시작이라면, 순교는 그의 죽음과 부활에 완전히 연합하는 것을 의미한다"고 했다. 그러나 순교의 신앙은 변화되었다. 콘스탄틴 황제 이후 기독교가 로마 황제의 지지와 비호를 받게 되면서, 자연히 순교할 일이 없어지게 되면서 서서히 교회가 대중화 되어가고 수많은 사람들이 교회 교인이 되고 신앙이 점점 완화되었다.

이에 대한 반작용으로 나타난 것이 수도원 운동이다. 물론 수도원 운동의 기원은 훨씬 더 이전이지만, 순교할 일이 없어짐에 따라 사람들이 순교 정신, 순교 신앙을 다른 곳에서 찾으려고 했다. 바로 자기 자신을 단련하는 데서 찾으려고 했다. 그래서 오리겐은 "영적인 순교"(spiritual martyrdom)라는 말을 했다. 꼭 피를 흘리는 것만이 순교가 아니라, 우리가 신앙생활을 하기 위해서 괴로움을 당한다면 그것 자체가 순교라고 할 수 있다는 것이다. 또한 매일 매일의 순교(daily martyrdom)와, 양심의 순교(martyrdom of conscience)라는 말도 했다. 이러한 정신을 바탕으로 수덕 신앙이 발전하게 된다.

"만일 내가 나의 몸을 내어 주어 불타게 하여 순교의 영광을 얻는다면 나는 하나님의 제단에 나 자신을 희생 제물로 드리는 것이다."(오리겐, *Hom.Lev.* 9.9)

"우리가 예수의 귀한 피로 구원을 받은 것처럼 어떤 사람들은 순교자들의 귀한 피로 구원을 받을 것이다."
(오리겐, *Mart.* 50)

"순교는 부활을 현세에서 미리 맛보는 것이다."
(오리겐, *C. Cels.* 1.2.4)

5. 수덕적 영성(Ascetic Spirituality)

1) 수덕주의

초대 기독교의 특징 중 하나로 수덕적 영성이 있다. 수덕주의(asceticism)를 일반적으로 금욕주의라고 번역하는데, 그 말보다는 수덕주의라는 말이 더 적합할 것 같다. 수덕주의는 희랍어 *askesis*에서 유래했다. *askesis*라는 말은 훈련, 연습(training, exercise, practice)이라는 뜻이다. 그래서 아스케시스라는 말은 "정욕을 통제하고 심신을 단련하여 덕성을 함양한다"는 뜻이다. 그러므로 아스케시스라는 말에서 나온 *asceticism*을 "정욕만을 통제" 한다, 또는 "금욕한다"라고만 말하면, 너무 소극적이고 부정적인 뜻이 된다. 그래서 더 넓은 의미에서 "덕을 쌓는다"는 의미를 포함할 수 있도록 보다 적극적이고 긍정적인 용어인 "수덕주의"가 적합하다.

이 수덕주의에서는 그리스도인의 삶을 하나님을 향한 영혼의 순례로 본다. 여기서 영혼이라는 것은 자아(self)를 의미한다. 결코 인간의 한 부분인 soul이라기 보다는 자기 자신(自我)을 말한다.

하나님에게로 향하는 이 영혼의 순례를 교부들마다 다르게 표현을 한다. 어떤 사람은 실천의 단계(praxis: practice, action)에서 관조의 단계(theoria: contemplation)로 나아간다고 하며, 또 어떤 사람은 수덕적 삶(ascetic life)에서 신비적 삶(mystical life)으로 나아간다고 하고, 정화(purification)의 단계에서 계몽(illumination)의 단계를 거쳐 합일(unification)

의 단계에 이른다고 한다.

　이 정화, 계몽, 합일의 단계는 바로 수도원주의에서 삶의 단계를 가르칠 때 가리키는 것이다. 그러나 이것은 소위 신플라톤주의의 창시자인 플로티누스의 가르침에 나온다. 플로티누스의 『에니에즈』(*Enneads*: 제자 Porphyry가 편집한 플로티누스의 가르침)라는 책에 영혼의 단계가 나오는데, 그것이 바로 이러한 세 단계로 설명하고 있다.

　이러한 사상은 수도원에 영향을 많이 끼쳤고, 사도 바울 서신 고린도전서 3:2과 로마서 14:2에 "우유를 먹는 단계", "채소를 먹는 단계", "딱딱한 음식을 먹는 단계"에 비견된다.

　또한 오리겐은 마태복음에 나오는 그리스도의 족보가 42세대 즉, 그리스도가 강림하신 단계는 42단계이므로 우리의 영혼이 하나님께로 상승하기 위해서는 42단계를 상승해야 된다고 한다. 오리겐은 민수기 27장 강해에서 42단계를 설명하면서, 영혼의 순례를 이집트로부터 출애굽 해서, 홍해를 건너서, 황야를 지나 가나안땅으로 들어가는 이스라엘 민족의 순례에 비유한다.

　수덕적인 삶이란 신비적인 삶을 위한 준비 단계를 말한다. 수덕적인 삶의 내용에는 여러 가지가 있는데, 몇 가지를 들겠다.

세례

　우리의 영혼의 순례는 세례를 받으면서 시작된다. 그리스도의 삶은 세례를 받으면서부터 정식으로 출발하는 것이다.

　세례는 거듭나는 중생의 목욕(bath of regeneration)이다. 영적인 할례(spiritual circumcision)이다. 믿음의 인침(seal of faith)이다. 하나님의 은사의 시작이요, 근원이다.

세례의 효력은 영혼의 정화이며, 사탄의 세력으로부터 벗어남이며, 옛사람이 죽고 새 사람이 태어남이며, 성령을 받고, 그리스도의 죽음과 부활에 연합하는 것이다.

기도

기도는 하나님과의 대화요 신앙의 고백이며 악의 세력에 대항하는 가장 큰 무기이다. 그리고 기도는 바로 하나님 말씀을 듣는 방법이고, 하나님께 드리는 영적 봉헌이다. 이미 언급한 바와 같이 그리스도인의 전 생애는 하나의 기도이고, 주기도는 전 복음의 요약이고, 모든 기도의 근원이다.

금식

금식도 중요하다. 금식은 여러 가지 의미가 있는데, 먼저 가난한 자를 구제하는 것이며, 진정한 참회의 표식이다. 또한 이는 중요한 종교적 행사를 위한 준비이며, 집중적인 기도를 하기 위한 방법이며, 그리스도의 고난에 동참하는 상징적인 의미가 있다.

영적 투쟁

금식을 하고 자기 자신을 정화시킨 다음에는 사탄과 영적 투쟁을 하게 된다. 그리스도인은 그리스도의 군대(Militia Christi)이다. 여호수아가 가나안을 침공할 때 이스라엘 백성을 이끌고 갔던 것처럼 우리가 세례를 받고, 홍해를 건너서 가나안땅에 들어가려면 예수님을 따라야 한다. 그리스도가 여호수아처럼 우리의 대장이 되시고, 우리는 그의 군인이 되어서 사탄과 싸우게 된다.

오리겐은 『민수기 강해』에서 사탄과의 투쟁은 곧 시험과 시련을 의미하는 말을 했다.

"너희는 시험의 쓴 맛을 견디어 내지 않는다면, 종려나무에 다다를 수 없으며, 가혹한 시련을 극복하지 못한다면, 샘물의 단맛을 맛보지 못한다."(오리겐, *Hom. Num.* 27.11)

"시험은 금을 불을 불 속에서 제련하는 것과 같다."
(오리겐, *Hom. Ez.* 27.12)

덕

시련과 시험, 즉 사탄과의 영적 투쟁을 하면서 영혼은 덕을 쌓게 되는데, 중요한 덕으로서 겸허, 순종, 청빈, 사랑을 들 수 있다.

겸허: 겸허의 반대는 교만이다.

"교만은 모든 죄악의 근원이다."(오리겐, *Hom. Ez.* 9.2)

순종: 아담의 타락으로 멀어졌던 하나님과 인간과의 관계는 그리스도의 순종을 통해 회복되었다. 사도 바울은 제2의 아담인 그리스도의 순종 자세를 강조하면서 그리스도인들도 주님을 따라 하나님의 뜻에 순종할 것을 권면한다.

청빈: 청빈의 삶은 영혼을 정화시키며 그리스도인의 삶의 완성을 위한 길이다. 청빈한 삶이란 반드시 가난한 삶을 말하는 것은 아니다. 청빈한 삶은 하나님께 전적으로 의지하는

삶을 말한다. 가난하게만 사는 것이 청빈을 의미하지는 않는다. 물론 가난하게 사는 것도 포함되지만, 원래 교부들의 가르침에서는 청빈이란 말의 의미는 "하나님에게 전적으로 의지하는 삶"을 말한다.

겸허와 순종과 청빈, 이 세 가지 덕은 후대에 와서 수도원 삶의 세 가지 지침이 되었다.

사랑: 오리겐은 사랑에 대해서 많은 글을 남겼다.

"사랑은 가난한 자를 위하여 금식하는 사람은 그의 형제를 위해 영혼을 바치는 것과 같다."(오리겐, Hom. Lev. 4.3)

"우리는 자비를 통해서 하나님의 도덕성을 닮아간다."
(오리겐, Hom. Lev. 4.3)

"사랑의 완성은 곧 성화의 완성이다."
(오리겐, Hom. Rom. 7.7)

이러한 수덕 신앙, 수덕적인 영성이 기독교의 신앙을 이끌어 나가면서, 3세기말에 안토니라는 사람이 나타났다. 안토니는 약 251년부터 356년까지 106년을 산 사람인데, 이 사람이 수도원 운동의 창시자라고 불리는 사람이다.

안토니는 개인적인 수도생활을 하는 형태(anchoritic monasticism)를 취했고, 그 이후로 파코미우스라는 사람이 공동 수도원(cenobitic monasticism)을 설립했다. 안토니는 혼자 수도 생활을 했는데 반해, 파코미우스는 공동체 생활을 하게 함으로써 수도원 운동을 발전시켰다. 수도원 운동은 수덕주의의 제도적 표현(institutional expression of asceticism)

이다. 그래서 초대 교회에서의 이상적인 그리스도인의 상은 순교자에서 수도자로 바뀌게 되었다.

제3장
초대 수도원의 영성

이후정(감리교신학교, 교회사)

1. 서론

　무엇이든지 근원이나 원천이 중요하다. 큰 강이 있어서 바다로 흘러가지만 그 원천에는 맑은 샘물이 있듯이, 영성에도 역사적으로 가장 고전적이고, 소박하기는 하지만 큰 힘을 가진 원천이 있다. 오늘날 다소 천박하고 인스턴트적인 영성에 급급한 한국 교회가 그것을 극복하고 깊이와 넓이를 더하기 위해서 필수적으로 눈을 돌리지 않을 수 없는 원천적인 자료가 고전적인 영성이다.
　우리가 잘 알고 있는 초대 교부요 서방교회의 위대한 신학자였던 어거스틴의 회심은 로마서를 읽은 것에서 비롯된 것으로 알고 있다. 그러나 그의 『고백록』을 자세히 읽어보면 어거스틴은 『안토니의 생애』를 읽고 그와 같은 공동 생활을 했던 사람들이 실질적인 본보기로서 세속을 벗어나 구체적인 수도생활을 하고 있음을 알게 되었다. 아직도 사막 교부들처럼 사는 사람들이 있다는 사실이 어거스틴에게 큰 충격을 주었다. 그로 말미암아 어거스틴은 자신의 도덕적인 갈등으로부터 헤어나와 영적인 회심을 하게 되었던 것이다. 그의 회심의 결정적인 계기가 된 것은 로마서 13:13의 본문을 펴서 들고 읽으라는 것 뿐만 아니라, 그 전제로서 수도 운동과의 만남이 있었다. 후에 어거스틴 자신도 수도 생활을 했다. 어거스틴이 동방교회로부터, 특히 이집트의 수도원 운동으로부터 큰 감화를 받았다는 것은 우리가 잘 알고 있다.

그리스도와 가장 가까운 위대한 인물이요 완덕의 거울로 남아 있는 중세의 성자 프란치스코에게 있어서도 사막의 교부들과 같이 살려는 것이 꿈이요, 젊었을 때의 영적 갈망이었다.

수도 운동은 4세기에 뚜렷하게 드러났다. 콘스탄틴에 의해 기독교가 로마 제국의 공식적인 종교로 인정받아 가던 시대에 기독교는 오늘 한국 기독교가 겪고 있는 것과 같은 물량주의, 세속적인 권력과의 결탁, 해이한 신앙의 문제, 기독교인은 수없이 늘어가지만 참된 기독교인은 점점 줄어드는 영적 위기에 처하게 되었다.

순교의 신앙, 순교자들의 시대는 지나갔다. 순교할 만한 조건이 주어지지 않는 시대에 살게 된 것이다. 순교는 신앙의 극치의 표현이다. 그러나 이제 외적인 순교가 허락되지 않는 시대에 영적인 순교로서의 수도적인 삶에 뛰어들려고 했던 소명이 시작되었다. 그래서 광야, 또는 사막을 찾는 사람들이 생겨났다. 그들은 복음을 철저하게, 조건 없이 온전히 실천하는 삶을 추구하며 제자로서의 삶을 살려 했던 사람들이었다. 그들은 성령으로 충만한 하나님의 사람들이 되었다. 그들은 가장 본이 되는 그리스도인으로 남아 있다.

그런데 이것은 처음에는 평신도 운동이었다. 전혀 교권적이거나, 성직자들에 의해서 고무된 운동이 아니라 무식하지만 소박하고 하나님께 모든 것을 바칠 수 있는 사람들의 운동이었다. 교회가 타락하고, 성직자들이 교권적으로 움직이고 세속적인 권력을 누리면서 예수님이 걸어가신 길이 아닌 길, 즉 십자가와 부활의 길이 아니라 세상적인 권세와 영예를 누리며 세속과 타협하는 경향을 거부하고, 그것을 악마적인 것으로 생각해서 거룩한 삶을 추구했던 거룩한 사람들의 길에 있어서의 수도원 운동의 의의가 크다고 볼 수 있다.

처음에는 수도원 운동이 오해도 받았다. 그러나 교회에서는 서서히 이 운동을 받아들이게 되었고, 제도적으로 장치를 했다. 그러면서 이 교회라는 우산 아래서 수도원 운동을 수용하면서 견제도 하려 했다. 위대한 교회의 스승들—서방의 어거스틴, 동방의 카파도키아 학파의 사람들, 즉 닛사의 그레고리나 그의 형 바실—은 수도 운동에 가담했다.

그밖에 시리아 계통의 수도원 운동도 비록 다른 형태이기는 하지만 전반적으로 교회의 제도와 역동적인 관계를 갖게 되었다. 때로는 변증법적으로 서로 부딪히기도 하고, 연합하기도 했다. 교회의 위대한 감독들, 동방 교회의 위대한 설교가 크리소스톰이나 서방 교회의 위대한 인물인 그레고리, 베네딕트가 뒤를 이어가면서 교회적으로 수도원 운동이 정착되었다.

2. 사막 교부들의 영성

사막 교부들의 영성을 다루면서 두 가지 본문을 소개하려 한다.

1) 『안토니의 생애』(Vita Antonii)

『성 안토니의 생애』는 최초의 수도원 전기이다. 그것은 고대의 성인전(hagiography)이라는 장르에 속하는 책으로서 원시 수도 생활의 성격, 그것이 미친 큰 영향과 형태 등을 제시한다.

『안토니의 생애』는 알렉산드리아의 감독이었던 아타나시우스가 기록한 것으로 알려져 있다. 아타나시우스는 아리우스주의와 같은 큰 이단과 더불어 싸우면서 수차례 유배 생활도 하고 고난을 겪으면서 진리를 위해 투쟁했던 위대한 교회의 스승이요 아버지였다. 그는 유배 기간 동안에 이집트 사막의 수도사들과 동거하기도 했다. 전설적인 이야기가 섞인 것으로 생각되지만, 아타나시우스 자신이 직접 안토니로부터 영향을 받은 듯이 기록한 내용도 있다.

아타나시우스가 이 책을 기록한 목적 중의 하나는, 교회의 지도자로서 수도원 운동을 신학적으로 잘 판단하여 모든 교회에 정착시키려는 것이었다. 아타나시우스는 안토니를 예수 그리스도 다음의 모델 그리스도인으로, 그리스도를 가장 닮은 사람으로 보려 했다.

이 책에서 수도생활을 본격적으로 다루었다. 안토니의 생애에 나타난, 그의 생애를 통해서 창시된 위대한 수도원 운동은 무엇인가? 수도원 운동은 한 마디로 예수 그리스도의 원래의 복음의 이상을 철저하게 유보와 타협과 가감 없이 그대로 좇는 것이다.

아타나시우스는 수도사를 거룩한 운동선수라고 묘사한다. 수도 생활은 운동선수와 같이 인간의 한계에 도전하여 목표를 향해서 거룩한 생활을 경주하는 영적(靈的)인 경주이다. 그것은 고독과 황량함의 거처였던 광야(사막)에서의 수도생활이었다. 엘리야의 광야 생활, 세미한 음성 속에서 하나님의 음성을 듣게 된 놀라운 영적 체험, 이스라엘 백성들의 광야 체험, 특히 모세가 광야에서 40일간 금식한 것, 예수님 이전에 세례자 요한의 광야 생활의 양태, 예수님의 40일간의 금식 기도와 생활 등에 준해서 광야 수도생활은 발전했다.

안토니(251-356)는 부자 청년이었다. 그는 부모의 사후에 복음서에 나오는 바 예수님께서 부자 청년에게 하신 말씀을 듣고서 그 말씀을 예수께서 안토니 자신에게 직접 하시는 말씀으로 여겼다. 그후 그는 순수히 복음적 소명을 받아 자기의 재산을 다 팔아 가난한 자들에게 나눠 주고 주님의 제자의 길을 걸었다.

그는 세상적인 삶으로부터의 전적 이탈과 초인적인 자기 훈련을 통해 악한 정욕과의 싸움을 싸워 그것에서 자유하게 되는 영적 진보를 나타냈다. 그것은 끝없이 현재적 성취를 넘어서 계속 나아가는 역동적인 것이었다. 그 결과 그가 도달한 경지는 인간성의 완성 또는 참된 그리스도인의 형성이며, 새 사람 됨의 자의식이 선사된다. 그 수행은 성경과 기도,

사랑과 자비의 행위, 손 노동, 가장 가난한 삶을 통한 단순화이다. 여기서 나타난 덕과 실천의 연합은 그후 공동체적 삶의 모델이 된다.

우리가 동방교회 수도원 운동을 연구하면서 처음에는 생소하게 여겼지만 중요하게 생각해야 할 개념은 덕이라는 것이다. 덕을 세워야 한다. 성령이 열매를 맺는 인격적 성숙이 필요하다. 덕이란 삶의 문제, 인격 성화의 문제, 인간성이 온전하게 하나님의 형상으로 승화되는 것이다. 이것은 전인적인 문제이지, 지식의 문제이거나 소유의 문제가 아니다. 자기 비움을 통해서 예수 그리스도와 일치될 때라야 진정한 덕, 그리스도의 품성을 입게 되고 그리스도의 인격과 동화되어 하나님의 형상으로 발전한다. 근면한 꾸준한 노력, 깨어 기도하며 모든 환란 중에 처하여 자신을 제어하는 삶은 친절, 환대, 온유한 삶에 도달하여 평형된 인격으로 변모된다.

이 모든 영적 수행의 목표는 사랑이다. 초인적인 기적이 목표가 아니라 온전한 성화이다. 영적 상승과 진보는 세상적, 육적 세력으로서의 악마와의 투쟁, 믿음과 계속적인 기도에 의하지만, 승리는 인간의 노력에 의존하지 않고 주님의 도우심과 현존에 의존한다. 그렇지만 인간의 노력과 하나님의 뜻에 대한 순종이 중요하다.

동방 교회의 신인협력론—하나님과 인간 서로의 참여와 협력—이라는 가르침은 분명히 성경적인 가르침이다. 성경은 "구하라 주실 것이요"라고 했다. 동방 교회의 원천적인 신학적, 교리적 가르침은 하나님의 은혜는 인간의 응답을 요구하고, 인간의 응답이 하나님의 은혜와 더불어 역사하는 것이지 하나님의 은혜 일변도로 되어지는 것이 아니라는 것이다.

초대교회의 신비주의나 영성은 인간적인 것이며, 인간의 노력을 인정한다고 해서 개신교에서는 신비주의를 버려야 한다고 생각했다. 칼 바르트나 에밀 부른너와 같은 현대 신학자들은 반(反) 신비주의적 경향으로 나아갔다. 이것은 개신교가 지닌 큰 약점이다. 그것은 반(反) 수도원적이고, 어떤 면에서 반 초대교회적인 것이다. 왜냐하면 초대교회의 신학적, 교리적, 신앙적 구조는 믿음과 행위, 신앙과 소망과 사랑의 조화로운 일치이기 때문이다. 구원의 길에는 칭의만이 아니라 수도정진(修道精進)을 통한 성화가 있어야 한다.

『안토니의 생애』는 대단히 영웅적이고 신화적이고 신비적이다. 안토니는 처음에는 사람들이 사는 주변의 동네에서 은자들과 함께 수도생활을 시작했다. 그러다가 혼자 광야에 들어가서 폐허가 된 성터에서 20년 동안 사람을 만나지 않고 지냈다. 그 동안 마귀와의 처절한 싸움을 계속하면서 영혼의 깊이, 숨겨진 마지막 심연을 거친다.

그러나 이 무시무시한 시련을 통해서 그는 그리스도의 광야에서의 40일의 금식 생활에 자신의 방식으로 참여하게 되었고, 결국 그리스도에 의한 승리가 주어졌다. 승리의 피날레는 안토니의 승리, 인간의 승리가 아니었다. 초대교회의 수도운동이나 동방 교회의 사상에 대해서 인간적인 노력이라고 하는 사람들은 『안토니의 생애』를 잘 읽어 보아야 한다.

안토니는 주님에게 "주님, 내가 혼자서 고통을 당할 때에 주님은 어디에 계셨습니까?"라고 물었다. 그때 주님은 "내가 너와 항상 함께 하였다"고 대답하셨다. 주님이 안 계신 것이 아니다. 주님은 항상 함께 하셨지만, 부재(不在)를 시련으로 주신 것이다. 안토니는 주님의 부재를 체험했는데, 그것은 그를 위한 시련이었다.

　이러한 시련과 고난이 없이는 성화가 이루어지지 않는다. 불에 집어 넣어야 연단된 금이 나오는 것이다. 고난을 당하지 않고 어떻게 주님의 종이 될 수 있겠는가? 어떻게 편안하게 주님의 제자가 될 수 있겠는가? 위대한 성인들의 삶에는 고난이 있었고, 고난 속에서도 찬양이 공존했다. 안토니의 고난은 하나님의 축복이었다. 주님의 고난에 참여해야 한다. 순교적인 삶에서 자기를 연단한 사람이라야 평정된 인격을 갖는다. 고난을 거치지 않은 사람은 욕심이 많으며, 따라서 주님의 사람이 되기에 합당치 못하다.

　결국 그리스도께서는 안토니에게 비전을 주셨다. 그는 후에 자발적으로 세상에 돌아와 은사적 지도자로서, 영적 아버지로서 사역했다. 물론 그에게 있어서 광야 생활과 세상에서의 생활은 서로 왕래하는 생활이었다. 그는 성령으로 충만한 존재였으며 완전한 수도인, 금욕인의 표시로서 아파테이아의 평형, 순수성에 도달했다. '아파테이아'는 영어로 'passion-lessness'로 번역된다. 'passion'이란 성경에서는 정욕, 또는 욕망을 말한다. 따라서 아파테이아는 무정욕, 무욕을 말한다. 아파테이아에는 납득하기 어려운 면도 있다. 헬레니즘의 개념에 따르면, 그것은 인간적인 것을 초탈한 것, 뒤집어 말하면 인간의 완성을 말한다.

　고대 그리스의 개념에서는 로고스, 즉 이성적인 것이 감성과 인간의 여러 가지 성품을 제어하는 것이었다. 모든 욕심들이 진정한 사랑, 질서있는 사랑으로 변형되어, 인간을 하나님의 원래의 형상으로 회복시켜 줄 수 있는 것에 도달하는 것을 아파테이아라고 말한다. 아파테이아는 부정적인 개념이지만, 긍정적으로 생각해야 한다. 이성, 로고스가 지배하는 것, 인간이 자기의 인격을 제어해서 평형, 균형에 도달하여 치우치지 않고 무질서하지 않고 흔들리지 않는 온전한 상태를 말하며, 즉 성화된 상태이다.

동방 교회의 중요한 특징은 인간성과 신성을 대립적인 것으로 보지 않고, 하나님과 인간의 교통이 가능하다고 보는 것이다. 이에 대한 가장 큰 증거는 인간이 하나님의 형상이라는 것, 그리고 인간 속에 하나님의 영이 거하신다는 것이다. 동방교회에서는 안토니를 성령이 충만한 사람이요 그리스도인의 모델이고, 그리스도 다음으로 그리스도와 가장 가까운 사람으로 보았다.

안토니는 인간적인 것, 슬픔과 기쁨의 이원성을 극복했다. 안토니는 그리스도의 완전한 분량에 도달한 사람으로 묘사되었다. 이렇게 회복된 완전한 인간상을 보여준 안토니는 많은 사람들을 하나님에게로 인도하였고 자비를 행하였고 은사로서 축귀, 신유 등의 많은 기적도 있었다. 또한 그의 설교는 그리스도의 설교와 일치하였고, 사랑으로 권면하는 치유와 회복의 역사였다.

2)『사막 교부들의 금언집』(Apophthegmata)

광야의 수도원 운동은 이집트 사막에서 창시자인 콥트인 안토니를 중심으로 하여 발전하였다. 원시적인 평신도 운동으로서 단순 소박하고 철저한 그리스도인 됨을 추구하였지, 어떤 전문적 종교인의 형성은 아니었다.

여기서 비롯된 금언집 등의 문헌을 통해 우리는 이 원초적인 수도원 운동을 이해하는 데 도움을 얻는다. 『사막 교부의 금언집』은 안토니가 시작한 이집트 사막의 위대한 수도원 운동에 뛰어든 수많은 사람들이 남겨 구전으로 전해져온 위대한 일화와 금언을 모아 후대에 책으로 만든 것이다.

『사막 교부들의 금언집』과 더불어, 『사막 교부들의 삶』, 『사막 교부들의 지혜』, 『사막 교부들의 세계』 등을 통해서 우리는 초대교회의 위대한 수도원운동이었던 사막 교부들의 삶과 그들의 신앙에 접할 수 있다. 이 글은 구전된 가르침의 집성인데, 그 특징은 삶을 전적으로 복음과 그리스도 모방에 바친 이들의 기도 생활, 관상, 형제애, 이웃 환대, 겸손과 순종의 사랑 등을 구체적인 삶의 이야기로서 보여주는 것이다.

사막의 영성은 금욕생활에 있다. 금욕이라는 단어 자체가 아페테이아를 전제로 하는 말이다. 금욕생활의 목표는 무엇인가? 흔히 수도원 생활에 대한 오해에 있어서 많은 사람들은 수도생활이란 자기 학대, 또는 고행의 추구라고 말하지만, 이것은 수단을 목표로 오해한 데서 비롯된 것이나. 금욕생활의 목표는 인내, 극기를 통한 그리스도인 된 인격적 고결(덕)의 배양, 영적 생기와 힘을 얻는 자기 수련을 통한 사랑의 완전이다.

사도 바울의 말처럼, 자기를 쳐서 복종시켜야 한다. 자기라는 것은 끊임없이 자기를 유혹한다. 자기를 제어하는 것처럼 어려운 일이 없다. 자기를 쳐서 복종시키는 것(self mastery)이 수도 생활의 모토이다. 자기를 제어하여 인간성에서의 일그러지고 타락한 면이 변형되어 그리스도의 인격과 동화되는 것이 금욕생활의 목표이다. 고행 자체가 목표는 아니다.

이를 위한 수행으로서 몸의 제어와 생계를 버는 노동을 했다. 중세 시대에는 이것이 타락되어 수도원이야말로 가장 많은 부를 축적한 타락의 온상이 되기도 했다. 자기 정복은 영과 몸의 통전된 속에서 평정 속에서 영혼의 자유를 얻는 아파테이아였다.

많은 사람들은 수도원 운동이 육에 대한 멸시요, 이원론에 빠진 것이고, 플라톤주의의 구체적인 모습이라고 비판했다. 그러나 수도원 운동을 성실하게 연구해보면, 육의 문제를 단순하게 천시하거나 무시하고 학대해야 영이 잘 된다는 식의 개념은 없다. 몸을 잘 다스리고 순화시켜서 정욕의 도구가 되지 않고 순수한 하나님의 성령의 역사와 영을 좇는 삶에 지배될 수 있게 하는 것이 수도 생활의 중요한 목표이다. 그리함으로써 영혼은 육에 속박당하지 않고 죄의 지배를 받지 않고 성령 안에서 아파테이아의 평정 속에 들어간다.

토마스 머튼은 아파테이아를 마음의 순결(purity)과 같은 것이라고 표현했다. 마음이 정욕의 침해를 당하지 않고 흔들리지 않는 사랑으로 충만한 상태이다. 또는 성령으로 투명해진 영혼의 순결을 말하는데, 정욕에서의 자유, 사랑으로 충만한 성화된 삶이다. 이것이 금욕생활의 목표이다. 그 목표는 무한한 목표요 끊임없이 발전하는 목표이다. 즉 역동적인 목표이다.

사막의 삶에서는 계속적인 기도와 명상, 성경에 대한 암기, 반추와 묵상이 주를 이루었고, 시편과 더불어 기도하며 경성하는 삶이 있었다.

또한 영적 지도자들로서 압바(abba), 암마(amma)는 제자들이 먼저 선택해야 할 사부였다. 스승들에 대한 겸손한 순종을 통해 영적 목표에 도달한다고 믿었다. 스승은 상담과 삶의 본을 통해서 제자들이 영적으로 향상하고 정진하는 데 도움을 주었다.

오늘날은 스승과 제자의 관계가 사라진 관계인데, 나는 이것을 회복하지 않으면 현대 기독교에 큰 어려움이 있다고 생각한다. 서구적인 교육의 모델을 따라 지식이나 기술의 전달을 가르치는 현금(現今)의 바르지 못한 교육 방법을 거부하고, 진정한 교육, 인격적인 교육, 산 교육으로서 스승과 제자가 진정한 인격적 관계를 가지는 것이 최소한 신학대학에서는 이루어져야 한다. 신학 교육부터가 제대로 되지 않는데, 어찌 한국 교회가 갱신되고 바로잡히겠는가? 근본적으로 원래의 교육의 틀인 영적인 관계성을 중심으로 하는 모델을 제시해야 한다.

개신교에서는 인간의 본성에 대해서 너무나 비관적이다. 따라서 초대 교부들의 자기 완성이나 인격 수련을 통한 성취를 말하면 의심의 눈길을 가지고 인간적인 것이라고 본다. 그것은 어떤 점에서 근거가 있는 것이기도 한다. 그러나 초대 교회에도 인간의 죄에 대한 깊은 통찰이 있었고, 죄에 대한 현실주의가 있었다. 개신교에서는 죄를 이길 수 없는 상대로 보지만 수도 교부들은 죄는 반드시 용서와 사랑에 의해 치료되고 정복될 수 있는 것으로 보았다. 또한 죄와 유혹과 환란을 통해서 우리의 인격이 정화된다고 보았다. 그러므로 수도 운동이란 영적 성화 운동, 즉 운동 선수처럼 계속 자기를 쳐서 연습하고 훈련하여 그리스도의 온전한 인격에 도달하려고 하는 운동, 그리스도의 장성한 분량에 다가가려 하는 운동이었다.

3. 닛사의 그레고리와 마카리우스의 영성

1) 성 그레고리의 고전적 비잔틴 영성

오늘날의 터키의 카파도키아 지방의 세 명의 유명한 신학자였던 가이사랴의 바실, 나지안주스의 그레고리, 그리고 닛사의 그레고리는 초대 교회에 신학적으로 위대한 교부들이었다. 그중 닛사의 그레고리의 형 바실을 대 바실(Basil the Great)이라고 한다.

바실은 교회에 큰 영향력을 행사한 교회의 감독, 즉 정치적인 행정가로서 교회의 제도 속에서 수도원 운동을 수용하고 공동체적 형식으로 발전시켰다. 말하자면 그는 공동체적인 수도원, 은둔적인 수도운동이 아니라 공동체를 교회에 정착시키는 데 공헌한 인물이다.

그의 동생 그레고리는 이미 수도생활을 하고 있던 누나 마크리나의 영향을 받아 수도생활에 이끌렸다. 그는 누나의 고결한 삶을 기리면서 자신이 영적으로 하나님께 돌아온 것을 누나의 덕으로 돌리면서 『성 마크리나의 생애』라는 글도 썼다. 원래 그레고리는 내성적이고 관상적이었으며, 학문적으로 플라톤이즘을 공부하고 당시의 고전적인 철학과 헬레니즘 문화를 공부한 뛰어난 당대 최고의 지성인이었다. 그는 고전 문화와 기독교, 헬레니즘과 기독교 정신을 종합시킨 초대 동방교회의 가장 위대한 사상가요 학자요 신비가였다.

그레고리는 신비가로서, 수도생활에 대한 아름다운 글을

썼다. 그레고리의 영성을 비잔틴 영성이라고 한다. 그의 대표적인 수도원적, 영성적 저술로는 『모세의 생애』, 『아가서 주석』, 『완전에 관하여』 등등이 있다.

그레고리의 신학적인 특징

그레고리는 당시의 위대한 지성인이었다. 그는 최고의 지적 훈련을 받았고, 교리적인 논쟁에도 참여했던 초대 교회의 큰 스승이다. 하지만 그레고리는 지성적인 면에만 그치는 것이 아니라, 영성과 수도생활을 흠모하고 그것이야말로 기독교 생활의 정수라고 생각했다. 즉, 교리보다는 영성을 중시했다. 교리란 이성적인 작용을 전제로 하지만, 영성은 그것의 원천이면서 완성도 되기 때문이다.

플라톤주의라는 그리스 세계의 이원론은 인간의 영혼과 육체는 서로 구분되는 실체로서 영은 구원을 위한 것이고 육은 썩을 것으로서 멸망에 처하는 것으로 보았다. 이러한 이원론은 영지주의 등의 지나친 형태로서 초대 교회에 도전해 왔다. 그러나 닛사의 그레고리는 창조된 세계가 하나님의 역사하시는 영역이라고 보았다.

플라톤주의에서는 보이는 세계는 하나님이 역사하는 영역이 아니며, 보이는 세계를 벗어나서 보이지 않는 영의 세계로 들어가는 것이 구원이며, 이데아(관념, 이상)의 세계라고 보았다. 거기에 대해서 기독교는 하나님이 보이는 세계 속에서 역사하신다고 여겼으며, 육신을 멸망 받을 대상으로만 생각하지 않고 하나님의 창조의 질서로 보았다. 즉 우리가 구원받아도 순수 영이 되는 것이 아니라 영체(영적인 몸)가 된다고 보았다. 이와 같은 기독교 사상이 닛사의 그레고리에게 있어서 중요한 역할을 차지하고 있다.

따라서 기독교적 수도와 영성은 단순한 신령주의(spiritualism)가 아니다. 너무 영을 강조하다 보면 육에는 전혀 가치를 둘 수 없고, 창조된 세계의 모든 질서의 현실을 부정하는 방향으로 나아가는 것이 과도한 신령주의이다.

그러나 닛사의 그레고리의 영성에서는 플라톤주의가 강조했던 감각적인 세계로부터 예지의 세계, 즉 영의 세계, 로고스의 세계로 상승하는 것이 필요하다고 보았다. 이것은 기독교적인 전통에 근거해서 육적인 정욕에서 벗어나서, 감각적인 정욕에서 해방되어 영적인 데로 나아가는 것이 구원이라는 생각이다. 감각적 정욕과 하나님에 대한 열망은 서로 분열된다. 따라서 인간의 육체의 정욕은 하나님에 대한 사랑에 반대가 되고, 영과 육은 서로 반대되는 세력이 되었다. 그것은 죄의 결과이다.

그러나 인간은 하나님과 그의 지성, 그의 미를 향한 에로스를 갈망으로 가지고 있으며, 새로운 신적 형태에로 변형, 일치되기를 열망하는 존재이다. 이는 그리스도의 성육신하는 인성 때문에 가능하게 된다. 왜냐하면 그리스도의 인성은 신성으로 충만한 인성이기 때문이다. 교리적으로는 예수 그리스도는 동시에 하나님이시며 동시에 인간이시기 때문이다. 그것은 우리에게 있어서는 하나님의 영의 역동적 매개 속에서 하나님의 은혜에 인간이 응답함으로써 이루어진다.

에로스란 오늘날 보통 성적인 사랑을 뜻할 때에 많이 사용한다. 그러나 고전 세계에서 에로스란 부정적인 면에 국한되는 것이 아니라, 인간의 욕망, 인간의 열망에 대한 총칭이 되었다. 특히 진정한 에로스라면 단지 감각적인 욕망, 즉 성적인 욕망, 먹고 마시는 데 대한 욕망에서 벗어나서 존재 자체이시고, 미이시고 순수한 진리이시고 최고의 존재인 하나님을 향해 상승하는 열망과 사랑을 말한다. 그러므로 기독교인들은 보통 에로스를 죄의 원천으로 말하지만, 여기서는 순수해진 정화된 방향을 의미한다.

동방 교부들의 일반적인 중요한 공통점이기도 하지만, 그레고리는 인간은 신적인 존재라고 보았다. 동방교회에서는 인간은 죄로 인해서 동물적인 것에 매여 있지만, 존재론적으로 하나님의 형상으로 생각된다. 따라서 그레고리에 의하면 하나님의 형상은 에로스를 통해서 서서히 회복되고 원래 지니고 있던 완성을 향한 실현으로의 발전이 있다.

동방교회는 인간이 하나님의 형상으로서 하나님의 본성에 참여하는 것을 말하는 신화(divinization) 개념 때문에 오해를 받았다. 신화는 인간에게 불가능한 것이 아니다. 인간은 원래 신적인 존재이기 때문이다. 시리아 교회에서는 신화를 "하나님의 자녀됨"이라고 보았다. 진정한 자녀가 되는 것은 하나님의 집에 함께 거하는 것이므로 신화라고 할 수 있다고 본 것이다.

동방교회에서는 신인합일(神人合一)을 이야기할 때에 신인의 구별이 없어지는 합일(合一)보다는 참여, 즉 신약 성경에서 하나님의 성품에 참여하고 하나님의 거룩하심 같이 거룩하라고 하신 대로 하나님의 거룩하심에 참여하는 것이라고 본다.

서방교회와는 달리 동방교회에서는 신비주의가 정통교회의 기본 주류로서 발달되었다. 이러한 신화를 이야기하기 때문에 오해도 받았지만 오늘날까지 내려오는 수도원주의도 기본적인 동방교회의 전통이기 때문에 무시할 수 없다.

이와 같은 모든 것을 근거로 해서 닛사의 그레고리의 영성신학은 하나님의 존재에 접근하고 하나님의 본성에 참여하는 의미에서 신적으로 변형·일치되는 영성이라고 할 수 있다. 그러나 하나님과 일치하는 길은 단지 존재론적인 것이 아니라 더 심원한 의미에서 사랑에 의한 것이다. 오직 사랑으로만 연합할 수 있기 때문이다.

그러면 하나님의 은혜에 대해서 인간은 어떻게 해야 하는가? 응답해야 한다. 동방교회에서는 하나님의 은총을 전제하지 않은 인간의 노력이나 응답에 대해서는 절대로 이야기하지 않는다. 모든 것이 결국은 하나님의 은총이기 때문이다. 안토니의 예처럼 인간이 하나님 없이 혼자서 투쟁하는 것 같지만 그 투쟁 속에 이미 그리스도께서 동행하셨다는 것이다.

영적인 진보와 상승은 인간의 노력과 하나님의 은혜가 서로 상합하고 일치하는 것을 통해서만 가능하다. 여기서 가장 중요한 것이 성령론이다. 성령의 역동적인 역사를 통해서만 하나님의 은총과 인간 영의 응답이 연합할 수 있는 것이다.

그레고리의 영성에 뛰어난 작품으로서 『기독교적 삶의 양식』이라는 책이 있다. 여기서 강조된 주제는 기독교적 삶이란 수도원적인 삶이라는 것이다. 닛사의 그레고리는 진정한 기독교인의 삶은 오로지 수도원적인 정화와 성숙과 진보의 삶을 통해서만 완성될 수 있다고 생각했다.

이 책은 수도사들에게 주는 권면과 교훈, 기독교적 삶의 가장 완숙한 데 이르는 길, 즉 기독교적 완전에로 성화되고 신화되는 과정에 대해서 묘사한 그레고리 말년의 성숙한 수도원적 신앙의 종합이다.

하지만 여기서는 에로스라는 표현이 중심적인 것은 아니다. 인간이라면 누구나 신적으로 전향되어지며, 비록 타락한 죄인이라도 사랑을 모른다고 할 수 없다. 우리에게는 하나님의 사랑에서 무한히 벗어나는 인간적이고 타락한 자기 중심적인 사랑이 있지만, 그러나 그 속에도 하나님의 사랑의 흔적, 또는 하나님의 사랑과의 연속성이 있다. 인간적인 사랑에도 하나님의 사랑이 깃들어 있다. 순수한 남녀간의 사랑도 하나님의 사랑의 반영이다.

에로스는 본성적 타락에 의한 죄 된 정욕을 극복하고 하나님의 뜻의 조명을 받아 이상적 상태로 이끌어 올린다. 왜냐하면 사랑이 아닌 곳에 사랑이 들어갈 수 없기 때문이다. 하나님이 원래 인간을 창조하실 때에 사랑으로 창조하셨기 때문에, 타락에 의해서 사랑이 없어졌다고 하지만, 원래 인간은 사랑할 수 있는 존재이다. 신적인 존재란 사랑할 수 있는 존재를 말한다. 아무리 죄인이라도 사랑할 수 있다고 보아야 한다. 죄인으로시 볼 때는 불가능이지만, 은혜의 가능성이 전제되어 있다.

유명한 마이엔돌프(Meyendorff)는 "동방교회에서는 하나님의 은혜와 인간의 본성 사이를 양자 대립으로 보는 것이 아니라 상호 전제로 본다"고 말했다. 즉 인간의 본성은 창조의 형상하에서 하나님의 은혜를 전제하는 것이다. 이렇게 볼 때 구원의 길은 정욕으로부터 자유하게 되어 영적 지식을 획득하고 참된 하나님에게 연합하고 참여하는 것이다(신화). 이를 위해 하나님의 말씀을 중심으로 그 신비를 명상하고 성령으로 말미암아 그 깊이를 헤아려 깨닫는 것이 필요하다.

그레고리는 이제 에로스를 갈망으로 하여, 영혼의 참 본성인 신성에로 일치하려는 목표에 이르는 길을 제시하면서 최고의 덕의 정상(신성)에로 상승하는 갈망하는 영혼의 순례를 그린다. 부단한 노력과 진보는 믿음과 삶의 정화인데, 성령을 모시기에 합당한 존재에로 변모되어야 하며, 성령의 열매와 위로부터 주시는 신적 은사 등이 필요하다.

그레고리는 성령과 우리의 자유의지적 노력이 서로 협력하는 것을 강조한다. 성령은 하나님의 완전한 뜻을 계시하면서 우리가 자유롭게 응답하여 최상의 선, 미의 분량에까지 단계적으로 진보하도록 분투하고 노력하는 힘을 허락하신다.

닛사의 그레고리에게서 중요한 것은 하나님에 의한 사랑에 의해서 우리가 점점 정화되는 것이다. 즉, 잘못된 사랑, 더러운 사랑, 거짓된 사랑, 정욕된 사랑을 씻어 내고 순수하고 하나님에게 합당한 사랑, 성령으로 말미암은 사랑, 온전한 사랑, 최고의 사랑에 우리가 점점 동화되고 정화될 때에 우리가 신비적인 합일에 도달한다고 보았다.

오리겐의 영성과 그레고리의 영성은 단계와 정도에 대해 강조를 많이 했다. 웨슬리도 단계와 정도를 이야기했지만 감리교 영성에 있어서 이렇게 순수 단계적인 성장은 많이 이론적으로 발전되지 못했다. 동방교회에는 단계적인 수도생활을 통한 점진적인 정화와 성화가 있다고 본다. 이것이 수도생활에 대한 영성적인 중요한 전제이다.

하나님께서 인간에게 노력하는 힘을 허락하신다. 노력에 있어서 순수 인간은 존재하지 않는다. 순수 인간이라는 존재 즉, 하나님과 관계 없는 인간만으로 제한되거나 규정될 수 있는 인간을 인정하지 않는다. 인간은 하나님의 피조물이기 때문에 하나님의 사랑과 전적으로 무관한 존재가 될 수 없다는 것이다. "님의 사랑은 불이어라"는 떼제의 로제 형제의 글이 있듯이, 사랑에 불붙어서, 하나님의 사랑이 불붙어서 내 사랑도 불 붙어 갈 때, 불과 불이 붙는 것과 같이 하나님의 사랑에 불붙는 것을 신비주의로 보았다. 수도생활은 그리스도의 사랑을 배우고, 하나님의 사랑을 배우는 학교라고 본 것이다.

그레고리의 중요한 사상은 영속적인 진보와 초월이다. 이 것은 사도 바울의 "너희가 부르심의 상급을 좇아 목표를 향하여 경주하라"는 말씀과 같이, 영성생활의 목표—동방교회에서는 이를 완전의 목표라 했다—는 하나님의 거룩하심을 향해 계속 진보하는 데 있다. 이 진보는 무한한 것이다. 왜냐하면 목표가 무한한 것이기 때문이다.

하나님은 유한하신 분이 아니시고, 무한하신 분이시기 때문에, 따라서 우리 영적인 진보는 끝이 없다. 어떤 곳까지 도달하면 된다는 것이 있는 것이 아니고, 그곳에 도달하면 더 높은 곳이 기다리고 있다. 하나를 발견하면 또 다른 것이 발견되고, 그래서 역동적인 것이다. 하나의 상태(state)에 도달하는 것이 아니라, 끊임 없이 넘어서는 것이다. 이것이 중요한 그레고리 영성의 특징이 된다. 이러한 특징을 우리는『모세의 생애』에서 자세히 읽어 볼 수 있다.

하나님의 원초적인 아름다움에 대한 매력, 이 에로스를 성령과의 연합 속에서 승화시킬 때, 그 결과 사랑의 연합은 하나님에 참여하는 것이다. 성경에도 하나님은 아름다우신 분이시라고 하였다. "너희는 하나님의 아름다움을 묵상하라"는 말씀은 시편의 영속적인 주제이다. 이것은 창조의 세계를 긍정하는 것이다. 창조 세계 전체에 하나님의 아름다움이 반영되어 있다는 것을 말하는 것이다. 인간은 창조의 면류관으로서 가장 아름다운 존재일 수 있다. 인간 속에 있는 아름다움은 하나님의 형상이다. 하나님의 아름다움의 반영이기 때문이다. 그것을 회복시켜서 사랑으로 하나님에게로—에로스가 사랑이기 때문에—승화된다.

이와 같은 사랑의 연합이 하나님에 참예하는 신화(神化)이다. 상호 관통을 통해 하나님의 영혼은 사랑의 일체가 되며 영혼이 곧 하나님, 그의 성령의 거처가 된다. 그리스 신화에 나오는 큐피드의 화살의 이야기와 같이, 신비가 그레고리 역시 이러한 하나님의 사랑의 화살을 맞으면 우리 인간은 사랑에 빠지게 된다고 비유적인 설명을 하고 있다. 그래서 우리들은 사랑에 불타게 되고, 그의 사랑에 매료되어 무한히 이끌리게 된다.

이 아가페 신비주의는 하나님의 본성에 참여하는 영혼의 최상의 발전을 성령의 통일에서 찾고 사랑의 화살로 아가페를 심는 독생자의 사랑에서 찾는다. 이렇게 되어 영혼은 결국 하나님의 사랑에 이끌리게 되어서 사랑과 일치되고, 하나님의 거처가 된다. 이것을 에로스 신비주의라고 생각하지만, 결국 그레고리의 이러한 신비주의는 에로스 신비주이라기 보다는 아가페 신비주의라 하는 것이 옳을 것이다. 아가페 신비주의가 있고, 에로스 신비주의가 따로 있는 것이 아니라 아가페 신비주의 속에 에로스 신비주의가 포함되어 있다고 본다. 우리는 이 정신을 잘 이해해야 한다.

닛사의 그레고리와는 달리 우리 개신교회에서는 흔히 에로스와 아가페를 서로 대립해서 상반되는 개념으로 보는 경우가 많다. 그러나 닛사의 그레고리야말로 기독교 신비주의 역사의 위대한 거성이고 위대한 영성인으로서, 그가 남긴 유산을 볼 때 이러한 사상을 적극적으로 감안할 필요가 있다.

그동안 서방교회의 세력이 커짐에 따라 서방교회의 신학만이 전체적인 교회의 주류가 되어왔다. 그러나 이제는 무시되고 몰랐던 동방교회의 신학이 에큐메니칼적 컨텍스트에서 서서히 부활하고 있다. 그 중요성이 또한 부각되고 있다.

2) 마카리우스의 성령 중심의 체험적 영성

마카리우스는 사막 교부 중에서 안토니의 제자로 알려져 시리아 사막 교부 중의 한 사람이다.

그러나 동방 교회의 영성 고전으로 남아 있는 마카리우스의 설교, 편지, 또는 대 서한 등 기타 여러 가지의 글들은 많은 학자들이 오래 연구한 끝에 마카리우스라는 사막의 교부가 쓴 글이 아니라, 시리아의 수도원 운동에 속했던 사람이 쓴 글이 마카리우스라는 이름으로 남겨진 것이라는 사실이 거의 입증되었다.

동방 신비주의의 거성이었던 위(僞) 디오니시우스와 같은 일이 고대에는 허다했다. 이는 위대한 사람의 이름을 빌려 자신의 글을 남겨 놓으면 많은 사람들이 읽지 않을까 하는 생각에서 그랬던 모양이다.

마카리우스의 이름으로 된 것은 실제 저자가 누구인지 모른다. 그래서 위 마카리우스, 또는 다른 사본들에 근거하여 시므온이라고 부르기도 한다. 마카리우스라는 사람의 이름으로 된 글 중 오늘 교회가 가장 애독하고 있는 글은 『마카리우스의 신령한 설교』라는 책이다.

우리는 기독교라면 로마 가톨릭, 개신교의 장로교회, 감리교회, 성공회 정도로 생각하지만, 이외에 동방정교회가 있다는 생각은 우리에게 상당히 낯설고 아직도 잘 이해가 되지 않는다. 그런데 동방교회 중에서도 그리스어를 사용하는 그리스 정교회로 되어서 발전하고 있는 교회가 대세를 이루어 있다. 그러나 우리가 다루는 저자가 속한 교회는 시리아 정교회라 한다. 그 중심이었던 안디옥 교회는 최초로 그리스도인이라는 이름이 사용되었던 교회이다. 안디옥 교회는 초대교회 선교의 거점이었다. 그후로 시리아 교회가 크게 발전했다.

한편 로마 가톨릭 교회가 발전하면서 중세에 와서는 대세를 이루었고, 반대로 그리스 정교회, 시리아 정교회 등은 다소 위축되었다. 시리아 교회가 상대적으로 약화되고 무시되고 잊혀진 정통이 되었다. 오늘 시리아 교회의 전통을 다시 살려야겠다는 중요한 이유 중의 하나는 우리가 예수 그리스도의 가장 본래적인 삶의 자리는 유대교였음을 명심할 때 분명해진다. 시리아 교회는 셈족 언어군에 속하며, 따라서 히브리어권인 유대교와 밀접히 연관되어 있다. 바울은 유대교를 거부하고 "나는 이방인에게로 간다"고 하면서 유대교가 잘못되었다는 것을 그렇게 강조했지만 유대인들의 구원을 위해서 자기네가 저주를 받아도 좋다고 했다. 이처럼 히브리 전통은 기독교에도 매우 중요한 것이다.

그래서 최근에도 예수가 유대인이라 하는 여러 가지의 연구가 나오고 있다. 그러나 여기에서 우리는 학문적인 연구에 관심을 가지고 말하는 것이 아니라 예수의 삶의 자리와 그의 생각 형태(물론 하나님의 아들로서 모든 것을 초월하신다고는 하지만), 또는 예수님이 하시는 말씀이나 그의 가르침의 형태들이 과연 헬레니즘과 그리스적인 전통, 나아가서는 라틴적인 전통의 교회로서의 로마 가톨릭이나 개신교에서 변형되지 않고 그대로 반영할 수 있었겠는지 의심스럽다.

그러나 예수님의 원천 속에는 아람어로 된 것이 있는가 하면, 셈족의 전통도 있다. 구약과 신약에 흐르는 리얼리즘을 우리는 볼 수 있는데, 즉 구약과 신약은 형이상학적이거나 사변적이지 않다. 오늘날 서구 신학에 있어서의 사변적이고 논리적인 체계와 학문적인 전통을 볼 때, 우리는 그것이 인상깊고 위대한 것임을 인정한다. 그러나 예수님의 말씀은 단순, 소박한 삶의 구체적이고 리얼한 이야기, 비유 등을 사용하고 있다.

단순하고 순수하고 원천적인 예수님의 말씀에 귀를 기울일 때 "공중에 나는 새와 들에 피는 백합화"가 어떤 학문적 체계보다 더 깊은 종교적 표현임을 깨닫게 된다. 철학적으로 산상수훈에 나오는 "공중에 나는 새와 들에 핀 백합화"를 대신하는 어떤 언어가 있는 것이 아니다. 예수님의 평범한 가르침인 산상수훈은 단순하고 집약된 직관적인 언어이지, 사변적이고 철학적인 체계나 논리가 있는 것은 아니다.

사도 바울만 하더라도 상당히 교리적이고, 사변적인 성향이 있다. 그러나 우리는 바울과 예수를 바꿀 수 없다. 기독교가 바울에 크게 빚지고 의존하고 있지만, 신비주의의 전통은 요한에게 특별히 의존하고 있다. 사도 요한을 가장 영적인 인물로 보고 있다. 요한을 두고 그야말로 참된 신학자라고 하는 전통인 동방교회의 신학도 있다. 이는 사변적인 신학을 거부하고 영성신학을 세우기 위한 것이라 할 수 있다.

그러나 동방교회에서는 영성신학이야말로 진정한 신비를 표현하는 신학이라고 생각하였으므로, 교리적이고 사변적인 신학의 일방적인 독주를 반대했다. 동방교회의 신학적인 전통에 있어서 매우 중요한 마카리우스를 서방교회 사람들이 무시하거나 다루지 않는 것, 아니면 여러 가지 회의를 표명해온 대상이 된 것은 불행한 일이다.

평범하고 단순한 보통 사람들에게 읽혀질 수밖에 없는 것처럼 보이는 이 위대한 글을 웨슬리가 읽고 큰 은혜를 받고 "그야말로 가장 위대한 신앙인의 하나이다"고 감탄했다. 나역시 이 글을 애독했다. 나는 기독교 2천년의 역사에서 성령에 대해서 이만큼 풍부하고, 집중적으로 다룬 책은 없다고 단언할 수 있다.

『마카리우스의 신령한 설교』는 성령에 충만한 사람이 실제적인 체험을 중심으로 영적인 담화, 충고와 가까운 수도사들에게 주는 교훈을 담은 것이다. 시리아 수도원 운동의 결정체로서 나온 위대한 문서이기 때문에 내용과 틀이 상징적이고 비유적이고 은유적인 체제로 되어 있다고 해서 철학적이고 교리적이고 논리적인 책보다 못하다고 생각하거나 기독교에 있어서 별로 중요하지 않다고 평가 절하될 수 없다는 것으로 생각한다.

원래 수도원 운동은 평신도 운동이었다. 사막 교부들은 대체로 성직자가 아니라 평신도들이었다. 그들에게 어떤 신학이 있었겠는가? 평범한 것처럼 보이지만, 이러한 것에서 가장 깊이 있는 영적인 통찰력과 체험을 경험할 수 있다. 마찬가지로 마카리우스의 설교도 시리아 수도원의 전통의 것이지만, 이것이 사변적이고 논리적인 것을 선호하는 신학자들에게는 오해당하고 멸시당해왔다.

　얼마 전에 루이 브이에라는 프랑스인 영성신학의 대가는 『기독교적 신비』라는 책 속에서 마카리우스에 관하여 이모저모를 다루면서 마카리우스를 좋게 평하는 것처럼 했지만 결론적으로 그레고리가 신학적인 차원에서 볼 때 더 위대하다고 했다. 나는 여기서 누가 더 위대하고 덜 위대하다는 차원에서 말하는 것이 아니라 마카리우스의 깊은 성령의 체험이 우리 한국에서 영성생활을 하는 이들에게는 실감 있는 것이라고 생각한다.

　노련한 경험과 삶의 현실 속에서 우러나오는 체험으로서의 성령론, 어떠한 이론이 앞서고 사변을 거쳐서 반성되어지고 신학적으로 되어지는 것이 아니라 신학 이전의 세계로서의 성경에 충실한 책이 바로 『마카리우스의 설교』이다. 어떤 의미에서 이 책에는 신학이나 철학이 없다. 이 책에 있는 여러 가지 설교들은 신비적이고 깊이가 있고 영적인 체험의 소산이라는 것을 우리가 깨달을 수 있다.

　마카리우스의 설교는 메쌀리아니즘을 반영하고 있다. 메쌀리아라는 말은 시리아어로 "기도한다"는 뜻이다. 기도만 하는 사람이 있다고 해서 메쌀리아니즘이라는 말이 남아 있는데 이단으로 정죄 되었다. 왜냐하면 이 사람들은 성례전을 거부하고, 교회의 제도를 거부했으므로, 교회의 제도를 쥐고 있는 감독들이나 교회의 성직자들은 이 평신도 운동이 가지고 있는 위험성을 간파했기 때문이다.

　메쌀리아니즘은 성령운동이다. 그런데 이 운동이 가지고 있었던 성령중심주의, 기도중심주의, 수도원적인 성격이 마카리우스가 계승하고 있는 것이다. 그러나 마카리우스는 메쌀리아니즘이 가지고 있는 위험한 점들—교회의 성례전이나 교회가 가지고 있는 제도를 인정하지 않는 점을 극복했다. 이것은 마카리우스가 시리아의 평범하고 민초적인 성령운동을 정당화 시켰음을 보여준다.

이렇게 마카리우스는 이들의 위험 요소들을 제거하고 본래의 정신 즉, 성령을 받지 않고서는 그리스도인이 될 수 없으며, 교회 제도가 전부가 아니며, 목사가 된다고 다가 아니라는 것, 신학자가 다가 아니라는 것 등을 보존하였다. 따라서 그것은 깊은 체험에 의한 신비적인 글이라 할 수 있다. 신비적이라고 해서 말이 어려운 책이 아니다.

기독교가 유대적인 전통과 접붙여서 수용한 것은, 그리스 전통인데, 서유럽의 기독교 전통으로 뿌리를 내린 이 헬레니즘적인 전통은 관상적이고, 사변적인 전통을 가지고 있다. 반면에 히브리적인 전통은 사변적이고 관상적인 전통보다는 현실적인, 또는 실재주의(realism)이다. 여기서는 오히려 어떤 사변과 이데아로 빠지는 것보다는 현실의 삶의 구체적인 사건, 역사, 눈에 보이는 형상, 이런 것들에 상당히 주안점이 있다. 따라서 마카리우스는 비유나 형상으로써 신비주의에 대해서 말하고 있다. 이것을 형태신비주의(Gestaltmystik)라 한다.

이와 같은 것은 우리가 『마카리우스의 신령한 설교』 제1장만 읽어 보아도 알 수 있다. 거기서 에스겔의 신비체험을 중심으로 성령의 역사와 그리스도가 중심이 되시는 놀라운 신비 체험을 대할 수 있다. 내 생각으로는 이 모든 내용은 『마카리우스』라는 글을 쓴 사람의 놀라운 신령한 체험에 근거하고 있지 누구의 이야기를 썼거나, 생각을 쓴 것은 아니라고 생각이 든다.

　마카리우스에 관해 소개하는 것이 어려운 점은 체험하지 못한 것을 이야기하는 것은 곤란하다는 것이다. 그래서 심오한 신비주의를 설명하는 것이 쉽지 않다. 그러나 『마카리우스의 신령한 설교』에는 쉬운 이야기와, 신비로운 것을 일상적인 언어와 이해하기 쉬운 비유로 설명하는 것이 많이 나온다. 그 이야기들을 잘 읽고 생각해 보면 그것을 담고 있는 깊은 뜻을 알 수 있다. 예수님도 어린아이들도 들을 수 있는 이야기를 하셨다. 씨뿌린 자들의 비유라든가, 두 아들의 비유 등등 많이 있다. 이러한 비유에 대해 해석이 하나만 있는 것이 아니다. 거기에는 심오한 뜻이 있는데, 이를 말로 표현할 수 없는 것이다. 신비주의라는 영역의 가장 중요한 영성적인 특징은 "말로 표현할 수 없음"이다. 그래서 비유로 말하는 것이다.

　마카리우스의 영성을 개괄적으로 설명하면, 먼저 인간의 타락과 원죄의 결과는 심각하며, 영혼이 마귀의 권세 아래 속박되어 있다. 그러나 인간의 영혼은 원래 하나님의 형상과 유사성으로 창조되었으므로 하나님의 영이 거할 수 있다. 결과적으로 구원은 성령과 마귀(악령) 사이의 싸움에 처한 영혼의 상황에 의해 설명된다. 성령을 받아들이고 입고 마시며 그와 합하면 인간은 하나님의 빛을 받게 된다. 그렇게 될 때 인간은 변모, 신화되어(신성으로 충만) 하나님의 형상을 회복한다. 신화된 인간은 그리스도와의 연합 때문에 원 아담보다 더 승하다. 즉 새 창조는 원 창조보다 뛰어나다.

　마카리우스는 이 신화를 완전한 사랑으로 표현하였다. 그것은 정욕에서 해방된 순결해진 상태요, 은혜(성령의 역사)

로 충만해진 상태이다. 성령의 성화하시는 능력에 의해 성화되어 점점 더 높은 단계에로 진보하며, 그 진보의 체험은 계속적인 다함 없는 갈망에 의해 강화되고 증가된다. 그것은 완전에로 향하는 기나긴 훈련과 고난의 과정을 통한 여정인데, 여기서 인간의 수고와 노력은 하나님의 은혜에 응답하여 성령의 협력에 의해 구원을 이루어 나간다.

마카리우스는 이 세상에서 그리스도인들이 처한 삶을 고난 속에 주님의 낮아지심에 참여하여 그의 뒤를 좇는 제자의 삶으로 보았다. 그 삶 속에서 참 신자는 나그네와 이방인처럼 세상에 집착하지 않고 초탈함 속에서 오직 하나님만을 위해 살며, 가난과 고난을 겸손과 인내로 겪으며 살아간다. 비록 놀라운 신비를 체험했지만, 세상을 구원하는 하나님의 역설적 진리를 자기 부인 속에서 실천하며 종말론적 삶을 사는 것이다.

우리는 마카리우스의 설교 속에서 동방교회의 체험적인 마음의 영성을 가장 소박하고도 풍부한 형태로 대하게 된다. 그것이 신앙의 깊은 체험에서 우러나왔다는 것은, 종교적 신비를 우리가 맛보고 표현하는 길이 체험에 있음을 인정할 때, 매우 중요하고 의미 깊은 것이다. 후대의 역사 속에서 마카리우스는 특히 독일 경건주의와 존 웨슬리에 의해 사랑 받았다. 하지만 오늘날 기독교의 신비적 영성을 접하고자 하는 진정한 기독교인들 모두에게 그의 신령한 설교가 미치는 감동은 변함없이 파도 친다고 할 수 있다.

제4장
고대와 중세 시대의 영성

유해룡 박사(대전장로회신학교, 영성)

1. 고대 시대의 영성

1) 들어가는 말

초기 기독교 영성의 특징을 순교에 둘 수 있다. 박해 시대가 지나면서 이 순교적 영성은 수도원이라는 삶의 형태로 대체되었다. 수도자들은 무엇보다도 개인의 완덕과 하나님과의 일치 경험을 우선 순위에 두었다.

중세 수도원의 영성은 누구나 인정하는 대로 다분히 주관적이고 신비적이었다. 그들의 경험이 주관적인 것은 사실이나 전혀 객관적인 틀이 없었던 것은 아니다. 우선적으로 수도원 자체 내의 규율이 영적 경험의 틀을 제공했고, 또 한편으로는 탁월한 수도자들의 영적 교훈들이 개인의 영성 생활에 규범을 제공해 주었다.

이러한 규범들이 서구 중세 영성사에 지대한 영향을 미쳤다. 특별히 이론적인 틀을 제시한 탁월한 초기 중세의 두 인물을 들자면, 서방교회에서는 어거스틴(Augustine)이 있고, 동방교회에서는 위-디오니시우스(Pseudo-Dionysius)가 있다. 이 두 교부들의 영적 경험의 기본적인 이론을 이해할 때만이 후기 중세 시대의 영성가들의 글을 제대로 이해하게 된다.

어거스틴 이후로 서방 교회에서 신학적으로 어거스틴의 영향을 받지 않은 사람이 없다. 문제가 일어날 때마다 어거스틴을 들먹이면 정통성을 인정받을 수 있을 정도로 어거스틴은 탁월한 사람이었다. 그는 이론적인 신학가가 아니었다. 그는 하나님을 사랑하고 진리를 추구하는 동안에 신학자가 되었으며, 그 진리를 위해서 자신을 불 태운 사람이다. 그러므로 영성과는 아주 밀접한 인물이다.

디오니시우스는 사도행전에 등장하는 사도 바울의 제자로 알려진 사람이다. 그는 『신적인 이름들』(*Divine Names*), 『신비 신학』(*The Mystical Theology*), 『천상의 계층』(*The Celestial Hierarchy*), 『교회의 계층』(*The Ecclesiastical Hierarchy*) 등 몇 가지 책을 쓰면서 자기의 본명을 밝히지 않고 디오니시우스라는 이름으로 글을 썼다. 후대의 학자들이 문서 비평을 해보니, 그것은 초기의 문서가 아니라 6세기경의 동방 수도자의 글이었다. 그래서 진짜 디오니시우스가 아니기 때문에 위-디오시니우스(Pseudo-Dionysius)라고 이름을 붙였다.

그가 중요한 이유는 무엇인가? 그는 동방 교회의 인물이기 때문에 신학적으로는 서방에 그리 큰 영향을 미치지 않았다.

그러나 영성 신학적인 입장에서는 막대한 영향을 미쳤다. 그가 제시한 패턴을 가지고 자기들의 영성의 길을 만들어 냈고 해석했다.

그후로 중세 시대에 보나벤투라나 토마스 아퀴나스의 영향을 중심으로 후기 중세 시대에 지대한 영향을 미쳤고, 최근에도 그의 영향을 계속되고 있다.

최근에는 서방에서 영성학을 연구할 때에 심리학과 영성학의 관계에 대해서 많이 연구를 하고 있다. 그런데 심리학 쪽으로 해석할 때에는 디오니시우스의 틀을 빌려다가 해석을 한다. 특히 융의 심리학을 받아들여서 현대 영성의 내적인 활동이나 현상을 분석하는 데 사용되는 틀이 디오니시우스였다. 그러므로 그것은 중세를 거쳐서 현대까지 활발하게 살아 있는 것이다. 토마스 아퀴나스는 디오니시우스의 『신비 신학』의 주석을 할 만큼 디오니시우스를 소중히 여겼다.

어거스틴과 위-디오니시우스는 공통적으로 그들의 영적 경험을 신플라톤주의적인 틀 안에서 해석하고 있다. 신플라톤주의란 프로클루스(Proclus)나 플로티누스(Plotinus)에 의해서 플라톤 철학을 재해석한 형이상학이면서 종교철학이라고 할 수 있다. 이 형이상학의 창조론에 의하면 모든 만물은 한 분으로부터 산출된다. 그런데 이 산출은 일종의 타락이요 불완전이다. 그러므로 만물에게는 완전을 향해서 산출된 방향으로 복귀하려는 본능이 있다. 어거스틴과 위-디오니시우스는 이러한 신플라톤주의의 "산출과 복귀(procession and return)"라는 형이상학적인 틀을 영혼의 내림과 상승(decent and ascent)이라는 기독교의 영적 여행 안으로 끌어들였다.

2) 어거스틴의 영성 경험의 패턴

어거스틴(354-430)의 체험적인 영성의 틀을 알려면 그의 『고백록』을 보아야 한다. 『고백록』를 모르는 사람이 거의 없고, 교역자라면 이 책을 인용하지 않는 사람이 거의 없을 정도로 『고백록』은 잘 알려져 있다. 이 책은 원래 방대하고 철학적이고 사변적이고 수사학적이지만, 소설을 읽듯 하지 말고 인내를 가지고 끝까지 묵상하면서 읽으면 상당한 변화를 가져다 줄 것이다. 아빌라의 테레사도 『고백록』을 읽었다고 고백한다. 어거스틴이 『고백록』을 쓰게 된 배경에 대해 살펴보기로 하자.

어거스틴의 생애

어거스틴은 일반적으로 탕아라고 알려져 있다. 그러나 그를 감각적인, 관능적인 탕아로 보기는 어렵다. 그는 철학적인 탕아요 지적인 탕아였다. 그는 천재라고 이야기할 수 있을 정도로 일찍 십대 때에 수사학에 능한 사람이었고, 모든 사람으로부터 탁월한 지성에 대해 칭찬을 받았다.

그는 끊임없이 수사학을 계속하면서 관심은 항상 진리에 있었다. 그의 마음속 한 구석에는 끊임없이 비물질적인 영적 세계에 대한 그리움이 있었다. 그러나 어렸을 때부터 부모로부터 받은 기독교는 그에게 만족을 주지 못했다.

이것은 어쩌면 오늘 한국 기독교의 한 단면일 수도 있다. 지성인들이 점점 더 오늘의 기독교에 대해서 회의를 느끼기 시작한다. 교회가 내면의 세계에 대해서 말하지 않고, 외적인 세계, 관능적인 세계에 대해서만 이야기할 때, 지성인들은 새로운 내면의 세계를 알려주는 다른 종파로 움직이기 시작한 다는 것을 알아야 한다. 서방에서는 이미 그러한 일이 시작 되었다. 소위 종교다원주의가 그러한 사람들에게 매력을 주는 것이다.

어거스틴이 바로 이러한 위기에 처해 있었다고 할 수 있다. 그래서 그는 곧바로 진리를 찾으려는 작업으로서 마니교에 들어갔다. 초반기에 그는 마니교에서 상당한 매력을 느꼈다. 마니교는 선과 악에 대해서 분명한 답을 주는 듯했지만, 머지않아 마니교의 대 스승이라고 하는 파우스투스와 대화를 하는 중에 그는 깊은 실망을 느꼈다. 파우스투스 자신이 어거스틴에게서 무엇인가를 배우려 하는 것을 본 어거스틴은 그가 무식한 사람이라는 것을 깨닫고 9년 동안 심취해 있던 마니교에서 탈퇴하였다.

그리고서 그는 신플라톤주의를 만나게 되었다. 신플라톤주의는 플라톤 계열의 철학으로서 플로티누스가 종교화한 것이다. 그것은 일종의 종교철학이라고 할 수 있다. 어거스틴은 신플라톤주의에서 대단한 매력을 느끼게 되었다.

그는 신플라톤주의의 글들을 통하여 비물질적인 세계에 대해 눈을 뜨게 되었다. 그는 영적인 세계가 있다는 것, 신은 한 분이라는 것을 발견했다. 한 분이신 그분으로부터 모든 것이 비롯된다는 것을 그는 발견하게 되었다. 그는 마침내 신플라톤주의를 통해서 영원불변한 빛이 무엇인가를 어렴풋이 깨닫기 시작했다.[1] 그는 그의 『고백록』(제7권 제10장)에서 다음과 같이 기록하였다.

"진리를 아는 그는 그 빛을 알고 그 빛은 아는 그는 영생을 압니다. 사랑은 그것을 알고 있습니다. 오 영원한 진리여,

영원한 사랑이여, 영원한 영생이여! 당신은 나의 하나님입니다. 낮이나 밤이나 당신을 향하여 한숨 짓습니다."[2]

이 플라톤 철학의 인도를 받아서 그는 바울 서신에 접근하게 되었고, 성서에 접근하게 되면서 신앙으로 몰입하기 시작했다. 결국 그는 33세 때에 세례를 받고 그리스도인이 되었다.

어거스틴의 영적 여행

어거스틴은 이러한 과정 속에서 영적 여행을 하는 법을 배웠다. 그는 영혼 안에 내재하는 세 가지 요소—진리(*veritas*), 사랑(*caritas*), 영원성(*aeternitas*)—가 있다고 보았다. 영혼에는 진리를 사모하는 열정이 있고, 사랑하려는 의지가 있고, 영원성을 가지고 있다고 보았다. 이 세 가지가 영혼의 기능(faculty)이라고 보았다.

후에 그는 『삼위일체론』(*De Trinitate*)에서 이것을 삼위일체의 모형이라고 말했다. 그는 영혼을 더욱더 조직적으로 분석 설명하고 있다. 영혼의 기능을 기억과 이해와 의지로 요약하여 설명하고 있다. 영혼의 세 기능을 통해서 하나님이 영혼 안에 내재하고 있는 것을 입증하고 있다. 즉 기억 안에는 영원성이 있는데, 그것은 하나님의 영원성을 반향한 것이며, 이해 속에는 진리가 있는데, 그것은 성육신의 진리(logos)를 반영한 것이다. 의지는 성령의 역할을 하는데, 성령은 연결하는 역할을 한다. 성부와 성자와 성령을 연결하는 역할이 성령에서 비롯되고, 또 성도들을 연결하는 끈이 성령인데, 그것은 곧 사랑이라고 이야기한다. 인간은 본래 진리, 사랑, 영원성을 가지고 있으며, 이것이 제대로 회복되면 인간은 하나님께로 돌아갈 수 있고, 진리를 깨달을 수 있다고 본 것이다. 어거스틴은 인간을 선험적인 존재로 보았다. 경험 이전에 이미 우리 안에 내재하고 있는 가능성이 있음을 인정하게 되었다.

그 이후로 어거스틴은 진리를 추구하는 방향을 바꾸었다. 이전에 그가 진리를 추구하던 방향은 외적인 것이었다. 끊임없이 철학을 하고 사람을 만나는 등 외적인 것을 추구하다가, 마침내 그는 모든 진리는 안에 있다는 것을 발견하면서, 영적 스타일을 내면을 향한 여행으로 바꾸었다.

이러한 이해를 통하여 어거스틴은 인간 영혼의 세 가지 기능이 삼위일체의 형상을 반영한 것이라는 결론을 도출한다.[3] 즉 어거스틴이 영혼 속에서 발견한 하나님은 삼위일체의 하나님이다. 우리는 사변적이고 교리적인 입장에서 이것을 이해하려고 하면 문제성을 야기하게 된다.

그의 관점은 정통적인 교리에 대한 관심보다 자신의 영적 여행의 한 모델을 이렇게 제시한 것이다. 어거스틴에게 있어서 영적 여행에서 가장 선행되어야 할 것은 자기 자신의 영혼 안으로 돌아오는 것이다. 영혼 밖의 어디서도 하나님은 찾을 수 없기 때문이다. 영혼 안으로 돌아올 때 거기서 이미 당신 영혼을 사랑하고 계시는 하나님을 발견한다는 것이다. 어거스틴은 다음과 같이 강조한다.

"죄 지은 자들아 마음으로 돌아오라. 너희를 내신 그분(하나님)께 달라 붙거라. 그분과 함께 있거라. 머물러 있거라."[4]

그는 제10권에서 "너무 늦게 내가 당신을 사랑했습니다"라는 유명한 말을 했다. 일찍 주님을 사랑했더라면 그의 생애는 훨씬 더 풍요했고 그의 일은 훨씬 더 하나님을 영화롭게 했을 터인데, 너무 늦게 깨달은 것이 대한 회한의 소리이다.

제5권에서 그는 "주여, 내가 당신을 찾기 위해서 내 밖을 찾고 다녔습니다. 그러나 어디에도 당신은 없었습니다. 그러나 마침내 내 안으로 들어왔을 때 이미 당신은 거기에 있었고, 당신은 이미 거기에서 나를 기다리고 있었습니다"라고 고백했다. 그는 영혼 밖에서 하나님을 찾아 헤매는 것은 헛된 수고라는 자기 자신의 경험을 이렇게 술회하고 있다.

> "나는 어둠 속과 살얼음 위를 돌아다니며 나 밖에서 당신을 찾았으나 내 마음 안의 하나님을 만나지 못하였사오니 바다의 심연 속에 빠진 것이었습니다."[5]

어거스틴은 이 두 가지 생각을 나중에 정리했다. 우리 내면으로 깊이 내려가는 것은 하나님을 향한 상승과 같다. 영성학에서는 정반대의 일치성(coincidence of opposites)라는 말을 사용한다. 하나님을 향한 여행은 자기 내면을 향하는 여행이다. 그것은 하나님으로 오르는 것과 같은 것이다. 영혼 깊은 곳으로의 내림이 곧 하나님 자신으로의 상승이며, 하나님을 만나는 길이다.

여기서 반드시 체득하고 넘어가야 할 것이 있다. 나는 곳곳에서 "우리가 어떻게 영성적인 사람이 될 수 있습니까?", "어떻게 훌륭한 영성 훈련을 할 수 있습니까?"라는 질문을 받는다. 우리는 우리 자신 안으로 들어가야 한다.

그러나 어거스틴은 내재적인 하나님만 강조하는 것은 아니다. 역설적으로 내재적인 하나님을 발견함으로써 그 자신이 얼마나 하나님과 멀리 떨어져 있는가를 다시 인식하기 시작한다. 이것은 존재론적이고 도덕적이고 인식론적인 거리를 말한다. 그는 이 거리를 통하여 얼마나 환상과 어두움의 동굴 속에서 헤매며 살고 있었는가를 자각하게 된다. 모든 피조물이 물질 세계 속에만 갇혀 있을 때 존재론적이고 인식론적인 차원에서 하나님과의 필연적인 거리감을 느낄 수밖에 없으며, 하나님과의 유사성(likeness)보다는 비유사성(unlikeness)을 더 깊게 체험한다는 것이다.

어거스틴은 하나님과의 거리감과 비유사성 그것 자체가 불행이라고 한다. 왜냐하면 하나님의 지혜를 얻지 못하고 무지 속에서 살고 있기 때문이다. 이러한 관점에서 어거스틴은 그의 『고백록』첫 권 첫 장에서 "우리의 마음이 하나님 안에서 쉼을 찾을 때까지 우리의 영혼을 불안하다"라고 말했다.

그러므로 어거스틴에게 있어서 내재적인 하나님과 초월적인 하나님의 변증론적인 역동성에 의해서 영적 여행은 완성되어간다. 영혼 깊은 곳으로의 내림(descent)이 곧 하나님 그분 자신으로의 상승(ascent)이며, 하나님과의 만남의 길이다.

3) 위-디오니시우스의 영성 경험의 패턴

위-디오니시우스는 5세기 후반에 시리아 기독교와 신플라톤적인 분위기 아래에서 바울의 측근 중의 한 사람인 아레오바고의 디오누시오(Dionysius the Areopagite, 행 17:34)라는 차명으로 저술 활동을 한 동방 교회의 한 수도자로 알려져 있다.

영성을 공부하다 보면 신플라톤주의라는 말이 계속 등장한다. 신플라톤주의는 기독교 영성에 중요한 영향을 미쳤다.

신플라톤주의 안에 이미 창조론이 있고, 회복론이 있다. 모든 피조물은 일자(一者; One)로부터 나왔으며, 계속 거기서부터 멀리 떨어져서 아주 단순한 것이 아주 다양한 것으로 퍼졌다고 본다. 다양하게 퍼짐으로 말미암아 하나님성을 소멸해가고 있다. 그 중에서 가장 저급한 신이 Demiurge이다. 이 신은 하나님으로부터 가장 멀리 떨어진 또 다른 신이다. 거기서부터 만들어진 존재가 우리 피조물이다. 그러므로 우리는 하나님으로부터 많이 떨어져 있다.

신플라톤주의에서 죄라는 것은 하나님의 완전성의 결핍이라고 본다. 로마 가톨릭에서는 선의 결핍이 죄라고 보는데, 이것은 신플라톤주의에서 비롯된 것이다. 하나님의 완전성이 떨어져 있는 것이 죄이다.

피조물 중에서 인간은 하나님으로부터 가장 멀리 떨어져 있다. 결국 인간은 복귀해야 할 운명에 처해 있다. 그러므로 돌아갈 때의 방법론을 제시하게 된다. 이처럼 산출하고 복귀하는 두 가지 모형이 신플라톤주의의 창조론과 구원론이다.

이것을 위 디오니시우스가 신학적으로 받아들여 해석하게 되었다. 그는 이러한 모형을 따르면서 두 가지 신학―긍정적 신학과 부정적 신학―을 만들어 냈다.

긍정적 신학(affirmative theology)이란, 위로부터의 신학을 말하는 것이다. 모든 피조물은 위로부터 내려왔기 때문에 다 하나님성(divinity)을 가지고 있다고 긍정적으로 본다. 그러나 밑으로부터 올라가는 면에서 보면 인간의 하나님성으로부터 너무나 멀고, 피조물에 대해서 부정적이다. 이와 같이 하나 하나 부정되면서 하나님께로 올라가는 과정이 부정 신학(negative theology)이다. 이 부분이 위-디오니시우스에게 있어서 대단히 중요한 부분이다.

긍정신학, 부정신학이라는 용어는 이론적인 것이다. 이것은 실천에 관한 방법, 영성의 방법으로서 긍정 신학에 관해서는 'kataphatic way'라고 하고, 부정신학에 해당하는 영성의 길은 'apophatic way'라고 한다. 이것을 한국어로 번역하기가 매우 어려운데, 어느 책에서 번역된 것을 보면 "유념적 방법"과 "무념적 방법"이라고 해석했다. 'kataphatic'에서 'kata'라는 단어는 영어로 "with"라는 뜻이고, 'phatic'은 'image'라는 뜻이므로 전체적으로는 'according to image'라는 뜻이다. 'apophaitc'에서 'apo'는 'without'라는 뜻이므로 전체적으로는 'without image'라는 뜻이다.

역사적으로 기독교 영성사를 볼 때 영성의 길은 두 가지로 나누어진다. 예를 들면 프란치스코는 유념적 방법(kataphatic way)을 선택했고, 로욜라의 이냐시오(Ignatius of Loyola), 칼빈도 이 길을 선택했다. 무념적 방법(apophatic way)은 신비가들이 많이 선택하고 있다. 예를 들면 아빌라의 테레사, 십자가의 성 요한, 14세기에 『무지의 구름』(The Cloud of Unknowing)이라는 책을 지은 익명의 인물, 그리고 엑하르트(Meister Eckhart) 등 많은 독일 신비가들이 이 길을 선택했다.

영성생활의 궁극적인 목표는 무엇인가? 그것은 하나님과 일치되는 것(union with God)과 하나님께로 복귀하자는 몸부림이다. 위-디오니시우스의 주장에 따르면, 하나님과 일치하는 데에는 두 가지 방법이 있다. 우리 인간이 하나님께로 갈 때 긍정신학의 입장에서 방법론적으로 유념적 방법(katapatic way)을 선택한다면, 아무리 타락한 인간도 (비유사성이 많을지언정) 유사성이 있다.

야곱은 자신을 지렁이 같다고 했다. 이것은 유비적으로 자기를 격하시킨 것이기도 하지만, 또 다른 의미도 있다. 지렁이와 야곱에게 유사성이 있다는 것이다. 지렁이와 유사성이 있다는 것은 하나님과도 유사성이 있다는 것이다.

지렁이와 하나님과의 유사성은 무엇인가? 존재한다는 것이다. 하나님은 존재의 근원이시기 때문이다. 또 하나는 살아 있다는 것이다. 하나님은 생명이시므로 생명으로 살아 있다는 것이다. 그러므로 하나님은 생명이시며, 존재이시며, 사랑이시다.

인간이 가진 좋은 성품을 나열해보면, 생명, 사랑, 자비, 용서, 인내, 온유, 절제 등을 들 수 있는데, 이것들은 모두 하나님의 성품에 속하는 것들이다. 우리가 이것들을 분여받은 것이다. 그러나 비교해 보면, 우리의 생명과 하나님의 생명은 다르다. 우리의 생명은 한 경점에도 미치지 못하는 것이지만 하나님의 생명은 영원성을 지닌다. 그러므로 유사성이 분명히 있지만 비유사성이 매우 크다.[6]

인간의 인내와 하나님의 인내에도 차이점이 있다. 인간의 인내에는 한계가 있지만 하나님은 끝까지 인내하신다. 그럼에도 불구하고 유념적 방법(katapatic way)은 이 적은 부분의 유사성이라도 인정하고, 이것을 우리 안에서 끊임없이 내면화시키고 성숙시키려고 몸부림치는 작업이다. 이러한 작업을 조직적으로 명상을 통해서 하는 책이 토마스 아켐피스의 『그리스도를 본받아』이다. 이 책을 서서히 묵상하면서 읽어보아야 한다.

우리의 부족한 것들을 출발점으로 하여 자꾸 겸손해져야

한다. 우리가 하나님을 닮아서 겸손해질 수 있는 것은 우리에게 겸손의 씨가 있기 때문이다. 우리가 생명을 바쳐 사랑할 용기를 가질 수 있는 것은 사랑의 씨가 우리에게 있기 때문이다. 그것을 계속 찾아가야 한다. 관상과 묵상기도 행위를 통해서 계속 올라가는 방법이 유념적 방법이다.

무념적 방법(apophatic way)은 부정적인 방법, 부정적인 신학이다. 인간 자신에 대해서 묵상해 보자. 인내를 생각하면서 동시에 인내할 수 없는 부분이 떠오르는 경우에 어떻게 해야 하는가? 인간이 사랑한다고 하지만 인간이 사랑할 수 없는 부분이 떠오를 때가 있는 것이다. 따라서 이 방법에서는 비유사성을 강조한다. 그래서 무념적 방법(apophatic way)에서는 인간의 모든 감정에 흔들리지 말고, 내적인 오의(奧意)를 찾으려 한다.

이 방법에서는 인간이 가진 모든 부족한 성품을 다 거부하고 부정하는데, 이렇게 부정해 가면 마지막에는 어둠(darkness)을 만나게 된다. 이 어두움을 찬란한 어두움(bright darkness)이라고도 하고, 무지의 구름(cloud of unknowing)이라고도 한다. 이 세계에 들어갔다는 것은 이미 우리의 감각이 다 멈추었다는 것을 의미한다. 감각이 다 멈추면 순수한 우리의 영혼이 살아나기 시작하면서 하나님과의 재연합(reunion)을 기다린다.[7]

그런데 왜 이것을 어두움이라고 이야기 하는가? 그것은 너무나 찬란하기 때문에 감각으로 대할 때에 감각은 그것을 전혀 감지할 수 없기 때문이다. 그 어둠은 관능적이고 세상적인 것에 의지하는 한 전혀 의식할 수 없는 세계이다.

신비가들은 우리가 이 세계에 들어가서 우리 영혼이 눈을 뜨면서 영적 결혼(spiritual marriage)을 한다고 말한다. 하나님과 우리 영혼이 만나는 것을 이렇게 표현하는 것이다. 이러한 내용을 자세히 조직적으로 알려면 특히 십자가의 성 요한의 책, 『영혼의 어두운 밤』, 『갈멜의 산길』 등을 보는 것이 도움이 된다.

위-디오니시우스는 정화(purification)의 단계, 조명(illumination)의 단계, 일치(union with God)의 단계라는 영적 성장의 세 단계를 제시하고 있다. 이것은 본래 영적 지식의 습득 정도를 가늠하기 위해서 사용된 단계들이다. 위-디오니시우스의 본래의 의도는 다음과 같다.

정화의 단계는 심리적으로 해석하면 죄의 정화를 끊임없이 행하는 것이다. 정화의 단계를 거침으로써 신적인 진리의 빛을 조명받으며, 신의 지식의 맛을 조금 보기 시작한다. 여기서부터 하나님을 향한 목마름(thirsty for God)이 일어나기 시작한다. 하나님과의 일치의 맛을 살짝 보았기 때문에 생명을 바치고 모든 것을 다 포기하고서라도 하나님과의 일치를 원하게 된다.

이것이 전통적으로 사용하고 있는 패턴이다. 여기에 대한 이론은 대단히 복잡하고 많다. 그러나 유감스럽게도 우리나라에는 여기에 대해 자세한 해설이나 해석을 다룬 번역서들이 없다.

4) 나오는 말

시대적으로나 공간적으로 볼 때 어거스틴과 위-디오니시우스가 서로 접촉했을 리가 없지만 어거스틴의 『고백록』을 영적 성장의 단계로서 자세히 분석해 본다면 약간 순서가 바뀌어지기는 하나 위-디오니시우스와 유사한 영적 패턴을 따르고 있다는 것을 인정하게 된다. 그의 『고백록』은 다음과 같은 영적 성장의 과정을 보이고 있다.

첫째, 플라톤 철학을 통해 비물질의 세계와 영원성에 대한 이해를 가지게 된다.

둘째, 바울 서신을 통해서 그의 방탕한 삶이 결정적으로 정리되는 순간을 맞이한다.

셋째, 고향 아프리카로 돌아가는 노정에서 어머니 모니카와 더불어 오스티아에서 바울이 경험한 천상의 기쁨을 맛보게 된다.

이것을 위-디오니시우스의 용어를 빌린다면 조명, 정화, 완성의 단계로 해석할 수 있다.

결국 이 두 교부의 영적 성장의 패턴은 감각을 통하여 얻을 수 있는 물질적인 세계를 출발점으로 해서 영적인 세계에 이르게 되고, 마침내 모든 감각과 지적인 체계가 다다를 수 없는 절대적인 하나님의 세계에 이른다는 것이다. 이 패턴은 가장 낮은 피조물의 세계로부터 얻는 하나님의 지식을 단계적으로 인정하면서 올라가는 것으로 이해할 수 있는가 하면, 다른 한 편으로는 단계적으로 부정하면서 더 높은 세계로 다다른다고 이해할 수 있다. 이것은 곧 신플라톤주의의 '산출과 복귀'라는 피조 세계의 원리를 기독교적인 영적 여행의 패턴으로 재해석한 것이다.

이 두 교부의 공통적인 내적인 영적 여행의 패턴은 동서양을 막론하고 이제 1,000여 년 이상의 영성 생활을 해석하는 중요한 도구가 된다.

2. 동방교회의 영성

1) 동방교회 영성의 특징

 동방교회 영성의 특징을 간단히 이야기하면, 삼위일체 영성이면서 동시에 예전적 영성이라고 할 수 있다. 동방 교회 영성의 본질을 이야기할 때에는 삼위일체 영성이라고 말할 수 있고, 삼위일체 영성을 실현하는 방법론적인 면에서는 예전적 영성이라고 할 수 있다. 삼위일체란 매우 추상적인 것이다. 그러므로 이것을 구체적으로 인간의 입장에서 실현해 나가는 것이 예전적 영성인 것이다. 삼위일체는 고백적인 것이다. 신앙의 고백의 문제이다.
 동방교회의 삼위일체는 사변적인 것이 아니라 대단히 실체적인 것이다. 삼위일체의 모형은 우리 자신이다. 이것을 관조하는 것이 동방 교부들의 특징이다.
 동방교회의 예전은 혀를 내두를 정도이다. 나와 함께 공부하던 친구 중에 뉴욕에서 활동하는 러시아 정교회 신부가 있었다. 어느날 그가 나를 초대했다. 그날은 부활절 전 날, 토요일 저녁이었다. 동방 교회의 부활절은 우리와는 약간 다른데, 당시 부활절은 5월이었다. 그는 부활절 축일 미사에 나를 초대한 것이다. 미사는 저녁 10시에 시작하여 2시까지도 계속되었다. 예전이 계속되었다. 참다 못해 옆 사람에게 언제 예전이 끝나느냐고 물었더니, 아침 6시에 끝난다고 말했다.
 러시아 정교회는 1989년에 선교 1,000년 기념대회를 했다. 존 마이엔돌프(John Meyendorff)는 미국 대표로 이 대회에 참여했었다. 그 기념대회는 완전히 예전으로 이루어졌는데, 모두가 감격하더라고 한다. 특별한 메시지가 있는 것도 아니고 예전만 계속 되었다. 예전의 영성이 깊이 들어간 것이었다. 이것이 바로 동방교회의 특징이다. 예전을 통해서 삼위일체 영성을 실현하는 것에 동방교회의 핵심이 있다고 생각할 수 있다.

동방교회의 영성은 개인이나 교회가 성부 하나님과의 긴밀한 관계성을 유지하는 것을 말한다. 성부 하나님과의 관계성은 성령 안에서 예수 그리스도를 통해서 유지된다. 동방교회에서는 서방교회와는 달리 성령은 예수 그리스도를 통하여 아버지로부터 온다고 본다. 그러므로 성부 하나님이 본질이 된다. 중보자로서의 예수의 모습이 분명하다.

2) 삼위일체적 영성

(1) 삼위일체

동방교회 신학의 근거는 삼위일체로부터 시작된다. 모든 피조물을 삼위일체로부터 비롯되었고, 따라서 모든 피조물의 궁극적인 목표는 삼위일체를 향하고 있다고 느낀다. 회복되는 구체적 형상이 삼위일체적 형상이다. 삼위 하나님이 우리를 향해 자신을 부어 주셨는데, 성부와 성자와 성령이 각기 다른 모습으로 부어 주셨다고 본다.

성부 하나님은 피조물을 향한 사랑으로서 창조해준 분여적 존재로서 주어졌다. 그러므로 우리는 피조물을 향한 하나님의 사랑에 대해 감사로 응답해야 한다. 이것이 영성훈련의 첫번째이다. 즉 하나님에 대한 헌신이다.

두번째로, 삼위일체 중에서 자신을 내어주는 극적인 장면은 성자 하나님 안에서 이루어진다. 즉 성육신으로서 주어진 것이다. 성육신이란 전 우주를 정화시키고 회복시키고 구원하기 위해서 신이 자신을 비운 것이다. 동방교회에서 탁월한 성육신의 또 한 가지 의미가 있다. 성육신 사건은 인간성 자체를 그대로 받아들이겠다는 하나님의 결단이다. 아타나시우스는 "하나님이 성육신하신 것은 인간으로 하여금 하나님이 되게 하기 위해서이다"라는 말을 했다. 동방교회는 우리의 몸(body)을 매우 중요시한다. 이 부분에서 우리가 영성훈련으로 받아들일 것은 철저한 그리스도에게의 귀의이다. 그리스도께서 우리를 정화시키고 구원하기 위해서 오셨으므로 우리는 그분에게 귀의해야 한다. 귀의란 자기 자신을 그 품에 던져 넣는다는 것이다. 그리고 내면화해야 한다. 가치나 목적에 있어서 그리스도와 하나가 되어야 한다.

세번째, 성령 하나님으로서 자신을 우리에게 주셨다. 성령 하나님은 생명을 우리에게 주셨으며, 생명을 풍성케 하신 분이다. 이제부터 동방 교회의 독특한 교리가 등장한다. 성령 하나님이 임하시면 우리에게 어떤 효과를 미치느냐가 동방교회의 관심사이다. 성령이 임할 때에는 창조되지 않은 에너지(uncreated divine energy)가 우리에게 전달된다. 삼위일체의 에너지와 우리가 접촉하게 된다는 것이다. 이 에너지가 임하는 것을 우리가 느끼는 것이 하나님 임재의 경험이라고 할 수 있다.

(2) 삼위 하나님의 임재 체험

우리에게는 임재 체험의 훈련이 필요하다. 많은 사람들이 하나님 임재의 체험을 했음에도 불구하고 그것이 주는 느낌에 대한 훈련을 받지 못했기 때문에 그렇다고 말하지 않으며, 그래서 더 감각적인 것을 추구한다. 임재 체험에 대한 접촉이 일어나는 것이 성령이 일할 때에 이루어지는 하나님의 에너지(divine energy)와의 접촉이다.

성령이 임하고 창조되지 않은 하나님의 에너지를 받을 수 있는 통로가 무엇인가? 동방교회에서는 세 가지를 이야기한다. 첫째, 하나님의 은총과 자비의 원천인 성례전을 통해서이다. 두번째는 공경받는 성상(聖像)을 통해서이다. 세번째는 교회 예술이나 음악의 적절한 사용을 통해서이다. 이 세 가지를 통해서 창조되지 않은 신적 에너지를 우리 육신, 혹은 우리 영혼이 접촉할 수 있다. 육신과 영혼이 함께 접촉하는 것을 소마(σῶμα)라고 한다.

동방 교회의 특징은 성 삼위일체의 원형, 하나님의 특성 중의 하나로 미(beauty)를 강조하는 것이다. 하나님은 아름다우신 분이며, 그 아름다움의 반향이 피조물이며, 그 중에서 가장 탁월한 하나님의 반향이 인간이다. 따라서 인간은 하나님의 성상(icon), 하나님의 상(像)이다. 그러므로 인간은 모두가 거룩한 존재이다. 동방교회에서는 모든 사물은 하나님의 반향이므로 그것을 통해서 하나님의 에너지와 접촉할 수 있다고 본다.

알렉산드리아 학파

동방교회에는 두 개의 경쟁적인 영성 학파가 있었다. 하나는 알렉산드리아 학파이고, 다른 하나는 안디옥 학파였다.

알렉산드리아 학파는 신플라톤주의의 영향을 받은 철학적 학파이다. 따라서 모든 실체가 단계적으로 완성되어간다고 본다. 산출되었으므로 단계적으로 복귀해야 한다는 신플라톤주의의 이론을 그대로 받아들여서 형성된 학파이다. 이 학파를 일반적으로 위로부터의 신학이라고 말한다. 여기에서는 하나님의 속성의 절정을 지고선(至高善; the Highest Good; *sunum bunum*)이라고 말한다. 이것은 선과 악의 분열이 있기 전의 완전한 상태의 선을 말한다. 이 학파의 기독론은 예수님의 신성을 매우 부각시키며, 상대적으로 예수님의 인간성이 약화된다.

알렉산드리아 학파의 신자들은 육체나 물질 등 경험적인 실재를 경멸했다. 고린도서에 그 흔적이 나타난다. 예를 들어 고린도 교회에서 음란의 문제는 육체와 육체의 접촉이므로 영혼에는 영향을 미치지 못한다고 음란한 행위를 한 것을 들 수 있다.

이 영성을 따르던 기독교인들은 통제하기 어려운 신비주의나 금욕주의에 빠질 위험이 있었다. 그래서 이단으로 빠진 것이 단성론자들이나 마니교이다.

안디옥 학파

두번째 학파인 안디옥 학파의 철학적 배경은 아리스토텔레스나 아리스토텔레스주의이다. 보편보다는 개별자에 대한 분석으로부터 실체에 접근한다. 말하자면 개인의 육체를 중요시한다. 따라서 예수의 구속 역사를 보편적인 사건으로 보지 않고 특별히 개별적인 사건으로 본다. 역사적인 예수로 본다.

구속론을 보편적으로 이야기하는 사람과 역사성을 가지고 이야기하는 사람을 잘 구분해야 한다. 보편적으로 이야기하게 되면 다원주의에 빠지게 된다. 말하자면 예수는 한 시대에 이스라엘의 사건 속에 나타났지만, 실상 그것은 보편적으로 인간 구원의 샘플이라는 것이다. 그러므로 그런 모습은 계속적으로 일어나야 하는데, 그것이 인도의 석가모니, 공자, 마호멧으로 나타난 것이며, 앞으로도 그리스도는 나타날 수 있다.

이것을 보편적 구원론이라고 할 수 있다. 그러나 안디옥 학파에서는 그러한 보편론으로는 안되며 역사적인 구원론이 중요하다고 본다. 2천년 전에 나사렛에서 자랐고 갈보리 산상에서 십자가에 못박힌 그 예수, 그 육체로 고난을 당하신 예수가 중요하다고 강조했다. 그러므로 이 신학은 아래로부터 위로의 신학이라고 말한다. 여기서는 예수의 형상 중에 특별히 인간성(Humanity of Christ)을 강조하며, 신성은 상대적으로 약화된다. 그러므로 여기에는 신학적으로 역사주의나 이성주의에 빠질 위험성이 크다. 신비성이 완전히 배제될 위험성이 있다. 이러한 영향 하에 나타난 이단들이 아리안주의나 펠라기우스주의이다.

3) 헤지카즘 전통의 의미

다행스럽게도 이 두 학파가 동방 종교의 후기 신학에서 통합되었다. 이것을 헤지카즘 전통(Hesychastic Tradition)이라고 한다. 이것은 대 바실(Basil the Great)에게서부터 출발되었다. 헤지카즘((Hesychasm)의 가장 중요한 신학적 기초는 창조되지 않은 신적 에너지(the uncreated divine energy)와 창조되지 않은 신적인 빛(the uncreated divine light)이다. 이 두 가지가 헤지카즘 신학의 핵심적인 요소이다.

동방교회의 특징은 어떤 신학적 이론이 등장하면 그것을 구체적으로 어떻게 실현해 가느냐를 반드시 이야기하는 것이다. 실제적으로 영성생활에 도움이 되지 않는 것은 동방교회에서는 중요한 신학적 교리가 되지 못한다. 그러므로 동방교회에서는 신학이 그다지 발전하지 않았고, 지금까지 보수적이고 고전적이다.

안디옥 학파와 알렉산드리아 학파가 헤지카즘 전통(hesychastic tradition)에서 일치되었는데, 이 hesychastic을 이루어가는 것을 hesychasm이라고 한다. 이것을 실제적으로 이루어가는 것은 신적 에너지를 통해서이다. 신적 에너지는 인간을 신화(deification)시키고 변화시키고 구원시키는 역할을 한다. 이 신적 에너지와 접촉되면 삼위일체와 우리 피조세계는 역동적으로 만나게 된다. 즉 이 둘이 만나서 함께 작용하게 된다.

헤지카즘(hesychasm)의 두번째 특징은 다음과 같다. 신적 에너지에서부터 빛이 나타난다. 그럼으로써 헤지카즘(hesychasm)을 이루는 주체자는 관조하게 된다. 이것은 조명의 단계와 비슷하다. 이 헤지카즘은 영과 육이 동시에 협동해서 얻는 결과이다. 그러므로 이제는 육이 동원해서 실천함을 통해서 얻어질 수 있는 방법이 제시된다. 그것을 이루어가기 위해서 육을 사용한다. 헤지카즘을 이루기 위해서, 마음, 정신, 호흡을 사용한다. 이것을 사용해서 하는 실천의 내용이 예수기도(Jesus Prayer)이다. 예수 기도는 동방교회에서 만들어낸 것이다.

4) 헤지키아 영성(Hesychastic Spirituality)

헤지키아(*hesychia*)라는 말의 의미는 고요함, 평안함, 잔잔함(stillness, quietness) 등이다. 동방교회에서 헤지키아 영성(hesychastic spirituality)이 추적하는 것과 기도의 목적은 내면의 고요와 평안함을 얻는 것이다. 어쩌면 이것은 *apatheia*의 상태와 흡사한 것이다. 이들은 예수기도를 사용하면서 이것을 실현해간다.

일반적으로 이 지류에 속한 사람들을 헤지카스트(hesychast)라고 한다. 더 제한적으로 말하자면, 헤지카스트는 그레고리 팔라마스(Gregory Palamas)의 입장을 지지하는 사람들이다. 그레고리 팔라마스(1296-1359)는 헤지키아 영성을 적극적으로 개발했다. 이 기도는 그리스의 아토스 산에서 꽃을 피웠다. 팔라마스는 예수기도를 통해서 하나님을 직접 체험할 수 있다고 믿었다. 그는 신적 에너지를 받고 신적 빛을 경험함으로써 하나님을 직관적으로 체험할 수 있다고 믿고 그것을 체계화했다. 그의 주장은 상당히 논쟁거리가 되다가 1341년 콘스탄티노플 회의에서 정통으로 확인되었다. 그 이후 현대까지는 예수기도는 동방교회에서 매우 큰 권위를 가진 기도로 인정되고 있다.

예수기도의 실천 방법에 대해서 알려면 『이름 없는 순례자』(*The Way of Pilgrim*)를 참고할 수 있다. 기도자들의 특징은 단순함이다. 성서에 있는 말을 액면 그대로 받아들이는 사람들이다. 이름 없는 순례자는 성서를 읽다가 '쉬지 말고 기도하라'라는 말을 받고 고민하기 시작했다. 어떻게 인간이 쉬지 않고 기도할 수 있는가? 이 수도자는 '성서는 하나님의 말씀이다. 인간이 그렇게 할 수 있기에 그렇게 말씀하신 것이 아닌가? 단지 우리가 그 방법을 모를 뿐이지'하고 고민하기 시작했다. 그는 드디어 그것을 체득하기 위해서 순례 여행을 시작했다. 그는 러시아 방방곡곡을 순례하면서 많은 사부(abba)를 만나 보았다. 그런데 어디에선가 예수기도를 가르쳐 주었다. 첫날에는 예수기도를 3,000번 하고, 다음에는 6,000번, 12,000번까지 하면서 마침내 깨달음을 얻기 시작했다. 그는 하나님 만나는 경험을 하고 자신 있는 순례자로서 살아 간다.

예수기도의 유형은 여러 가지이다. 그것은 "하나님이여, 나를 불쌍히 여기소서"에서 나온 것이다. "하나님이여, 주의 인자를 좇아 나를 불쌍히 여기소서"(O Lord, Jesus Christ, Son of God, have mercy on me)이다. 이것은 대단히 강력한 기도이다. 이 기도를 계속하는 데에는 방법이 있다. 이 방법을 구체적으로 제시한 사람은 아토스 산의 수도자요 헤지카스트였던 나이스포루스(Nicephorus)이다.

1) 가슴 위에 턱을 쉬게 하고, 시선을 배꼽을 향한다.
2) 호흡의 리듬을 느리게 조정하라.
3) 내적인 눈은 마음의 자리에 초점을 둔다. 이런 자세에서 마음(heart)과 정신(mind)이 연결되는 것을 확인하라.
4) 그리고 마침내 가장 보편적일 때에 숨을 들이 쉬고 내쉬면서 "하나님의 아들 예수 그리스도시여, 나를 불쌍히 여기소서"라고 기도하라.

헤지카스트들이 이 기도를 할 때에는 네 가지 의식을 가지고 했다. 첫째, 예수의 이름에 대한 헌신이 그 마음에 있었다. 둘째, 죄에 대한 날카로운 참회의식을 가지고 있었다. 셋째는 거듭된 반복 훈련, 넷째는 내적인 침묵을 통하여 집중적이고 내면적인 침전 세계로 돌아간다는 것이었다.

① 교부들은 예수의 이름 자체의 능력을 인정했다

교부들은 사도행전에 기록된 바, "금과 은은 내게 없으되 나사렛 예수의 이름으로 일어나 걸으라"고 한 것을 믿었다. 동방교회에서는 예수의 이름에 대해 대단한 경의를 표했다. 예수의 이름 자체를 계속 반복함으로써 마음에 악귀나 잡귀 등이 얼씬도 못하게 되는 것이다.

② 참회의식

"하나님의 아들 예수 그리스도시여, 내 죄를 용서해 주시옵소서"라는 말 속에는 모든 것이 포함되어 있다. 마음의 아픔과 참회의식을 가지고 이 기도를 드리면 된다.

③ 거듭되는 반복 훈련

성경에서는 쉬지 말고 기도하라고 했다. 기도를 하다 보니 이름 없는 순례자는 이 기도를 12,000번 하게 되었다. 그래서 몇 달을 연습하게 되니 호흡이 들쑥날쑥 할 때마다 의지적으로 하지 않아도 수동적으로 그 기도가 되게 되었다. 나중에는 심장이 박동하여 피가 온 세포 모세 혈관으로 뻗을 때에 "하나님의 아들 예수 그리스도시여"라고 기도하게 되었다. 그러므로 자나 먹으나 다른 사람들과 대화를 하나 기도는 계속되는 것이었다. 이 순례자는 이런 식으로 하여 쉬지 말고 기도하라는 말씀을 실현한 것이다.

④ 내적인 침묵의 세계

이것의 의미는 불교에서 찾아 볼 수 있다. 불교에서는 선을 할 때에 그 도구로서 화두(話頭)나 공안(公案)을 준다. 그러면 그것을 계속 되뇌이면서 깨달음에 이르는 것이다. 그것은 모든 생각과 잡념을 모아 거기에 집어 넣는 것, 그러면서 마음을 모아 내면 세계로 들어가는 것이다. 헤르만 헤세의 『싣달타』을 보면, 싣달타가 수행을 하면서 "옴--"이라는 말을 사용하는데, 이것도 하나의 화두이다. 심리학자들은 이것을 하나의 만달라 모양이라고 한다.

인간 안에는 모든 잡념에서 벗어나는 성전, 중심이 있다. 성서에서는 그것을 하나님이 거하시는 성전이라고 했다. 이것은 모든 종교에 다 있는 것이며, 심리학자들도 그것에 대해 이야기한다. 인간은 그곳에 들어가려고 몸부림치는데, 많은 잡념들이 그것을 가로막고 있다. 그러므로 각 종교마다 나름대로 자기 종교에 맞는 화두가 있는 것이다. 기독교의 탁월한 화두가 예수기도이다. 여기에 모든 진리가 담겨 있다. 이름 없는 순례자는 다른 기도가 필요 없다고 한다. 이 기도에 모든 것이 다 들어 있기 때문이다.

이 전통이 지금까지 전해 내려오고 있으며, 마침내 서방교회에도 소개되었다. 18세기 후반에 hesychastic 르네상스가 일어났다. 이 때 교부들의 가르침과 교훈을 수집하기 시작했다. 그리하여 책을 만들었다. 그것이 『필로칼리아』(*Philokalia*) 혹은 금언집이다. 이것을 통해서 예수기도의 가르침이 서방 세계로 전해졌다.

3. 스콜라 시대의 영성

1) 서론

스콜라주의는 신학사 속에서, 또 세계사 속에서 대단히 중요한 정점, 하나의 변환이 되며, 기독교사에서는 더 큰 의의를 가진다.

영성사에서 보면, 스콜라주의 이전에는 영성학만 있었고, 이론적인 의미에서 신학은 없었다고 말할 수 있다. 왜냐하면 그 이전에는 수도원적인 삶에 실제적인 덕이 되고 유익이 되는 한도 내에서 신학활동이 허용되었기 때문이다. 사변적이고 이론적인 활동은 전혀 받아들여지지 않았다. 그래서 그들의 신학 자료는 성서와 교부들의 가르침뿐이었다. 그러므로 스콜라주의 이전에는 철저히 영성적인 신학이 계속되었다. 그것을 일컬어서 신학이라고 붙인다면, 일반적으로 수도원적 신학이라고 말한다.

그런데 교회사적으로 보면 십자군 전쟁이 일어남으로써 큰 변화가 초래되었다. 십자군 전쟁이 일어나 동방의 철학이 유입되면서 이론 학문이 생기기 시작했다. 그때 파리 대학이 생겼고, 아리스토텔레스의 철학이 소개되었다. 아리스토텔레스는 플라톤과는 약간 다르다. 철학자들이 말하기를, 엄밀히 말해서 철학은 아리스토텔레스에게서부터 시작되었다고 한다. 그 이전의 플라톤이나 소크라테스는 철학자라기보다는 시인 내지 종교인이었다. 방법론적으로 철학을 시작한 사람은 아리스토텔레스라고 일반적으로 말한다. 아리스토텔레스는 각 학문 활동에 영향을 주었다. 그리하여 신학에 영향을 본격적으로 주었다.

당시 파리 대학의 신학부를 중심으로 하여 비로소 영성적인 경험이 전제되지 않은 사변적인 신학 활동이 허용되게 되었다. 그때부터 신학과 영성이 구분되기 시작했다. 12, 13세기에 유명한 파리대학의 논쟁이 역사에 남겨져 있다. 당시 파리 대학의 논쟁은 플라톤, 어거스틴 계열의 사람들과 아리스토텔레스 계열의 사람들이 싸운 것이다. 따지고 보면 이것은 영성과 이론 신학과의 싸움이었다. 당대에는 프란치스코의 영향이 대단했기 때문에 플라톤 계열이 승리했다. 어쨌든 그 시점에서 영성과 신학이 구분되었다.

후기 스콜라 시대 당시 파리 대학의 총장이면서 영성가였던 게르송(Gerson, 1363-1429)은 그의 저서 『신비 신학에 대하여』(*On Mystical Theology*)라는 책에서 영성학적 방법론과 스콜라주의적인 방법론을 구분했다.

첫째, 스콜라 신학은 외적인 효과를 통해서 하나님과 신앙에 대한 정보를 얻으려 한다. 반면에 영성 신학은 내적인 효과, 즉 내적인 신의 임재 경험이 그 근본 자료가 된다.

둘째, 스콜라주의는 이성을 의지하고 감정을 불신하는 경향이 있다. 반면에 영성신학은 정의적(情意的, affective)인 면을 소중히 여긴다. 즉 지성적인 이성보다 마음의 이성이 하나님에게 더 가까이 갈 수 있다는 의미이다.

셋째, 스콜라주의자들에게는 이성이 하나님에게 이르는 길이라고 한다면, 영성가들에게는 사랑이 하나님에게 이르는 보다 훌륭한 길이라고 믿는다. 사랑이 깃든 지성만이 새로운 진리를 향하여 자유롭게 열려지기 때문이다.[8]

신학과 영성이 이렇게 날카롭게 대립되어 있을 때 스콜라주의의 한복판에서 나타난 사람이 보나벤투라(1217-1274)이다. 그는 스콜라주의 시대에 토마스 아퀴나스와 함께 파리 대학의 교수였다. 보나벤투라는 프란치스칸 석좌 교수였고, 토마스 아퀴나스는 도미니칸 석좌 교수였다. 이 두 학자는 모두 같은 해에 사망했다. 둘은 학문적으로 쌍벽을 이룬 인물이었고 매우 가까운 사이였다. 그런데 아퀴나스는 아리스토텔레스 계열에 가깝고, 보나벤투라는 어거스틴-플라톤 계열에 가까웠다.

일반적으로 아퀴나스를 대단히 딱딱한 이론 신학자라고 생각하는데, 실제로는 그렇지 않다. 그는 위대한 영성가이고, 엄청난 기도 생활을 하고 굉장한 신비 경험도 한 사람이다. 그는 세상을 떠날 때에 "내가 이제까지 써놓은 글들을 모두 태워 없앴으면 좋겠다. 그것들이 남겨진 것이 무척 유감이다. 내 깨달음에 비하면 그것은 아무 것도 아닌 것을 내가 이제까지 기록했다"고 유명한 말을 했다.

보나벤투라는 파리 대학 교수였고 실천가였다. 그렇기 때문에 그는 오늘의 영성학에서도 중요한 인물로 인정받고, 조직신학 분야에서도 역시 상당한 인물로 인정을 받고 있다. 그는 당시의 유명한 신학자였던 헤일즈의 알렉산더(Alexander of Hales)의 제자였다. 알렉산더 보나벤투라를 향해 "보나벤투라에게는 아담의 원죄가 유전되지 않은 것 같다"고 칭찬했다. 그만큼 그는 순결하고 깨끗하고 지혜가 번뜩인 사람이었다. 그는 세 가지를 겸비한 사람이었다. 즉 굉장한 학자였고, 굉장한 영성가, 수도자였고, 굉장한 행정가였다. 이 세 가지를 겸한다는 것은 사실 불가능한 일이다.

대체적으로 보나벤투라는 40세까지 파리대학에서 교수로 활동했다. 40세부터 약 10여 년 동안 프란치스코회의 제7대 총장으로 일했다. 그 이후에 그는 추기경이 되어 에큐메니칼 운동을 했다. 보나벤투라의 장례식에는 로마 교황과 동방교회의 교황도 참석했다. 그는 에큐메니칼 운동의 수호자라고 불린다.

보나벤투라의 대표적인 영성적인 글은 『하나님께 이르는 영혼의 여정』(The Soul's Journey into God)과 『성 프란치스코의 생애』(The Life of St. Francis)이다. 이 두 영성적인 글은 단순한 영적인 경험의 나열이 아니다. 영성적인 삶의 경험을 그의 훈련된 스콜라주의적인 방법을 통하여 분석적이고 조직적으로 재편성해 놓은 영성신학이 담겨진 작품들이다. 이 글들 속에는 프란치스코적인 영성의 경험과 그 해석이 깃들여져 있다. 그러므로 이 두 글의 구조와 내용을 관심있게 관찰할 때 중세의 탁발수도회의 하나인 프란치스코회의 영성과 보나벤투라의 영성신학적인 아이디어가 무엇인지를 이해하게 된다.

2) 『성 프란치스코의 생애』에서의 영성신학

보나벤투라와 프란치스코 사이에는 30년의 차이가 있다. 보나벤투라가 아주 어렸을 때에 이미 프란치스코는 활동을 하고 있었고, 보나벤투라는 프란치스코를 좋아했었다. 로마 가톨릭 교회에는 성자에게 기도하는 습관이 있다. 보나벤투라가 어렸을 때에 병이 들어 죽음의 문턱에 이른 적이 있었다. 그때에 그의 어머니가 프란치스코가 성인이라는 말을 듣고 프란치스코의 이름으로 아들을 낳게 해달라고 기도하여 그의 병이 나았다고 한다. 보나벤투라는 그 빚을 갚아야 한다고 생각하고 있었다. 그는 파리 대학에서 공부하던 중에 프란치스코회에 들어갔다. 그는 이렇게 서술하고 있다.

> "내(보나벤투라)가 복된 프란치스코의 삶을 사랑하게 된 것은 교회의 시작과 성장이 그의 삶과 매우 유사하다는 사실 때문이다. 교회가 단순한 어부들로부터 시작되고 후에 교회의 유명한 박사들을 낳게 했던 것처럼, 복된 프란치스코 수도회 역시 비슷한 경로를 밟고 있다. 그럼으로써 하나님은 교회가 인간의 신중성에 의해서가 아니고 그리스도에 의해서 세워진다는 사실을 보여 주고 있다."[9]

보나벤투라는 학자로서 파리 대학에서 활동을 하다가 40세 때인 1257년에 갑자기 프란치스코회의 제7대 총장으로 부름을 받았다.

당시 프란치스코회에서는 논쟁이 한창 벌어지고 있었다. 특별히 두 가지 이유 때문에 논쟁이 벌어지고 있었다. 하나는 청빈의 문제 때문이었다. 프란치스코는 죽으면서 유언으로 남긴 여러 가지 말 중에서 가난에 대해 특별히 부탁을 했었다. 절대로 벽돌로 집을 짓지 말고 움막에서 생활하라고 했었다.

그러나 재산이 점점 늘어나게 되었다. 제자들 중에서 극단주의적인 청빈주의자와 수정주의적 청빈주의자가 나타났다. 수정 청빈주의자들은 프란치스코가 말한 청빈은 문자적인 의미가 아니라 영적인 의미라고 말했다. 이 논쟁으로 말미암아 프란치스코 수도회의 분열이 야기되었다.

설상가상으로 프란치스코 다음에 피요레의 요아킴

(Joachim of Fiore)이라는 학자가 등장했다. 이 사람은 학자로서 미래를 이야기하면서 프란치스코를 예수의 화신으로까지다. 역사 이래로 예수를 완벽하게 실현한 사람은 프란치스코 뿐이며 앞으로 구원받을 사람들은 프란치스코의 자녀가 되어야 하며, 곧 역사는 끝날 것이라고 말했다. 이것 때문에도 논쟁이 일어났다.

그런데 피오레의 요아킴의 영향을 받은 파마(John of Parma)라는 사람이 보나벤투라 바로 전에 프란치스코회의 총장이었다. 그래서 극단적인 청빈과 종말론적인 경향으로 추진해 나갔다.

이러한 복잡한 현실에 부딪히면서 그 이전의 논리적이고 분석적인 스콜라주의적인 관심이 프란치스코 수도회의 영성을 대변할 수 있는 영적 관심으로 바뀌게 된다. 이것은 수도회의 문제를 영성적인 문제로 규정하고 프란치스코 수도회의 영성의 재정립을 통하여 수도회 내적인 문제를 해결해 보려는 의도였다.

보나벤투라는 프란치스코의 영성을 사람들에게 제대로 알려주기 위해서 프란치스코의 전기를 저술했다. 그러나 그가 전기를 저술하기 전에도 이미 프란치스코의 전기가 있었다. 그 중에서도 제일 유명한 것은 첼라노의 토마스(Thomas of Celano)나 스파이어의 줄리안(Julian of Speyer)에 의해서 쓰여진 것이 있다. 이 외에도 많은 전기들이 있었다.

당시 프란치스코는 이미 신화적인 인물이 되어 있었으므로, 검증할 수 없는 많은 사건들이 기록되어 혼란을 겪었다. 그래서 영성으로 돌아가기 위해서 표준적인 전기를 만들어 내야 할 필요성이 제기되었다. 그러기 위해서는 객관적인 사람, 적어도 학문적이고 객관성을 유지할 수 있는 냉철한 이성을 가진 사람, 그러면서 프란치스코의 제자이며 영성이 뛰어난 사람, 동시에 그와 접촉점을 가진 사람이 필요했다. 거기에 가장 적합한 인물이 보나벤투라였다.

그리하여 보나벤투라에게 프란치스코의 전기를 써줄 것을 부탁하였고, 그리하여 보나벤투라에 의한 프란치스코의 전기가 출현하게 되었다. 이 책은 보나벤투라가 어떤 관점을 가지고 저술한 책이다. 그래서 프란치스코의 전기를 보면 12세기 영성 신학의 아이디어를 얻을 수 있다.

보나벤투라가 이 전기를 쓸 때 아직도 프란치스코와 함께 사역을 했던 동료들이 살아 있었다. 예를 들면 형제 가일즈(Brother Giles), 일루미나토(Illuminato), 레오(Leo), 마세오(Masseo)와 루피노(Rufino) 등이 있었다.[10] 보나벤투라는 이렇게 이름들을 자세히 언급하지는 않지만 그 전기의 서문에서 이렇게 밝히고 있다.

> "그곳에서 아직도 살아 있는 그의 가까운 친구들과 함께 이야기할 수 있었으며, 특히 그의 성스러움을 직접 경험했고, 그리고 그것을 스스로 본받고자 노력했던 사람들과 조심스럽게 대화를 할 수 있었다."[11]

이렇게 쓰여진 보나벤투라의 책은 교회 안에서 공식적인 전기로 인정을 받게 되었고, 그 이후로 그의 전기는 프란치스코 연구에 중요한 자료로 영향을 미쳐 왔다.

보나벤투라의 프란치스코의 전기의 특징은 그 자료가 조직적으로 구성되어 있으며, 매우 진보된 영성 신학적인 관점이 잘 반영되어 있다는 것이다. 이 전기의 구조를 자세히 살펴 보면 그것은 단순히 연대기적인 기록이 아니고 그의 영성 신학적인 이론이 반영되어 있다. 그는 이 전기의 서문에서 자기의 의도를 이렇게 밝히고 있다.

> "이 이야기는 항상 연대기적인 순서를 따라 적은 것이 아니다. 대신에 혼란을 피하기 위하여 나는 좀더 조직화하여 동시에 일어났지만 서로 다른 주제들에 관한 것들은 분리시키는 반면, 각각 다른 시점에서 일어난 사건이지만 주제가 유사한 사건들을 함께 모아 두었다."[12]

사실 이 전기는 순서를 나열할 때 두 가지 패턴을 따르고 있다. 첫번째 패턴으로서 시작 부분과 끝 부분은 연대기적인 순서를 따르고 있다. 즉 제1장부터 제4장까지는 프란치스코의 초년 시절과 변화의 경험, 수도회의 창설과 확장에 관해서 다루고, 마지막 부분인 제13장부터 제15장까지는 그의 십자가의 성흔과 죽음과 시성식을 다루고 있다.

두번째 패턴은 영성적인 성장 발달을 요약하여 구분한 것이다. 보나벤투라도 정화, 조명, 완덕이라는 고전적인 틀을 그대로 인용하여 프란치스코를 설명했다. 그는 이 전기의 가운데 장은 영적 성장의 단계로서 정화의 단계, 조명의 단계, 완덕의 단계 순으로 묶었다.

정화의 단계

제5장: 엄격한 생활과 피조물이 준 위안
제6장: 겸손과 순종
제7장: 청빈에의 사랑

조명의 단계

    제8장: 정의적인 경건함과 창조물에 대한 사랑
    제9장: 사랑에의 열망과 순교에의 갈망
    제10장: 기도의 헌신과 능력

완덕의 단계

    제11장: 성경에 대한 이해력과 예언의 영
    제12장: 설교의 효력과 치유의 능력
    제13장: 거룩한 오상(五傷)

정화의 단계: 정화의 단계에서 프란치스코는 자기 자신을 쳐서 복종시키는 일을 한다. 극단적인 금욕생활을 했다. 프란치스코는 고행생활을 하면서도 명랑한 성격을 유지했다. 그런데 죽을 때에는 엄청난 고통을 받았다. 나중에 그는 그것을 느끼면서 자기의 몸을 향해 "불쌍한 나귀야, 내가 너를 너무 학대했구나"라고 말했다. 그러나 그는 후회함이 없었고 영성적으로 깨어 있는 사람이 되었다. 이런 정화 과정을 1단계적인 과정으로 본다.

프란치스코는 자신이 정화되면서, 풍요로움과 기쁨과 환희를 느끼게 되었다. 그는 "내가 가난해짐은 부자가 되기 위해서이다"라는 말을 했다. 온 사물을 보면서 온 사물이 자기에게 혜택을 주는 것을 누리며, 거기서 기쁨을 얻으며, 그러면서 점점 눈이 밝아지기 시작했다. 그는 「태양의 노래」에서 모든 것을 형제 자매라고 이야기했다.

그러면서 그는 더욱더 하나님을 향한 헌신이 극에 달하기 시작했다. 기도의 헌신과 능력, 순교의 열망이 강하게 일어나기 시작했다. 당시는 십자군 전쟁이 한창이었는데, 프란치스코는 사라센 제국의 두목에게 전도하러 갈 정도였다.

완덕의 단계: 완덕의 단계에서는 성경에 대한 이해력과 탁월한 영이 깨어나기 시작했다. 영적인 통찰력이 일어나고, 설교의 능력과 치유의 능력이 나타났다. 그 절정은 거룩한 오상을 받은 것이었다.

프란치스코를 일컬어 성육신하신 그리스도의 삶을 이 역사 속에서 가장 잘 실현한 사람 중의 하나라고 한다. 그리스도의 삶의 특징을 한 마디로 요약하면 관상적인 삶(contemplative life)과 활동적인 삶(active life)의 조화이다. 프란치스코가 바로 이 두 가지 삶을 훌륭하게 하나의 통일된 삶으로 조화시킨 사람이다. 그리고 하나님께 이르는 길을 명확하게 제시했다.

보나벤투라와 프란치스코는 사물은 하나님의 흔적(vestage)이고, 사람은 하나님의 형상(image)이라고 했다. 프란치스코는 이 두 관계를 잘 연결시켜 하나님께 이르는 길을 제시했다.

프란치스코가 자연을 좋아한 것은 거기서 하나님을 만났고, 또 만나기 때문이었다. 그는 "나와 당신"(I and Thou)와 "나와 그것"(I and It)을 잘 조화시켰다. 훌륭한 영성가가 되려면 이 두 가지를 잘 성찰해야 한다. 정화의 단계에서 이 두 가지가 대단히 중요하다.

첫째 "나와 당신"(I and You)의 관계, 인간과의 관계성을 잘 성찰해야 한다. 현대인은 대부분 자기가 중심이며, 다른 사람들은 자기를 위해 존재하는 것으로 여긴다. 다른 사람을 수단으로, 혹은 고객으로 여긴다. 이러한 관계성을 철저히 성찰하는 법을 프란치스코는 잘 보여 준다. 프란치스코는 사물을 대상으로나 수단으로 보지 않았다. 사물을 하나님의 흔적이었다.

　프란치스코의 영성은 「태양의 노래」와 「평화의 노래」에 요약되어 있다. 「태양의 노래」에서 프란치스코는 하나님이 창조하신 모든 피조물들을 하나님의 위대하심과 사랑을 찬양하도록 초대하고 있다. 그는 태양, 달, 별, 바람, 물, 불, 땅 등을 모두 형제와 자매요 인류의 가족으로 초대하면서, 그것들이 인간과 더불어 하나님을 찬양하는 것이 마땅하다고 보았다. 이 아름다움 자연 교향곡은 프란치스코의 자연을 향한 애정과 인격적인 관계를 반영하는 관상적인 삶을 보여 주고 있다. 심지어 죽음조차도 자매로 대하면서 프란치스코 자신의 초월적인 영성을 이 교향곡 안에 반영하고 있다.

　　　지극히 높으신 주
　　　전능하시고 착하신 하나님!
　　　한없는 찬송 영광과 존귀와 모든 축복은
　　　홀로 당신만이 받으시기에 합당하나이다.
　　　주님의 지존하신 이름을 부르는 일조차
　　　이 세상에 그 누가 감당할 자 있으리이까
　　　오 나의 주님,
　　　만물들이 당신께 찬송을 드리나이다
　　　보시옵소서. 우리 형제 저 우람한 태양의 찬송을
　　　온누리에 대낮을 주관하는 태양
　　　우리 하나님이 바로 그를 통해 우리를 비추고 계시는 것

오! 태양은 너무도 눈부셔
얼마나 찬란한 빛을 발하고 있는지요.
지극히 높으신 주여
태양이야말로 바로 당신의 모습이니이다.

「태양의 노래」를 수도자의 정신이라고 말한다면, 「평화의 노래」는 사도 정신이라고 말할 수 있다. 학문적으로 말하자면, 「태양의 노래」는 분명히 프란치스코의 작품이다. 그러나 문서 비평을 할 때 「평화의 노래」는 프란치스코가 많이 부른 노래이기는 하지만 프란치스코의 작품은 아니라고 한다. 「평화의 노래」에서는 활동적인 삶, 복음적인 삶을 실현하는 사도적 정신이 여기에 나타나 있다.

주여, 나를 평화의 도구가 되게 하소서
미움이 있는 곳에 사랑을
분열이 있는 곳에 일치를
어둠이 있는 곳에 광명을
자기를 줌으로써 받고
자기를 잊음으로써 찾으며
용서함으로써 용서받고
죽음으로써 영생으로 부활하리니…

이 두 가지 노래를 외워 내면화시키라. 자연을 보면서 그것을 대상으로 보지 말고 그것을 관조하라.
영성훈련이란 특별한 방법이 아니라 생활습관이다. 생활

태도이다. 나뭇잎에서 하나님의 숨결을 들어보라. 가톨릭 기관 영성센터에서는 돌을 관조하라고 한다. 돌이 말을 할 때까지, 돌이 하는 소리를 들을 때까지 관조하라고 한다. 사물을 보고 느끼는 것이 아니라 이미 느낌을 가지고 사물을 보는 것이다. 세상 사람들은 밖이 아름답기 때문에 내가 아름답게 느낀다고 한다. 그러나 내 마음이 아름답기에 아름답게 느끼는 것이다. 내 마음이 악하면 악하게 느끼는 것이다.

4. 보나벤투라의 영성

1) 보나벤투라의 작품의 성향

스콜라 신학의 대표적인 인물이면서 동시에 프란치스코 수도회의 영성을 해석해 주고 확립했던 보나벤투라(1217-1274)의 글을 통해서 그에게 있어서의 영성학의 의미와 영적 성장의 패턴을 고찰해 보고자 한다.

보나벤투라의 작품은 크게 세 부류로 나누어 이해할 수 있다. 첫째 부류는 그가 파리 대학 교수 시절에 쓴 것으로서 주로 스콜라주의적 작품들이다. 예를 들면 피터 롬바르드(Peter Lombard)의 조직신학 책인 *Sententia*에 대한 주석과 성서 주석, 그리고 삼위일체론 등의 분석적이고 논리적인 신학적인 논쟁들을 그의 작품에서 다루고 있다.

두번째 저술 시기는 그가 프란치스코 수도회의 원장으로 부름 받은 시점인 1257년부터 1267년까지이다. 이 기간 동안에 쓰여진 것들은 『하나님께 이르는 여정』(*The Soul's Journey into God*), 『생명의 나무』(*The Tree of Life*), 『영성의 세 가지의 길』(*The Triple Way*), 『네 가지 영성훈련에 대한 독백』(*Soliliquy on the Four Spiritual Exercises*) 등이 있다. 작품의 제목에서 나타나듯이 이 두번째 기간에는 영적인 삶의 경험과 이론에 관련된 것들을 다루고 있다.

세번째 기간은 스콜라주의적이고 사변적인 논쟁점들인 첫번째 시기와 프란치스코 영성을 정립한 두번째 시기가 통합되는 시기이다. 이 기간 동안 보나벤투라에게서 『십계명에 대하여』(On the Ten Commandments), 『성령의 일곱 가지 은사에 관하여』(On the Seven Gifts of the Holy Spirit), 『창조의 여섯 날들』(The Six Days of Creation)이라는 작품이 나왔다.

이상과 같이 시기적으로 본 그의 작품의 양상을 볼 때, 그의 영성학을 살펴 보기에 가장 적절한 시기는 두번째 시기이다. 그 중에서 특별히 영성학의 대전이라고 불리는 『하나님께 이르는 여정』은 보나벤투라의 영성과 그가 해석한 프란치스코회의 영성을 이해하는 데 중요한 자료가 된다.

2) 『하나님께 이르는 영혼의 여정』에서의 보나벤투라의 영성

『하나님께 이르는 영혼의 여정』은 그 글의 서문에서 밝히듯이, 성 프란치스코가 겪은 영적 여정을 밟아 가는 동안 보나벤투라 자신이 경험한 영적 여행의 통찰을 기록한 것이다. 그는 이 책의 서문에서 이렇게 밝히고 있다.

> "우리의 복되신 아버지의 죽음으로 인해 제7대 프란치스코 수도회의 총장이 된 보잘것없는 하나의 죄인인 나는 우리의 복되신 아버지 프란치스코의 모범을 따라 헐떡이는 영혼으로 평화를 찾고 있었다."[13]

그는 고요한 장소와 영혼의 평정을 찾기 위해서 성 프란치스코가 십자가의 성흔(stigmata)을 받은 투스카니의 라 베르나(La Verna) 산으로 물러가 명상과 기도 생활을 했고 거기서 그도 성흔(聖痕)을 체험했다.

영성학의 기록을 보면 프란치스코 이전에는 성흔의 기록

이 없으나 그 이후에는 많은 성흔의 기록이 나타난다. 아빌라의 테레사도 그러한 경험을 했다. 그전에는 성흔을 받는 일이 없었는가? 그 이전에도 그러한 경험을 한 사람들은 있었지만 그것을 외적으로 표현하기를 두려워했다고 볼 수 있다. 그런데 대 성인인 프란치스코로 말미암아 성흔을 받는 것이 공개적으로 인정받은 셈이다.

오상(五傷)은 반드시 육체적인 것만을 말하는 것은 아니다. 내적인 오상을 받았다는 기록도 많이 있다. 보나벤투라가 경험한 오상은 내적인 것이었다. 그는 내적인 오상 경험을 통해서 깨달음에 이르렀고, 그것을 바탕으로 인간의 영적 여행의 모델을 제시한 것이 『하나님께 이르는 여정』이다.

그는 성 프란치스코가 경험한 여섯 날개 날린 스랍을 명상하는 동안 성 프란치스코의 영성의 길이 무엇인가를 감지하게 된다.[14] 그는 성 프란치스코의 하나님과의 일치의 경험의 모델로서 여섯 날개가 달린 스랍을 상징적으로 해석하여 여섯 단계로 나눈다. 그 여섯 단계의 결과로서 일곱 단계에 이르게 되는데, 그것은 곧 하나님과의 일치 경험이다. 이것이 성 프란치스코의 영성을 해석한 보나벤투라의 영성신학의 내적인 골격이다.

보나벤투라는 그의 저서 『삼위일체론』에서 하나님의 존재에 대한 지식은 우리 안에 이미 새겨져 있으며, 모든 피조물은 하나님의 존재를 입증하고 있다고 주장한다.[15] 인간의 하나님에 대한 지식은 피조된 세계가 곧 하나님께 이르는 길이 될 수 있다는 것을 시사하고 있다. 왜냐하면 하나님은 당신 자신을 인간에게 계시하고 인간을 자신에게 인도하기 위하여 피조 세계를 창조하셨기 때문이다. 그리하여 인간은 자신 밖에서는 물질 세계를 감지하고, 자신 안에서는 영적인 세계를 바라보고 자기 자신을 초월해서는 하나님 그분 자신을 관조할 수 있도록 지음 받았다.[16]

이러한 보나벤투라의 신학적인 입장에서 자연과 초자연의 연속성을 엿보게 된다. 그러나 엄격한 의미에서 그의 신지식에 대한 이해가 이성적인 추론에 바탕을 두고 있다거나 직관에 있다고 말하는 것은 아니다. 그것은 관조의 세계에서 하나님을 만나는 경험을 의미한다. 관조(觀照)의 세계란 자연과 초자연 안에서 결과를 보고 제일원인을 추구하듯이, 자연에 비추어진 하나님의 흔적 안에서 하나님을 바라보는 경험을 의미한다.[17]

보나벤투라의 『하나님께 이르는 여정』에서는 철학적인 관조를 뛰어넘어 신비적인 관상의 세계로 인도하고 있다. 그는 지성과 의지의 상대적인 가치를 고려하지만, 신학을 지혜라고 보는 입장에서 사변적인 추론보다는 실제적인 경건에 이바지하는 신학의 기능을 중요시하고 있다.

뵈너(Boehner)는 『하나님께 이르는 영혼의 여정』의 목적은 단순히 인간을 하나님께 향하도록 하는 것이 아니고, 지고한 사랑의 정서감(affection)을 통해서 하나님 안으로 들어가 그와 일치의 경험을 하도록 하는 데 그 목적이 있다고 진술하고 있다.[18]

사랑을 통한 일치의 경험은 보나벤투라의 신학적인 지혜에 대한 핵심이다. 보나벤투라에게 있어서의 신지식은 단순히 형이상학적인 추론에 있는 것이 아니고 사랑을 통한 경험적인 지식이며 참여적인 지식이다. 그러므로 보나벤투라의 영성학은 피조물은 창조주에게 돌아가야 한다는 인간 조건의 존재론적인 이해에 그 바탕을 두고 있다.

이제 『하나님께 이르는 영혼의 여정』에서 보여주고 있는 하나님께 이르는 길에 대한 보다 구체적인 단계를 고찰해 보려고 한다.

보나벤투라는 신학적인 지식의 과정을 설명하기 위해서 "책"(liber)이라는 은유적인 용어를 채택하고 있다. 즉 인간은 어떤 "책" 안에서 하나님을 읽어 낼 때 하나님께 이른다는 의미이다. 그의 『신학서설』(Breviloquium)에서, 두 종류의 책이 있는데, 하나는 하나님 자신 안에 기록되어진 것으로 하나님의 영원한 아이디어이며, 지혜를 의미한다. 다른 하나는 하나님 밖에 기록된 것으로서 지각할 수 있는 물질적인 세계를 의미한다. 전자를 "생명의 책"[19]이라 하고, 후자를 "피조물의 책"[20]이라고 부른다. "생명의 책"은 천상의 세계에서만 읽혀질 수 있는 가려진 책이다.

반면에 "피조물의 책"은 피조물의 세계에서 일상 생활의 경험으로 부딪혀 오는 것으로 인간이 읽어낼 수 있는 책을 의미한다. 보나벤투라는 이 피조물의 책을 다시 세 종류의 책으로 구분한다. 즉 물질적인 피조물, 영적인 피조물, 그리고 성서라는 삼중적인 도움을 통해서 하나님께 이르게 된다.[21] "자연의 책", "영혼의 책", "성서"라는 세 종류의 책이 영혼을 하나님께 이르도록 길을 열어주는 역할을 하게 된다. 은유적인 이 세 책을 보나벤투라는 영적 성장의 단계로서 채택하고 영혼이 하나님과의 만남의 과정을 조직적으로 설명하고 있다.

이렇게 보나벤투라의 입장을 일괄해 볼 때, 자연신학이 그의 영성신학의 출발점이요 근간을 이루고 있다는 단정을 내릴 수도 있다. 그러나 보나벤투라의 『하나님께 이르는 영혼의 여정』의 구조를 일목요연하게 정리하고 있는 다음의 서술을 살펴보면 곧 자연신론적인 견해는 수정되어야 할 것이다. 그는 이 책의 서문에서 이렇게 밝히고 있다:

> "기도를 통해서 우리는 하나님께 이르는 과정들을 분별할 수 있는 빛을 받는다. 피조물의 입장에 있는 우리는 우주 그 자체가 하나님께로 이르는 사다리이다. 어떤 피조물은 하나님의 흔적을 나타내고 어떤 피조물은 하나님의 형상을 드러내고 있다. 어떤 것은 물질적이요, 어떤 것은 영적이다. 어떤 것은 한시적이요, 어떤 것은 영원하다. 어떤 것은 우리 자신 밖에 있고 어떤 것은 우리 자신 안에 있다. 가장 영적이고 영원하고 우리 위에 있는 제일원칙을 관상하기 위해서는 물질적이고 한시적이고 우리 자신 밖에 있는 하나님의 흔적에 불과한 것들을 뛰어 넘어야 한다 우리는 영원하고 영적이요 우리 안에 새겨져 있는 하나님의 형상인 우리의 영혼 안으로 들어가야 한다. 이것은 하나님의 진리 안으로 들어가는 것을 의미한다. 제일원칙을 관조함으로써 영원하고 가장 영적이고 우리 영혼 위에 있는 것으로 나아가야 한다. 이것이 하나님의 지식을 즐기는 것이요, 그의 위엄에 대한 경외심 안에서 즐거워하는 것이다…이러한 구분은 존재에 대한 삼중적인 실존을 의미한다…이것은 그리스도 안에 있는 삼중적인 실체를 반영한 것이다. 즉, 그리스도는 육체적으로, 영적으로, 신적으로 우리의 사다리이다."[22]

이 서술에서 보여주고 있듯이, 영적 여행의 출발점을 이성적이고 논리적인 차원으로 이해한다면, 자연으로부터 영혼으로, 영혼으로부터 하나님으로 나아가는 것으로 정리될 수 있다. 그러나 실제적인 의미에서 그것이 가능하려면 그리스도가 사다리가 되어야 한다는 입장을 드러낸 것이다.

여기에서 일곱 단계를 이야기하고 있는데, 그것에 대해 간략히 설명해보자.

제1단계

제1단계는 사물 속에서 특이한 하나님의 능력(divine power), 하나님의 지혜(divine wisdom), 하나님의 선(divine goodness) 등 세 가지 요소를 발견하는 것이다.

제2단계

두번째 단계에서는 우리 내면에 이 세 가지를 분별하는 감각이 있음을 발견한다. 그것은 이해(apprehension), 판단(judgement), 즐거움(pleasure)이다.

제3단계

세번째 단계에서는 '기억'과 '지성'과 '의지'라는 영혼의 세 가지 기능을 발견하게 된다.

제4단계

제4단계에서는 이러한 영혼의 기능이 타락되었음을 발견한다. 이것은 믿음과 소망과 사랑(복음삼덕)을 가지고 치유해야 한다. 믿음으로 기억을 치유하고, 소망으로 우리의 이해력을 치유하며, 사랑으로 우리의 의지를 치유해야 한다. 이러한 역할을 전반적으로 담당하는 것이 성서이다.

제5단계

치유된 영혼은 영혼을 뛰어넘어 하나님을 직면하게 되는

데, 존재의 하나님이다.

제6단계

제6단계에서는 지고선(the Highest Good)이신 하나님을 만난다. 하나님의 선은 자아 방출(self-diffusive)하는 능력이 있다. 여기서부터 삼위일체가 어떻게 나왔는지를 깨닫게 된다. 삼위일체는 하나님의 선(Good)의 자발적인 흐름이다. 그것은 사랑으로 연결된다. 제일의 사랑은 삼위일체간의 사랑이다.

제7단계

제7단계에서는 삼위일체를 뛰어넘는다. 여기서는 인간 예수를 뛰어넘어 신적인 예수와 일치하는 관계를 중요시한다. 따라서 예수님의 죽음을 강조한다. 우리도 예수와 함께 죽음을 통과하면서 하나님과 연합한다는 것이다. 이 상태를 보나벤투라는 "홍해를 건너 이집트에서 사막으로 넘어가는 것"이라고 표현했다.[23] 십자가와 무덤이 생명을 약속하듯이, 사막은 만나를 내리시던 곳이다.

보나벤투라에게 있어서 이 단계는 성 프란치스코가 십자가의 성흔을 경험한 것처럼 그리스도의 죽음을 신비적으로 경험하는 것을 의미한다. 이것이 인간의 영혼과 하나님과의 신비적인 일치감을 경험하는 순간이다. 이 상태는 완전히 감성적(affective)인 활동이다. 보나벤투라는 "이 상태에 있는 영적 순례자는 이해를 구하지 않고 단지 열망하고, 부지런한 독서 대신에 신음하는 듯한 기도를, 그리스도를 스승으로서가 아니라 제자로서, 인간으로서가 아니라 하나님으로, 분명한 것을 구하기보다는 신비적인 어둠을 구하며, 빛보다는 하나님을 향하여 사랑으로 불 붙게 하는 불을 구한다"[24]고 말한다. 여기서 얻어진 지식은 지적인 활동으로가 아니요, 사랑으로 얻어진 일체감을 이루는 지식이다. 하나님은 불이요, 그리스도는 불붙는 듯한 수난의 불꽃을 통하여 하나님의 불꽃을 우리 영혼 속에 붙이시는 분이다. 이리하여 십자가에 달리신 그리스도는 우리를 세상 밖에서 성부 하나님에게로 인도한다. 이것이 곧 하나님과의 일치의 경험이요, 보나벤투라에게 있어서 영적인 완성이다.

3) 맺음말

보나벤투라는 이 은혜의 원천을 십자가에 달리신 성육신 된 그리스도 안에서 찾는다. 동시에 그는 스콜라주의의 이성적인 논리를 희생시키지 않는다. 오히려 자연적인 영혼의 능력을 은혜 안에서 보완하고 완성시키는 역할을 하게 한다.

이런 의미에서 보나벤투라는 이론적인 신학과 경험에 바탕을 둔 영성과의 조화를 위협하는 당시 스콜라주의를 잘 극복한 사람 중의 하나이다. 그는 지적인 활동을 존중하면서 동시에 영적 완성의 종국은 감성적인 삶(affective life), 즉 신적인 사랑의 참여에 초점을 두고 있다.

그러므로 보나벤투라의 영성신학의 입장은 단순히 사변적이고 지적인 추구가 아니라 영혼의 감성적인 경험을 그 목적으로 두고 있다.[25] 보나벤투라에 있어서 감성적인 경험은 하나님을 향한 자아의 내적인 침투 운동이며, 이것은 곧 하나님을 향한 상승 운동이다. 이러한 경험을 가능하게 하는 영적인 운동은 외부적인 활동 이전에 기도를 통한 내면적인 여행이다.[26] 이것이 곧 보나벤투라의 영혼의 여정이다.

5. 후기 중세 시대의 신경건운동

1) 신경건운동(Devotio Moderna)의 기원

일반적으로 13, 14, 15세기를 후기 중세 시대로 본다. 어떤 사람은 14, 15세기로 보기도 한다. 중세를 암흑시대라고 하는데, 5세기부터 15세기까지가 암흑시대였던 것이 아니라 실제적으로 교회사에서 암흑 시대는 9세기초부터 11세기초까지 약 150여 년 간을 의미한다. 그 시대에는 세속 군주들이 수도원이나 제도권 교회를 장악했던 시대로서 교권이나 수도원장 등은 그 권력이나 경제력에 있어서 세속 군주들에게 의존해야 했으며, 그 결과로서 교회가 부패할 수밖에 없었다. 이런 과정에서 성직 매매, 성직자들의 축첩 등이 발생했다.

다른 측면에서 후기 중세 시대는 영성사에서는 찬란한 영성의 꽃이 피었던 시대라고 할 수 있다. 그 영성의 꽃이 종교개혁의 서곡이 되었다. 그 중에서 대표적인 영성운동이 신경건운동(*Devotio Moderna*)이다.

신경건운동이 일어나게 된 동기는 다음과 같다. 9세기, 10세기, 11세기초까지 수도원이 엄청나게 타락하면서 새로운 개혁운동이 일어났다. 수도원을 개혁하는 데 있어서 중요한 역할을 한 것이 탁발수도회였다. 탁발수도회의 사상은 수도원은 정체되어서는 안된다는 것이었다.

수도원은 대체로 두 가지로 나누어지는데, 그것은 재속 수도회와 폐쇄수도원이다. 탁발수도회가 생기기 전에는 일반적인 수도원의 개념은 폐쇄 수도원으로 알려져 있었으나, 탁발 수도회는 재속 수도회가 되었다. 오늘날의 현상은 거의 재속 수도회의 경향으로 나타난다. 즉 수도원에 거하면서 세상일에 적극적으로 참여하고 관여한다. 폐쇄수도원으로는 갈멜수도회와 트라피스트 수도원이 등이 여전히 남아 있다.

탁발수도회는 중세 교회에 큰 도전을 주고 갱신 운동을 일으켰으나, 스콜라주의가 도입되면서 이 탁발수도회가 지성주의와 맞물리게 되었다. 그리하여 제도권 교회에 봉사를 하다 보니 결국은 영성적인 사람은 영적으로 대단히 목이 마르고 메마르기 시작했다. 교회는 전혀 일반 교인들에게 자각이나 깨달음을 주지 못했다. 반복되는 예식 속에서 자동적으로 천국에 간다고 인식되었다.

스콜라주의는 존 스코투스와 같은 인물을 중심으로 해서 14세기 중반에 극에 달했다. 그리하여 뜻있는 영성가들이 새로운 운동을 펼치기 시작했다. 이러한 운동이 신경건운동(*Devotio Moderna*)으로 연결된다. 이 운동은 네덜란드 사람인 덴벤터의 게르트 그루테(Geert Grote, 1340-1384)가 회개와 경건생활을 강조하는 설교를 함으로써 그 지역에서 시작되었다. 상당한 대학 교육과 성공적인 성직 수행의 경력을 가진 그루테는 35세 때에 새로운 영적인 각성을 경험하고 은거를 하면서 참회의 생활과 영적인 독서 생활을 하면서 자신의 사명을 자각하게 되었다. 영적으로 나태하고 지적으로 무지하고 도덕적으로 부패한 당시 성직자들을 향하여 새로운 각성과 회개를 외치는 것이었다. 4년여의 짧은 그의 예언자적 메시지는 적지 않은 충격파가 되었다. 이에 자극을 받은 성직자들과 평신도들이 자신의 신분을 뛰어넘어 자발적으로 공동생활을 하며 사도적인 삶을 추구하기 시작했다.

"신경건운동"이란 그들의 자유로운 경건생활이 당시의 주된 흐름인 율법적이고 엄격한 규율을 배제한 새로운 체제라는 인상을 주었기에 냉소적인 의미로 부여받은 이름이다.

2) 신경건운동의 일반적인 특징

신경건주의자들에 대해서 다음과 같은 공통적인 특징을 생각해 볼 수 있다.

이 신경건운동의 멤버가 되기 위해서 중세 수도원들이 요구했던 수도 서약(청빈, 순결, 순명) 같은 공적인 제재가 주어지지 않았다. 그들은 폐쇄된 울타리 안에 갇혀 있지도 않았다. 그들의 삶은 대단히 소박하고 가난하게 사는 것을 원칙으로 하였으나 스콜라주의 시대 때 새로운 수도원 운동으로 형성된 탁발 수도자(프란치스코회와 도미니꼬회)들처럼 걸식을 하는 생활 방식을 취하지는 않았다. 그들은 사도 바울이나 사막의 교부들처럼 스스로 일하며 자급 자족하고 공동생활을 유지하였다. 남자들은 주로 경건 서적 등의 필사본을 만들었고, 여자들은 옷감을 짰다. 이것은 평신도의 경건생활과 수도생활 등이 함께 조화를 이룬 중간 체제라는 입장에서 제3의 경건운동이라고 할 수 있다.

또 하나의 특징은 다음과 같다. 극단적인 운동을 벌이면 일반적으로 교회와 단절하는 경향이 있는데, 이들은 결코 지역교회와의 관계를 단절하지 않았다. 그들은 지역교회의 공적인 예배에 참여하고, 고해성사를 받기도 했다. 그들은 나름대로의 특별한 교리적인 입장을 취하고 있지 않았으며, 단지 겸손과 사랑과 단순한 생활과 도덕적인 실천에 초점을 두었다.

 신경건운동가들의 영성생활의 주요한 원천은 성서를 읽고 그것을 묵상하는 것이었다. 당시는 라틴어가 유일한 종교적 언어였기 때문에 라틴어로만 성서를 읽고 미사를 집전하게 되어 있었다. 그런데 신경건운동에 참여한 사람들 중에는 도시의 중하층 계급과 농촌 출신들이 많았다. 그래서 신경건운동의 시조인 그루테는 위험을 무릅쓰고 성서나 예전책이나 경건서적들을 평민들이 이용할 수 있도록 지방어로 번역하는 일에 투신했다. 그럼으로써 라틴어를 모르는 비지식인들조차 성서와 경건 서적을 통하여 경건생활에 참여하도록 격려했다.

 그들은 경건에 유익이 되는 성서 구절이나 교부들의 가르침을 가지고 서로 토론을 하기도 하였으며, 주일 오후에는 마을 주민들도 초대하여 그들의 토론에 참여케 하면서 경건생활의 보편화를 꾀하기도 하였다.

 이 공동체의 형제 자매들은 인정한 서약을 요구하는 규율은 없었지만 공동체 정신을 특별히 강조했다. 공동체 정신을 세우는 중요한 생활방식으로서 자신의 허물을 기꺼이 다른 형제들에게 드러내어 고백하고, 이어서 주어진 충고를 기꺼이 받아들이는 삶의 훈련을 통하여 그들은 겸손과 순종의 덕을 쌓아갔다.

 신경건주의자들에게 있어서 부유한 상류층 출신이나 지식 계급들은 그들의 생활 방식 자체가 공동체를 쉽게 오염시키고 타락시킬 수 있다고 보았기에 그들을 꺼렸다. 따라서 신경건운동은 어느 정도 반성직주의 혹은 반지성주의의 입장을 견지하고 있었다. 당시 중세의 학교 교육은 지적 형성

(intellectual formation)이 중요한 관심사였기 때문에 영적 형성(spiritual formation)을 등한히 한 것이 사실이다. 그러므로 이 형제 공동체의 주 관심사는 영적 형성이었다. 이 경건주의자들은 그리스도와 성서를 읽고 명상을 하면서 주로 도덕적인 진보에 관심을 두었으며, 반면에 사변적인 유희를 거부하였다. 믿음에 관한 진리는 지적인 문제가 아니고 가슴으로 경험 되는 감성적(affective)[27]인 문제라고 믿었기 때문이다. 그리스도를 향한 열정이 담긴 감성적인 헌신은 이미 얻은 도덕적인 덕 안에서만 가능하다고 보았다. 그들이 감성적인 영적 경험을 강조한 것은 중세 스콜라주의자들의 교육이 내면적인 자아를 훈련시키기보다는 지식을 조직적으로 이용하도록 영혼을 위장시키는 것이라고 생각했기 때문이다.

그러므로 신경건주의자들은 주로 그리스도 안에서 살고, 성서를 읽고, 도덕적인 진보와 영적인 내면화의 개발을 강조했다. 이들이 성서를 읽은 것은 자신의 영의 양식을 얻기 위해서였는데, 그 양식을 씹는 과정으로서 명상을 선택했다. 명상을 할 때에는 주로 역사적인 예수, 즉 고난 받으신 예수, 공생애적인 예수에 깊은 애착심을 가졌다. 이 역사적인 예수를 통해서 임박한 죽음과 심판을 보며, 그러한 두려움 속에서 그리스도를 향한 내면적인 헌신을 경험한다는 것이다.

3) 신경건운동의 영성

신경건운동의 산물로서 오늘 우리에게 가장 잘 알려진 작품은 『그리스도를 본받아』(*The Imitation of Christ*)이다. 이 책은 의심할 여지 없이 서방 기독교 역사에 가장 영향력이 있는 경건서임에 틀림없다. 인쇄술이 개발되기 전에 이미 필사본이 상당히 많이 배포되었다. 현재까지 약 3,000번의 판을 거듭하고 있다고 알려져 있으며, 그 중 적어도 50판은 이미 1500년 이전에 나타났다. 그리고 아직도 750개의 필사본이 현존하고 있다.

이 책은 상당한 기간 익명으로 읽혀 오다가 1460년에 나온 한 번역본에서 아 켐피스의 토마스(Thomas of Kempis, 1379-1471)라는 이름이 언급됨으로써 그후로부터 그의 저서로 알려졌다. 그는 10대(1392-1399)를 덴벤터에서 지냈는데, 거기서 신경건운동과 관련된 형제 공동체의 영향 아래서 교육을 받았다. 그리고 나머지 70년 이상을 아그니에텐베르크(Agnietenberg)라는 수도원에서 평생을 지내며 신입 수도자들을 지도하는 일과 저술과 필사에 전념했다.

토마스의 작품으로 알려진 『그리스도를 본받아』는 그의 독창적인 작품이라고 할 수 없다. 그것은 이미 신경건운동의 형제 자매 공동체에서 되어진 가르침과 잠언들이 기초가 되어 경건생활을 조직화한 작품이다. 그러므로 이 작품은 신경건운동의 실체를 대충 파악할 수 있는 중요한 자료가 된다. 이 작품은 전 4권으로 분류되어 있는데, 영성 형성의 패턴인 정화, 조명, 일치를 그대로 따르고 있다.

첫 권은 신앙적인 삶의 필연적인 요소로서 무엇보다도 세상적인 헛된 지식을 경멸하고 마음의 통회를 이루어 평화를 얻는 것을 이야기한다. 그리스도의 고난을 따르는 수련으로부터 겸손을 배우고 자신을 깊이 성찰하면서 자신의 허영을 제어하고 진리에로 다가서는 것이다. 즉 끊임없이 자기 정화를 위해서 금욕생활과 수련을 한다.

둘째 권에서는 내적인 삶으로의 부름을 다룬다. 예수님의 공생애를 묵상함으로써 내면화시킨다. 외적인 세상에 대한 관심으로부터 돌아와 자기 자신을 성찰하고 명상함으로써 내면적인 삶으로 들어서도록 하는 것이다. 이렇게 하여 그리스도를 사랑하고 내면적인 친밀함을 유지할 때 하나님의 참된 위로를 경험하게 된다. 위로부터 내려오는 위로를 통하여 예수 그리스도의 십자가를 사랑하게 되고 그 발자취를 사유화하게 된다. 이것은 조명의 단계이다.

셋째 권에서는 내적 위로를 다루고 있다. 제1권과 제2권이 능동적인 외면 내면의 훈련에 관심을 보여주고 있다면, 셋째 권은 수동적으로 하나님의 은총 안에서 참된 위로와 자유를 맛보게 하는 것이다. 인간은 아무 선도 행할 수 없기에 자신을 겸손하게 비우고 예수 그리스도의 은총 안에 거할 때 참된 자유와 평안을 누리게 된다. 여기서도 역시 조명의 단계를 말하는 것이다.

넷째 권에서는 성만찬에 대한 권면을 하고 있다. 하나님과의 신비적인 합일로서의 가장 신빙성 있는 경험은 주님께서 제정하신 성만찬에 참여하는 데서 비롯된다. 그러므로 이 성만찬으로부터 하나님과의 합일의 경험을 위하여 참여하는 이들의 경건생활로서의 준비는 무엇보다도 중요한 일이었다. 성만찬 그 자체가 그리스도와의 신비적인 연합의 절정이기 때문이다.

신경건운동의 목표

신경건운동의 영적 순례는 영적인 변화(conversion)로부터 시작된다. 이 변화는 대각성운동의 전통처럼 순간의 환희를 경험하는 것을 말하기보다는 주님께로 향하는 의지적인 결단의 순간을 의미한다.

　여기서부터 영적인 형성(spiritual formation)은 점차적으로 이루어져 간다. 그러므로 신경건운동에서는 지속적인 진보를 위한 '훈련'이라는 말이 지나칠 정도로 강조되고 있다. 즉 영적인 훈련(spiritual training)이라는 말이 대단히 자연스러운 용어로 채택되고 있다. 의연한 결단을 통하여 인간의 뜻을 하나님의 뜻에 굴복시키는 훈련이 곧 영성훈련이다. 이 훈련의 근거리 목표는 겸손과 순종의 삶을 성취하는 것이다.

　이 경건운동에 참여한 공동체들은 다른 수도자들처럼 외면적인 서약 같은 것이 없기 때문에 덕을 쌓아가는 삶이란 어떤 외면적인 표시라기보다는 내면적인 태도의 변화를 강조한다. 즉 영적인 헌신이란 일차적으로 행위의 문제라기보다는 마음과 영혼의 문제라는 말이다. 마음이 지녀야 할 태도는 정체된 고요함 뿐만 아니라 동시에 하나님의 뜻을 향한 열망과 열심이 수반되는 태도이다. 신경건운동이란 중세가 여러 가지 외적인 행위로 경건을 정의하려는 것에 대한 반작용으로서 경건은 마음의 문제라는 것을 강조한 운동이다.

　내면화와 결단과 도덕적인 진보를 강조하는 신경건운동의 영성훈련의 궁극적인 목표는 '마음의 정화'(purity of heart)이다. 마음의 정화는 초대 교부들의 전통이다. 일반적으로 초대 교부들이 성서를 보는 눈은 대단히 단순했다. 그들은 성서를 문자 그대로 받아들였다. 예수님의 약속대로 마음의 청결을 통해서 하나님을 보려 했다. 카시안의 *Conferences*라는 책에도 그러한 내용이 기록되어 있다.

　더 깊은 이면의 목적이라면 예수님의 약속대로 마음의 청결을 통하여 하나님을 보는 것이다.

  이와 같은 신경건주의자들의 태도는 종교개혁의 선봉자라고 할 수 있는 에라스무스와 제1 세대 종교개혁자인 루터와 칼빈에게 적지 않은 영향을 주었다는 흔적이 있다. 이런 의미에서 신경건운동을 종교개혁의 전야제라고 부르기도 한다.

6. 로욜라의 이냐시오의 영성

로욜라의 이냐시오(Ignatius of Loyola)는 가톨릭의 개혁자였다. 로욜라와 아빌라의 테레사, 십자가의 성 요한은 거의 동시에 나타난 스페인의 영성가들이다. 이 세 사람은 신비가요 영성가요 개혁가이다.

로욜라에 대해서는 부정적인 견해가 많이 있다. 그러나 그에 대한 역사적 사실을 제대로 알아야 한다. 종교개혁 직후에 정통주의가 등장했다. 정통주의란 교리를 새롭게 세워 교회의 질서를 바로잡자는 운동이다.

각 수도 단체들마다 특징이 있는데, 어떤 수도 단체는 사회봉사를, 어떤 수도 단체는 출판을, 어떤 수도 단체는 선교를 중시하는데, 예수회에서는 선교사업을 하되 학교를 중심으로 한다. 따라서 예수회 사람들은 끊임없이 학문을 연구하며, 따라서 예수회 신부들은 거의 모두가 학위를 소유하게 된다.

예수회 회원이 완전한 회원으로 정착되려면, 대학 4년을 수료해야 하고, 2-3년 동안 철학 학위를 받아야 하고, 3년 동안 병원이나 빈민촌이나 학교 등 현장에서 봉사를 해야 한다. 그 과정이 끝나면 신학을 공부할 수 있는 허가가 나온다. 그리하여 신학 4년을 공부한다. 이 과정이 끝나면 사제 서품을 받고 평생의 전공(박사학위 과정)을 공부하기 시작한다. 따라서 온전한 회원의 역할을 하는 데 17-8년이 걸리는 셈이다. 그들의 역할은 학문 뿐만 아니라 로욜라의 영성을 이어받아 로마 가톨릭 내에서 영성훈련에도 중요한 위치를 차지하고 있다.

　가톨릭 내에서 1545년에 트렌트 공의회가 열렸는데, 이 공의회에서는 루터파를 의식하고서 가톨릭 교리를 새롭게 다시 설정하려 했다. 특히 루터파의 칭의 이론에 관해 문제를 제기했다. 칭의가 너무 강조되다 보니 행위에 관해 문제가 일어나는 것을 그들을 용납할 수 없었던 것이다. 그래서 칭의를 사정없이 공격했다. 이러한 교리를 세우는 데 기여한 사람들이 예수회 회원들이었다. 그때부터 오늘날까지 가톨릭의 모든 신학은 예수회 신부들이 주도해 가고 있다. 학문적인 일이나 교리를 설정할 때에 예수회 신부들이 앞장을 서지 않으면 일이 되지를 않았다. 당시 교황청에서는 예수회에게 신학자 파견 요청을 했을 것이고, 예수회가 결국 트렌트 공의회에 주도적 역할을 했던 것이 사실이다. 그것이 간접적으로 개신교회를 공격하는 결과를 야기했고, 부정적인 인식을 심어준 동기가 되었을 것이다. 그러나 역사적인 오해를 떠나 로욜라의 영성생활 자체를 살펴보기로 하자.

1) 로욜라의 성장 배경

　로욜라는 스페인의 로욜라라는 곳의 귀족 집안의 아들로 태어났다. 당시 남자의 성공하는 길은 기사가 되는 것이었다. 기사에도 등급이 있는데, 가장 성공하는 기사는 여왕을 섬기는 기사였다. 로욜라의 이냐시오도 그 꿈을 가지고 전쟁에 참여하곤 했다. 그런데 20대 중반에 팜플로나 전투에 참전했다가 다리에 부상을 입어 다리가 불구가 되었다.
　그는 투병 생활을 하면서 『예수전』과 『성인전』을 읽었다.

『성인전』에는 도미니꼬와 프란치스코에 대한 영웅적인 이야기가 기록되어 있었다. 이 책을 읽고 그의 마음이 흔들리기 시작했다.

그는 탁월한 상상력을 가지고 여왕의 기사가 되는 상상에 깊이 빠졌는데 그 상상에서 빠져 나오자 허무함이 엄습해왔다. 그 다음 순간 프란치스코나 도미니칸들처럼 예수의 기사가 되는 상상에 빠져 지냈는데, 그 상상 기간 동안에는 고통스러웠으나 이 상상에서 빠져 나올 때에는 오히려 보람과 희열을 느끼곤 했다.

이런 상태로 몇 달을 지냈다. 그는 마음 속으로 어떻게 이런 상반된 일이 일어날 수 있는가 하고 생각하면서, 식별 작업을 했다. 여기서부터 나중에 그의 식별 규범이 출발되었다. 무엇이 참인가? 그의 식별 기준으로는 자기 영혼 안에서 느껴지는 감정이 일관된 것이어야 하며, 혹은 후에 나타나는 느낌을 하나의 열매로 인식하여, 그는 후자 쪽 즉, 그리스도의 기사가 되는 것이 하나님의 뜻이라는 확신을 얻었다.

그는 상처로부터 회복되자 마자 순례 여행을 떠났다. 순례 여행의 처음 목적은 예루살렘으로 가서 십자군 전쟁 때에 만들어진 기사단에 합류하려는 것이었다. 그는 순례 여행 도중에 몬세라트라는 베네딕트 수도원을 만났다. 그 수도원에서 얼마 떨어지지 않은 곳에서 만레사라는 동굴을 발견했다. 그는 그곳에서 기도 생활을 하기 시작하여 1년을 지냈다.

그 동안 그는 그리스도의 새로운 병사로서 용감한 무사가 되기 위한 여러 가지 시련을 겪으면서 성숙해 갔다. 만레사 동굴에서의 그의 생활을 행동으로나 마음으로나 고행과 기도의 연속이었으며 심한 유혹에 대한 항전이었다. 그는 주야로 기도함은 물론 밤중에 일어나고 단식도 하며 또한 자신에게 엄한 고행의 채찍질을 해가면서 영신을 수련하였고, 묵상 중에 하나님과 대화하기를 배우며 쓸쓸함과 흐뭇함, 슬픔과 기쁨, 불안과 평화 등을 번갈아서 깊이 체험하였다.

그는 그 곳에서 많은 환상을 경험했다. 어떤 때는 예수님이 마리아에게 안긴 모습으로 나타나기도 했다. 어떤 때는 그 환상을 만났을 때에 환희와 기쁨이 일어나지만, 그것이 끝나면 허무와 혼란을 겪기도 했다. 그러나 어떤 때는 예수님의 고난에 참여하는 듯한 아픔이 일어나고 매우 힘들지만, 끝나고 나면 환희가 일어났다. 여기서 또 한번 영성 식별의 규범이 나타난다. 즉, 동일한 사건이라도 어떤 것은 악령이 주는 것도 있고 선령이 주는 것도 있다는 것이다. 이러한 씨름을 하면서 그는 예수님의 일대기를 완전히 내면화하는 훈련을 했다. 나중에 이 훈련이 기초가 되어 작성된 책이 『영신수련』이라는 책이다.

이러한 경험 후에 이냐시오는 스페인으로 돌아와 알칼라 대학에서 라틴어와 철학을 수강했다. 그때 루터파 혹은 정적주의적 성향을 지닌 이단 종파로 오인 받아 종교재판에서 체포되기도 했다. 이냐시오는 그러한 박해를 피해 파리로 와 공부를 시작했다. 그 곳에서 공부를 하는 동안 그를 추종하는 제자들이 생기기 시작했다. 그는 40세 중반에 라틴어와 철학을 공부했고, 46살에 로마로 건너와 "예수회"를 설립했다.

2) 『영신수련』

① 기도의 방법

로욜라의 기도 방법은 관상(觀想)기도이다. 관상기도를 짧게 정리하면, 주체와 객체가 일체가 되는 기도이다. 우리가 기도할 때에는 기도의 대상이 있고 기도하는 주체인 '나'가 있어서 내가 멀리 떨어져 계신 그분에게 기도를 올리는 것이다. 그것은 주체와 객체가 분명히 구분되어진 것이다.

그러나 관상기도에서는 예수의 사건이 내 사건이 되고, 내 사건이 예수님의 사건이 된다. 그러므로 관상기도에서는 말이 많이 필요치 않으며, 그저 거기에 머물러 있는 것이다. 다시 말하면, 관조(觀照)한다고 표현할 수 있다. 예를 들어 백합화를 감상하는 방법에는 두 가지가 있다. "참 아름답다. 저것의 값은 얼마인가?"라고 생각할 때에는 주체와 객체가 분명히 구분되어 있다. 그런데 꽃을 바라보면서 향기와 아름다움에 도취되어 "내가 꽃인가, 꽃이 나인가"하는 상태에 들어가기도 한다. 이런 상태를 관조라고 한다.

기도에서도 마찬가지이다. 대상이 우리 주님이지만, 주님이 내 안에 있고 내가 주 안에 있는 상태가 되는 것이 관상기도이다. 그러므로 관상기도에서는 말이 필요 없게 된다.

그런데 어떤 책에는 관상기도는 모든 이미지나 감각을 떠나야 된다고 말하고, 어떤 책에서는 우리의 이미지나 상상력을 충분히 활용하라고 말하기도 한다. 이 두 가지가 모두 옳은 말이다. 즉 무념적(apopatic) 방법과 유념적(katapatic) 방법이 있다.

일반적으로 무념적 방법에서는 "모든 감각이나 상상력이

나 느낌 등을 완전히 멈추라. 그러면 그 어둠 속에서 하나님의 본질을 만나고 경험하게 될 것이다"라고 말한다. 무념적 방법에서 허락하는 것이 한 가지 있다면, 그것은 사랑이다. 하나님의 사랑과 나의 사랑이 만나서 불꽃이 일어난다. 십자가의 성 요한은 이것을 사랑의 불꽃(flame of love)이라고 한다.

이 방법을 주로 말한 사람은 십자가의 성 요한, 아빌라의 테레사, 시토회 계통의 영성가들이다. 토마스 머튼이 그 맥락을 이어받고 있다. 이것은 선불교의 깨달음과 거의 비슷한 것이다. 그러나 선불교에서는 자아와의 일치를 이야기하지만, 관상기도에서는 그리스도, 하나님과의 일치를 추구한다.

로욜라가 사용한 것은 상상력을 가지고 관상기도를 하는 것이었다. 모든 이미지를 동원하여 사건을 구성하여 자기 자신이 그 사건의 한 부분으로 참여하면서 그 사건 안에서 경험하고 대화하고 느끼는 것 자체가 기도이다. 이것이 유념적 방법의 관상기도이다.

유념적이거나 무념적이거나 관상기도에서는 정의적(affective)인 경험을 하게 된다. 지성과 감성이 조화롭게 어울려진 체험을 중시한다.

로욜라의 관상기도의 특징은 '그분으로 하여금 당신에게 말하게 하라'는 것이다. 그분과 함께 만나고 함께 느끼라는 것이다. 종교 체험이란 신적 실체가 인간적 실존에 접촉되어 해석되어 나오는 것이다. 그 해석은 지성적으로도 해석할 수 있고, 감성적으로도 해석할 수 있다. 그것을 종교 체험이라고 한다.

그런데 신적 실존이 인간적 실존으로 내려오는 데에는 반드시 매개체가 있기 마련이다. 그 매개체는 상징, 성서, 사건 등이다. 상징적인 매개체가 무의식의 세계, 내면의 종교의식에 대해서 부딪히기 시작하면서 신적 실존에 대한 자각이 일어나기 시작한다. 지속적으로, 깊이 있게 단계적으로 형성할 수 있는 길은 성서이다. 신적인 실존이 성서라는 매개체를 통해서 인간의 실존 안에서 경험되며, 그것이 행동 양식으로 나타나고 영성을 형성하게 된다.

로욜라가 이 방식을 사용했는데, 여기서는 상상력이 중요한 것으로 부각된다. 우리가 의도를 하나님께 향하고 방향을 하나님께 향하면 우리의 것은 아무 것도 없고 인위적인 것도 없어진다. 상상력은 하나님이 주신 것이므로, 하나님의 영광을 위해서 그것을 마음대로 사용할 수 있다. 우리 마음대로 기억을 사용할 수 있고, 이해를 사용할 수 있다.

로욜라는 주로 성서를 가지고 관상기도를 했는데, 특히 그가 상징적으로 많이 경험한 것은 성만찬이었다. 그는 성만찬을 들고서 울고, 또 울었다. 그것은 감격과 감사의 눈물이었다. 그리스도의 십자가 사건이 거듭 거듭 그에게 부딪혀온 것이다.

❷ 영신수련의 구성

로욜라도 영성 성장의 세 가지 패턴―정화, 조명, 일치―을 따랐다. 영신수련(Spiritual Exercise)은 네 부분으로 나뉘져 있고, 또 거기에 따라서 네 주간으로 나눈다. 그런데 여기서 한 주는 반드시 7일이 아니며, 필요에 따라 그 주간을 단축할 수도 있고 때로는 연장시킬 수도 있다. 그러나 대체로 전체 과정을 30일 정도로 잡는다. 첫째 주에는 회개, 두번째 주에는 그리스도의 공생애와 동행함, 세번째 주에는 그리스도의 수난과 죽음, 네번째 주는 그리스도의 부활과 영광을 관상한다.

❸ 영신수련의 원칙과 기초

인간은 우리 주 하나님을 찬양하고 경외하고 섬기고, 이것에 의해서 자기 영혼을 구원받도록 창조되었다.

이 땅에 있는 일체의 모든 피조물들은 인간이 창조되어진 목적을 달성하는 데 도움이 되기 위해서 창조되었다.

따라서 인간은 피조물에 관하여 이러한 목적을 달성하는 데 도움이 되면 그것을 사용할 것이고, 또 방해가 되면 버려야 한다.

그러므로 우리는 일체 모든 피조물에 대하여 중용을 지켜야 한다. 따라서 우리 자신에 관한 한 질병보다 건강을, 빈곤보다 부귀를, 불명예보다 명예를, 단명보다 장수함을 원하지 않을 것이다. 모든 것은 다 똑같은 것이다. 단지 우리의 유일한 욕망과 선택은 우리가 창조되어진 목적에 이르도록 해야 한다.

관상 기도를 할 때에는 영혼의 세 가지 기능—기억, 이해, 의지—을 담대하게 사용하라. 영신수련에서는 크게 두 가지 기도 방법이 있다. 묵상(meditation)과 관상(contemplation)을 아울러 사용한다. 묵상은 사건이 아닌 것, 예를 들면 시편을 다룰 때는 묵상을 한다. 말씀을 깊이 생각하면서, 그 말씀이 우리에게 이야기해주는 것을 들으면서 거기에 대해 천천히 응답해 가는 것이다. 이 기도에는 오랜 기다림이 필요하다.

그러나 사건이 뚜렷하게 구성되어 있는 것, 예를 들면 공관복음서는 상상력을 동원하여 자기가 그 사건 안에 파 들어가서 그 인물 속에서 듣기도 하고 응답하기도 한다. 이 기도의 마지막은 무념적 방법으로 돌아간다.

> "주여, 나의 모든 자유와 나의 기억과 나의 이해와 나의 전의지를 받으소서. 취하소서. 왜냐하면 당신이 이 모든 것을 나에게 주었기 때문입니다. 나는 당신에게 이 모든 것을 돌려 드립니다. 모든 것은 당신의 것입니다. 모든 것을 당신의 뜻대로 하옵소서. 단지 나에게는 당신의 사랑과 당신의 은혜를 주옵소서. 이것으로 나는 족합니다."

이 방법을 실시하는 데에는 지도자가 필요하다. 계속 다음 단계로 넘어가는 데에는 식별이 필요하다. 내면적인 활동을 스스로 식별하고 조정하는 데에 한계성이 있고, 때로 내면 경험이 깊어지면서 환상도 경험될 수 있기 때문이다.

기도는 우리의 욕망에서 출발되는 것이 아니다. 우리는 하나님의 뜻대로 기도해야 한다. 하나님의 뜻은 성서 안에 있다. 따라서 성서를 가지고 기도한다면, 하나님의 뜻대로 구하는 것이 무엇인지 알려질 것이며, 그 기도가 자아의 내면을 형상하는데 기여하게 될 것이다.

기도를 자기 욕망의 출발점으로 삼지 말라. 그것은 기초는 될 수 있지만, 성숙한 기도로 자라나기 어렵다. 내면의 성숙도 일어날 수 없다. 그러므로 우리는 성서로서 기도해야 한다.

관상기도의 실제

주 제: 사도를 파송하신 예수님
본 문: 마태복음 10:1-16
준 비: ① 마음에 느낌이 올 때까지 본문을 읽는다.
② 하나님의 임재를 경험하라.
   침묵과 내면의 평정을 찾아야 한다.
준비기도: "주여, 나의 모든 의향과 행동과 노력이 오직 하나님의 영광과 그를 섬기는 방향으로 향하도록 하옵소서."
길잡이 1: 내가 관상하고자 하는 사건을 상상해보라.(사건 구성)
길잡이 2: 구체적으로 그 장소를 설정하라.
   (파송하는 장소, 예수님이 서 있는 모습 등)
길잡이 3: 내가 원하는 은총기도를 한다. 예수님이 사도들을 파송하신 데 대한 직관적인 인식을 달라는 기도. 영신수련의 원칙과 기초에 입각하여 기도한다.

관상에 들어감

처음에는 구경꾼이 된다. 그러나 점차 내가 베드로가 될 수도 있다. 사건을 그대로 따라가다가 나중에는 자기 현장과의 접촉점을 만나게 된다. 거기서 우리의 일상적인 기도가 등장할 수 있다.

이 기도는 1시간 이상을 넘지 않는 것이 좋겠다. 예외적인 것으로 수동적인 기도가 된다면 시간 개념을 뛰어넘어 긴 시간 동안 기도할 수도 있다. 이것은 주입 관상(infused contemplation)의 경우이다. 억지로 하나님의 은총을 만들어 가려는 의도성에 빠지거나, 교만하거나, 정신적인 부담을 줄 수 있기 때문에 능동적인 관상기도는 1시간 이내로 끝내도록 한다.

준비 기간은 15분 정도가 좋다. 준비 단계에서 마음이 침잠이 되지 않을 경우에 침묵과 예수기도를 활용할 수 있다.

중요한 것은 기도가 끝난 후에 반추를 해야 한다. 기도가 어떻게 흘러갔는가, 성령께서 어떻게 나에게 메시지를 주는가, 구하는 은총은 제대로 이루어지고 있는가, 무엇이 문제인가 등을 기록한다. 기록할 때에는 흘러가는 대로 느끼는 대로 기록한다. 주로 반추에는 해석을 하지 말고 느낌의 언어를 사용해야 한다. 자기의 경험을 그대로 기록하는 것이다(예. 아무런 경험도 없다: 아주 답답하고 캄캄하고 혼란스러웠다 등). 반추는 후에 영성 지도자와 상담을 할 때에 훌륭한 자료가 되고, 이 자료가 길게 뻗어가면 성령님의 인도하시는 발걸음을 더듬어갈 수 있다.

주(註)

1) 어거스틴, 고백록, 7권, 10장
2) 상게서
3) Augustine, *De Trinitate*, VIII-XV
4) 어거스틴, 고백록, 4권 12장
5) 상게서, 6권 1장
6) Pseudo-Dionysius, *The Divine Names*, 9, 916A. 8-12.
7) Pseudo-Dionysius, *The Mystical Theology* 3, 1033CD. 31-45.
8) Steven Ozment, *The Age of Reform 1250-1550: An Intellectual and Religious History of Late Medieval and Reformation Europe*(New Haven: Yale University Press, 19800, pp. 73-74.
9) Epistola de trivus quaestionibus, 13[VII, 335] in Bonaventure, trans. ewert Cousins, "Introduction," (New York: Paulist Press, 1978), p. 6.)
10) 상게서 p. 39.
11) Bonaventure, *Itinerarium mentis in Deum*, 권숙애 역, 「보나벤투라에 의한 아씨시의 성 프란치스코 대 전기」, 분도출판사, 1991, 서장, 4, p. 12.
12) 상게서.
13) Bonaventure, *The Soul's Journey into God*, trans. Ewert Cousins(New York: Paulist Press, 1978), Prol., 2, p.54.
14) Ibid.
15) Bonaventure, *Quaestiones Disputatae de Mysterio Trinitatis*, q. I, a. I.
16) Bonaventure, *The Soul's Journey into God*, I. 4.
17) Philotheus Boehner, "Introduction," *Works of Saint Bonaventure II: Itinerarium Mentis in Deum* (St. Bonaventure, N.Y.: The Franciscan Institute, 1956), p. 24.
18) 상게서.

19) Bonaventure, *The Breviliquium*, II. xi. 2.
20) Bonaventure, *Quaestiones Disputatae de Mysterio Trinitatis*, q. I, a. 2.
21) Bonaventure, *Collationes in Hexameron*, XII. 14-17.
22) *The Soul's Journey into God*, I. 2-3.
23) Bonaventure, *The Soul's Journey into God*, VII. 2
24) 상게서
25) 보나벤투라는 『하나님께 이르는 영혼의 여정』의 서문에서 그의 영성신학적인 입장을 이렇게 요약하고 있다.
 "나는 독자들을 십자가에 달리신 그리스도를 통하여 구도하는 듯한 기도로 초청한다. 그의 보혈로 우리들은 악의 더러움으로부터 정결케 되었다. 그래서 우리는 감격 없는 독서나 헌신 없는 사변, 놀람 없는 탐구, 기쁨 없는 관찰, 경건 없는 활동, 사랑 없는 지식, 겸손 없는 이해, 하나님의 은혜 없는 노력, 신적 감화로 인해 얻는 지혜 없는 거울로서의 반추가 충분하다고 믿지 말아야 한다."
 (*The Soul's Journey into God*, prologue, 4)
26) *The Soul's Journey*, I. 1: "더 높은 힘이 우리를 끌어올려 주지 않는다면, 우리는 우리 자신 위로 오를 수 없다. 우리의 내적인 진보가 아무리 잘 정리되어 있을지라도 하나님의 도움이 따라오지 않는다면 아무 결과도 얻지 못할 것이다. 하나님의 도움은 우리의 마음으로부터 겸손하고 진지하게 구하는 사람에게 유효하다. 이것은 기도를 통하여 눈물의 골짜기에서 그것을 구한다는 것을 의미한다. 그런데 기도는 영적 상승의 어머니요 원천이다."
27) 개신교 대각성 운동의 유명한 신학자 중의 하나인 조나단 에드워드는 『종교 감정에 대하여』(*On Religious Affection*)라는 글을 썼다. 당시 미국에는 두 가지 운동이 있었다. 하나는 청교도 운동이고, 다른 하나는 대각성 운동이었다. 청교도 운동은 도덕적인 것을 강조하고 신비적인 체험을 대단히 위험시했다. 이에 반해서 대각성 운동은 열정적이고 헌신적이고 감정적인 운동이었다. 조나단 에드워드는 청교도 영향권인 보스톤에서 목회를 경험했고 후에는 뉴 저지 대학(지금의 프린스톤 대학)의 총장이 되었다. 그는 청교도 운동과 대각성 운동을 조화시키려는 마음을 가지고 『종교 감정에 대하여』라는 책을 저술했다. 대각성 운동처럼 의지가 없는 감정도 곤란하다. 그러나 청교도처럼 감정이 없는 기성주의도 곤란하다. 의

지와 감정이 함께 어우러진 종교 경험이 건전한 종교경험인데, 그러한 경험의 심리학적 표현을 affection이라고 말할 수 있다. 즉 대각성 운동의 종교 감정을 emotion이라고 말한다면, 청교도는 의지(will)를 강조한다. 그리고 의지 will+emotion=affection이라고 말할 수 있다.

제5장
근대교회의 영성과 오늘의 한국 교회

지형은 박사(서울신학대학교, 교회사)

1. 머리말

1) 강의 목적

 이 강의의 제목은 "근대 교회의 영성과 오늘날의 한국 교회-경건주의를 중심하여"이다. 경건주의와 오늘날 한국 교회를 비교하여 21세기에 한국 교회가 나가야 할 방향을 찾는 것이 강의의 큰 목적이다. 이를 위해 먼저 경건주의가 일어난 즈음의 상황과 경건주의가 그 태동기에 어떤 문제 의식을 가지고 있었는지를 살필 것이다. 다음으로 경건주의에 대한 통속적인 오해를 짚어 보겠다. "경건"이나 "경건주의"는 흔히 내세 지향적인 개인 신앙을 가리키는 말로 쓰인다. 경건주의에 대한 가장 통속적인 오해 가운데 하나다. 이어서 경건주의가 어떤 구상을 가지고 있는지를 볼 것이다. 마지막으로는 오늘날 한국 교회 상황을 경건주의 관점에서 진단한다. 이러한 작업에서 얻은 것을 가지고 21세기에 한국 교회가 나갈 방향을 나름대로 제시할 수 있을 것이다.

2) 영성과 경건주의

경건주의가 일어난 1600년 즈음의 배경에 대해 살피기 전에 먼저 영성이란 개념에 대해서 말해야 하겠다. 이 강의가 근대 교회의 영성을 경건주의를 중심으로 다루는 것이기 때문이다.

영성이 무엇인가에 대해서는 아직까지 일치된 견해가 없다. 학자 사이에도 그렇고, 여러 가지 기독교 사역 현장에서 일하는 사람 사이에도 그렇다. 영성신학에 대한 우리나라 책이나 외국 서적을 보아도 영성에 대한 의미가 명확하지 않다. 어떤 사람은 영성을 삶의 태도라고 하고, 다른 사람은 삶의 양식이라고 한다. 영성을 영적인 부분만 다루는 것으로 말하는가 하면, 하나님과의 관계와 세상과의 관계를 포괄하는 것으로 말하기도 한다. 그래서 한 쪽에서는 주로 개인의 신앙 체험과 연관하여 영성을 말하는데 반하여 다른 쪽에서는 사회악을 깨기 위한 해방의 영성을 말하게도 된다.

오늘날 영성을 말할 때 "영성"이란 말 대신에 그저 단순하게 "신앙"이란 말을 넣어도 거의 다 말이 된다. 국내에서 출판된 많은 서적 가운데 영성이란 말 대신에 신앙이란 말을 대입시켜도 글의 흐름이나 내용에 아무 문제가 되지 않는 경우가 많다.

요즈음은 보통 교회 역사의 어떤 시대에 "영성"이란 말을 붙여서 그 시대의 "신앙 특징"을 표현한다. 초대 교회 영성, 중세의 영성, 종교 개혁자들의 영성, 근대의 영성 하는 식이다. 또는 인물을 중심으로 어거스틴의 영성, 프란시스코의 영성, 칼빈의 영성, 웨슬리의 영성 등을 말하기도 한다. 기독교 역사 전체나 기독교의 모든 사상가나 우리보다 앞서 살았던 사람들이 가졌던 "신앙 특징"이나 "신앙의 핵심 알맹이"를 이야기하면서 영성이란 말을 붙이는 것이 일반화된 것이다.

여기에 문제가 있다. 유행처럼 쓰는 영성이란 말이 내용이 없는 말이 되는 것이다. 신앙이라고 해도 될 것을 굳이 영성이라고 해야 할 이유가 있는가? 영성은 전통적으로 신앙이라고 사용해온 단어와는 분명하게 다른가? 개념에서 어떻게 다른가? 그 내용이 우리가 사는 삶에 어떤 다른 의미를 주는가? 이런 질문은 모두 영성신학이 해결해야 할 것들이다.[1]

이렇게 정리되지 못한 영성 개념 때문에 이 강의에서는 영성을 쉽게 다음과 같이 이해한다. 영성은 "기독교 신앙의 본디 핵심은 무엇인가?" 하는 질문에 관계된 것이다. 사막 교부의 영성을 말할 때, 그들은 기독교 신앙을 어떻게 생각하고 또 거기에 따라 살았는가 하는 것이다. 웨슬리의 영성을 말한다면, 웨슬리는 18세기 영국 상황에서 기독교 신앙 본질을 어떻게 파악했는가 하는 문제가 된다. 하르낙이 『기독교의 본질』이란 책을 쓸 때, 하르낙은 나름대로 기독교 신앙의 본디 알맹이 논한 것이다. 이런 점에서 "하르낙의 영성"에 대해서 말할 수 있을 것이다.

이런 관점에서 우리는 1600년대에 일어난 경건주의를 살필 수 있다.[2] "종교개혁 이후에 있었던 개신교 각성 운동 가운데 가장 크게 뒷날까지 영향을 끼쳤던 경건주의, 이 경건주의가 가지고 있는 영성은 어떤 것인가?" "경건주의는 기독교 신앙을 어떻게 이해했는가?"

오늘날 한국 교회와 신학에서 말하는 영성신학의 대부분 관점은 경건주의에 있었다. 영성신학과 경건주의는 내용과 사상에서 밀접한 관련이 있다. 개신교 입장에서 이 점은 특히 중요하다. 주로 가톨릭에서 발전한 영성신학은 그동안 개신교에서도 많은 논의가 있었지만, 개신교적 신앙 전통 위에 영성신학을 세우려는 노력은 많지 않았기 때문이다.

2. 배경: 종교개혁 뒤 1600년 즈음의 상황

1) 종교개혁부터
아욱스부르크 평화회의까지(1517-1555)

먼저 경건주의 운동이 일어난 배경에 대해서 다루어 보기로 한다. 배경에 대해서 이야기하기 위해서 우리는 마틴 루터가 종교개혁을 일으킨 시대로 거슬러 올라가야 한다. 루터가 종교개혁을 시작한 해는 1517년이다. 루터의 종교개혁을 이야기하면서 흔히 사용하는 비유가 있다: 종이 있었는데, 루터가 그 종 줄을 잡아 당겼더니 엄청나게 크게 종이 울렸다. 루터 자신도 종소리가 그렇게 크게 울릴 줄은 몰랐고 또 종소리 때문에 그렇게 많은 사건이 뒤따를 줄은 몰랐다는 것이다. 루터가 처음부터 "개혁하기로 단단히 마음 먹고" 일을 시작한 것은 아니라는 말이다.

1517년 10월 31일은 루터가 종교개혁을 시작하겠다고 굳게 마음 먹고 일을 시작한 날이 아니다. 루터가 분명하게 개혁자의 자의식을 가진 것은 1517년이 아니다. 1520년에 이른바 종교개혁 삼대 논문을 써낼 때까지 단계적으로 형성되었다. 하지만 루터의 종교개혁은 서구 기독교 역사에서 대단히 중요한 획을 그었다.

1517년 이전, 곧 중세에는 서구 기독교 세계에서 참된 진리는 오직 하나뿐이었다. 그리고 그 참된 진리를 지키는 국가도 하나였다. 다시 말해서 중세 시대의 삶은 단일 구조였다. 참된 진리도 하나요 교회도 하나요 국가도 하나였다. 중세

천 년을 이해하려면 우리는 이 점을 생각해야 한다. 그렇지 않으면 언제나 중세는 우리가 이해할 수 없는 고성으로 남아 있을 것이다.

보기를 들어보자. 중세 천 년 동안 십자군 전쟁과 종교 재판이 있었다. 십자군 전쟁 가운데 심지어는 소년과 소녀들이 성지를 탈환하겠다고 나선 일도 있었다. 종교 재판에서 많은 여자들이 마녀 재판을 통해 죽었다. 현대인은 거기에서 쉽게 "종교적 열광"과 "독선적인 편협성과 배타성"을 본다. 그러나 중세 전체가 단일화된 구조 속에 있었다는 사실을 생각하면 어느 정도 쉽게 이해할 수도 있을 것이다.

어쨌든 1517년 뒤에는 중세의 이런 단일 구조가 깨지게 되었다. 저마다 참된 진리를 가지고 있다고 주장하는 여러 종파가 생긴 것이다. 세 개의 기독교 종파가 생겼다. 첫번째가 루터의 뒤를 따른 루터교요, 두번째가 쯔빙글리와 칼빈으로 이어지는 칼빈파며, 세번째는 계속 전해 내려오는 전통을 잇는다고 주장했던 로마 가톨릭이었다.

영국에서 국가적인 단위로 시작된 영국 종교개혁은 잠시 접어 두기로 하자. 영국 종교개혁이 대륙에서 일어난 개혁과 여러 가지 점에서 다른 것이 사실이다. 그러나 전반적인 신학적 경향으로 따진다면 영국과 스코틀랜드의 개혁은 쯔빙글리에서 칼빈으로 이어지는 개혁파와 선이 닿을 수 있다. 종교개혁 뒤에 일어난 기독교 종파를 루터파와 칼빈파와 로마 가톨릭으로 크게 나누는 까닭이 이것이다.

종교개혁이 일어난 뒤 서구 기독교 안의 세 종파는 무력으로 싸웠다. 피를 부르면서 서로 투쟁한 것이다. 여러 가지 복잡한 과정을 겪으면서 1555년에 독일 남부에 있는 도시 아욱스부르크에서 종교평화회의가 열렸다. 근대 교회사에서 종교개혁 뒤에 있었던 사건 가운데 아욱스부르크 종교 평화회의는 대단히 중요하다. 이 회의가 중세의 단일 구조를 깨는 계기를 만들었기 때문이다.

중세의 단일 구조가 형성되기 시작한 처음 매듭은 콘스탄틴 황제가 기독교를 공인한 주후 313년이다. 그 뒤 기독교와 국가는 빠르게 가까워졌다. 중세는 그레고리 대교황이 교황 자리에 오른 590년에 본격적으로 시작된다고 볼 수 있다. 1517년이 중세와 근대를 나누는 때이니 어림잡아 중세시대는 천 년이다. 그러나 313년부터 계산한다면 1200여 년이다. 이 기간 동안 교회도 하나요, 국가도 하나요, 진리도 하나였다.

그런데 1555년 아욱스부르크 종교평화회의를 통하여 이 구조가 깨졌다. 진리가 하나가 아니라 또 있을 수 있다는 생각을 형식적으로나마 인정하게 되었다. 구체적으로 말하자면 아욱스부르크 종교 평화회의에서 로마 가톨릭과 루터파가 서로 평화 협정을 맺었다. 개혁파는 이 평화 협정 속에 아직 끼지 못했다. 협정에 따라 지역을 다스리는 영주가 루터파와 로마 가톨릭 가운데 하나를 결정할 수 있게 되었다. 그 지역에 사는 사람은 영주가 결정하는 종교를 따르든지 아니면 이사를 가야 했다. 예외 조항이 있기는 했지만 전반적으로 루터파와 로마 가톨릭이 법적으로 서로 화해한 것이다.

아욱스부르크 종교 평화회의가 가지는 의미에 대해서 다음과 같이 말할 수 있다.

첫째, 종교개혁 이후 신앙이 다른 종파를 향해서 칼과 무력으로 싸우다가 이제는 그런 싸움이 불가능함을 깨닫게 되었다. 신앙과 양심 문제는 칼과 무력으로 해결할 수 없음을 깨달은 것이다. 이것은 신앙과 양심 문제에 대한 근대적인 사상이다.

둘째, 진리가 오직 하나였던 것에서 진리가 둘 이상일 수 있다는 것을 법적으로나마 인정하게 되었다. 아욱스부르크 회의는 물론 정치적인 사건이었다. 타협할 수밖에 없었던 구체적인 정치 상황이 있었다. 그러나 무엇보다 중요한 것은 로마 가톨릭과 루터파가 서로를 진리라고 "법적으로나마" 인정한 데 있다. 물론 평화회의 후에 루터파 사람이 로마 가톨릭에도 구원이 있다고 믿지는 않았다. 로마 가톨릭 신자들도 루터파가 진리일 수 있다고 생각하지 않았다. 그러나 적어도 "법적으로는" 루터파와 가톨릭이 공존할 수 있게 되었.

이 점이 중요하다! 다시 말하자면 313년 뒤로 1200여 년쯤 계속되어 내려온 진리의 단일 구조가 형식상으로나마 깨지게 된 것이다. 이런 이유 때문에 1555년의 아욱스부르크 평화회의는 서구 기독교 역사에서 대단히 중요하다.

개혁파가 이런 공존 구도에 끼게 된 것은 30년 전쟁이 끝나면서였다. 1618년부터 1648년까지 30년 동안 유럽 전체에 전쟁이 있었다. 30년 전쟁! 이 전쟁의 피해는 매우 컸다. 유럽 전체 인구가 절반으로 줄었다. 전쟁 때문에 죽은 사람도 많았지만 전염병이 극성을 부려서 죽은 사람도 많았다. 지역에 따라서는 인구 가운데 2/3가 죽기도 하였다.

30년 전쟁은 베스트팔렌 평화조약이 체결됨으로써 끝났다. 오늘날 독일 중부 지방에 위치한 뮌스터라는 도시는 약 350여 년 전에 이 평화조약이 체결된 장소를 보존하고 있다. 뮌스터 옛 시청이 바로 그곳이다. 이 회의를 통해서 개혁교도 본격적으로 루터파와 로마 가톨릭과 동등한 입장에서 법적

권리를 누리게 되었다.

그러나 "진리는 하나"이던 구조에서 "진리가 여럿일 수도 있다"는 쪽으로 변한 기점은 1555년이다. 이때부터 서구 기독교에는 이전과는 다르게 상황이 발전되기 시작했다.

2) 개신교 정통주의 시대

교회 역사에서 시기를 구분하는 것은 가장 어려운 문제 가운데 하나다. 2000여 년 교회 역사를 여러 시대로 나눈 것은 뒷 시대의 역사가들이 한 일이다. 지난 시대를 보면서 비슷하거나 같은 특징들이 나타나는 시기를 하나로 묶어 구분하고 거기에 이름을 붙인 것이다. 보통 종교개혁 시대를 1517년부터 잡는 데는 거의 이의가 없다.

종교개혁 뒤에 이어지는 시대를 개신교 정통주의 시대라고 부른다. 개신교 정통주의 시대가 언제부터인가에 대해서는 종교개혁처럼 의견이 일치하지는 않는다. 그러나 많은 학자들이 1555년 아욱스부르크 평화회의를 그 시작점으로 본다. 이 해는 평화회의라는 큰 정치적 사건이 있기도 했지만, 조금 더 넓게 초점을 잡아보아도 이 즈음이 역사적 전환기임을 알 수 있다.

종교개혁을 시작한 루터가 죽은 해가 1546년이다. 루터가 죽은 뒤에 루터파 안에서는 루터를 엄격하게 따르려는 집단과 루터를 인문주의적으로 해석하며 칼빈파에 가까이 가려는 집단 사이에 본격적으로 논쟁이 일어났다. 여기에 연관하여 루터파 안에서 루터파가 개혁파나 로마 가톨릭과 어떻게 다른가 하는 점을 진지하게 생각하게 되었다. 루터파 안에 있는 여러 집단 사이의 논쟁은 루터파 안의 문제만은 아니었다. 개혁파와 로마 가톨릭도 나름대로 자기 정체성을 찾아갔다.

요한 칼빈이 『기독교 강요』 초판을 쓴 것이 1536년이며 최종판이 나온 해가 1559년이다. 로마 가톨릭이 개신교에 대항하여 트리엔트 공의회를 연 것이 1545년부터 1563년까지다. 이렇게 보면 아욱스부르크 평화회의가 열렸던 1555년은 단지 그 해에 있었던 평화회의 때문에만 의미가 있는 것이 아님을 쉽게 알 수 있다. 1555년은 터져나온 종교개혁의 화산이 각기 갈래로 나뉘어 자기 길을 찾아가며 정착되던 흐름 한 가운데 있다.[3]

이 즈음에 기독교 안의 세 종파는 각자 자기 정체성을 찾아가고 있었다. 자신을 다른 종파들과 구분하면서 자기 종파의 신조와 교리를 어느 정도 정착시켜 놓은 때가 이 시기다. 로마 가톨릭은 트리엔트 공의회를 통해서 개신교 종교개혁을 정죄하면서 중세적인 구조를 더욱 굳혔다.

루터파에서는 1577년에 협화신조를 확정하였다. 개혁파는 네덜란드나 스위스나 영국 등에서 입지를 굳히면서 여러 신조를 통해서 나름대로 교파의 정체성을 발전시켜가고 있었다.

1555년 이후 시대를 지칭하는 정통주의라는 이름을 살펴보자. 정통주의(Orthodoxie)라는 이름은 그 시대 특징을 매우 잘 표현한다. 이 단어는 두 말이 붙어서 되었다. "정통" 또는 "바르다"는 뜻을 나타내는 말(ortho)과 "의견", "교리"를 뜻하는 말(doxie)을 합친 것이다. 따라서 "정통-주의"(Orthodoxie)는 "정통 견해" 또는 "바른 교리"라는 의미가 된다.

이 단어는 개신교 정통주의 시대의 특징을 잘 드러낸다. 개신교 정통주의 시대의 가장 큰 관심은 자기 정체성을 확립하는 것이었다. 상대방과 내가 어떻게 다른지를 찾는 일이었다. 달리 표현하면 자기 정체성을 지켜 나가기 위해서 상대방과 내가 다르다는 것을 알고, 나아가서 내가 믿는 신앙과 교리가 무엇인지를 정확하게 규명하고 정의할 필요가 있었던 것이다. 바른 교리 또는 정통 교리가 무엇인지를 정확하게 규명하는 것과 그것을 지키는 것, 이 두 가지가 정통주의 시대에 사람들이 가졌던 가장 큰 관심사였다.

정통주의 시대는 교리에 관심을 두었던 때이다. 이런 시대에는 논증과 변증이 발달할 수밖에 없다. 오늘날 교회 연합적인 활동을 보면 현장 실천에서는 문제가 별로 없다. 사랑을 실천하고 가난한 사람을 구제하는 것 등에서는 가톨릭이나 개신교 사이, 개신교의 여러 종파 사이, 심지어는 기독교와 다른 종교 사이에도 크게 문제될 것이 없다. 그러나 교리 문제에 들어가면 상황이 달라진다. 교리나 신조 때문에 첨예하게 대립되는 현상을 쉽게 볼 수 있다.

이러한 면에서 보더라도 정통주의 시대는 아주 격렬한 말싸움과 논쟁이 있었던 시기였음을 쉽게 짐작할 수 있다. 그래서 정통주의 시대를 교리 논쟁 시대 또는 신조 시대라고도 부른다. 각자 자기 종파가 믿는 신조나 교리를 정의하고 토론하며 논쟁하던 시기였기 때문이다.

정통주의 시대를 연구하는 것은 쉽지 않다. 그 이유 가운데 하나는, 오늘날 우리가 보기에는 하찮은 문제를 가지고 수많은 사람이 참여하여 논쟁하며 엄청난 분량의 글을 써댔기 때문이다. 그러나 현대인들이 보기에는 하찮은 것이 400여

년 전 사람들에게는 절실한 것일 수 있음을 이해해야 한다.

교리 때문에 말싸움을 하고 글싸움을 하던 때에 논쟁의 도구가 필요했다. 되도록 조리 있고 논리 바르게 말할 수 있어야 했고, 다른 사람을 꺾을 수 있는 수사학이나 논리 표현이 필요했다. 아리스토텔레스 철학 체계가 개신교 신학에 다시 들어오게 된 것이 이 때문이다. 개신교 정통주의는 종교개혁자들이 배척하고 거부했던 것을 다시 받아들인 것이다. "루터가 앞문으로 내쫓은 아리스토텔레스 철학이 슬그머니 뒷문으로 다시 들어오게 되었다." 루터와 같이 일했던 멜랑히톤이 벌써 아리스토텔레스 철학 체계를 이용해서 조직신학적 체계를 세워 나가고 있었다. 개신교 정통주의 시대에 루터파나 개혁파 할 것 없이 아리스토텔레스의 논리학과 형이상학과 변증학적인 체계를 신학에 본격적으로 사용했다.

중세 신학을 흔히 스콜라 신학이라고 부른다. 이것은 캔터베리의 안셀름에서 시작되어 토마스 아퀴나스에서 절정에 이른 신학이다. 이 즈음에 유럽에서 대학교가 처음 생기기 시작했다. 대학이 생기기 전에 신학 작업은 교회에서 진행되었다. 그런데 대학이 생기면서 신학 작업은 대학으로 옮겨졌다. 그래서 신학은 "학교에서 하는 신학"이 되었다. "스콜라"라는 말은 학교라는 뜻이다.

스콜라 신학이 지배하던 중세 신학의 특징 가운데 중요한 것을 이야기해 보자. 이 시기에 신학은 삶의 모든 체계를 다 포괄하고 있었다. 중세는 기독교적 이념이 사회 전반을 통틀어 지배하고 있었던 때였다. 사람이 사는 것이라면 무엇이든지 교회와 신학이 가르치고 규칙을 정해 주어야만 했다. 이 시기의 신학은 그래서 모든 문제를 포괄하는 "대전"이었다.

아퀴나스가 쓴 가장 중요한 저작이 『신학 대전』인 것도 이런 흐름에서 보면 쉽게 이해할 수 있다.

종교개혁자들은 스콜라 신학자들과 달랐다. 개혁자들은 "대전"을 쓰지 않았다. 보기를 들어보자. 우리가 잘 아는 칼빈은 『기독교 강요』를 썼다. "대전"이 아니라 "강요"를 썼다.[4] 강요란 쉽게 말해서 "가장 중요한 알맹이만 간추린 것", 또는 "가장 기본적인 교리"를 말한다. 종교개혁자들은 중세의 스콜라 신학이 아리스토텔레스의 철학 체계를 통해서 거대한 구조물을 세우는 것을 배격하고 가장 중요한 신앙 문제에 집중해 들어가기 시작했다. 루터는 모든 교리 가운데서 믿음을 통해서 얻는 구원, 곧 칭의 교리에 집중했다. 성경 전체 가운데서도 "성경 속의 성경"(Kanon im Kanon)에 초점을 맞추었다.

멜랑히톤도 1521년에 『신학 강요』를 썼다. 멜랑히톤은 이 책에서 스콜라 신학의 "대전"을 명백하게 반대하고 있다. 루터파나 개혁파에서 가장 중요한 책은 여러 가지 종류의 "교리 문답서"였다. 교리 문답서는 종교개혁 시대에 자기 교파 사람들에게 교파적 정체성을 심어줄 수 있는 가장 중요한 교재였다. 이 교리 문답서가 바로 『강요』였다. 기독교와 신학에 대한 각 종파의 기본 입장이었던 것이다.

개신교 정통주의 시대가 본격화되면서 상황이 다시 바뀌었다. 아리스토텔레스 철학을 다시 받아들이며 루터파와 개혁파와 로마 가톨릭이 서로 논쟁하며 자기의 체계를 세우다 보니 다시금 각자가 거대한 체계를 세워 나가게 되었다. 이렇게 거대한 체계를 세운 개신교 정통주의 시대를 "개신교 스콜라주의"라고 부른다. 종교개혁 시대에 포기했던 거대한 신학의 "대전 체계"를 다시금 받아들였기 때문이다.

3) 1600년 즈음에 있었던 "경건성의 위기" 현상

이러는 가운데 1600년 즈음 유럽의 기독교 세계 전체에 신앙적 위기가 발생한다. 이런 신앙적 위기 현상은 이즈음 유럽 각 지역에서 일어났던 여러 가지 신앙 운동을 보면 잘 알 수 있다. 곧 이즈음에 일어났던 신앙 운동은 그 시기의 신앙 위기를 비춰 주고 있다는 말이다.

1500년대 후반에 영국에서는 청교도 운동이 일어나기 시작했다. 비슷한 시기에 프랑스의 가톨릭 안에서는 얀센주의 운동이 일어났다. 이 두 운동 모두 구체적인 삶에서 경험할 수 있는 신앙 체험을 갈구하고 있었다. 동구권의 유대교 안에서는 하시디즘 운동이 강력하게 전개되었다. "하시드"라는 말은 히브리 말로 "경건한 사람"이라는 뜻이다.

네덜란드의 개신교 안에서는 "나데레 레포마티"(Nadere Reformatie)라는 운동이 일어났다. 좀 더 종교개혁의 정신에 가깝도록 교회와 신앙과 신학을 개혁해 보자는 운동이다. 학자들이 보통 "두번째 종교개혁 운동"으로 부르는 이 운동은 1500년대 후반에 네덜란드에서 자생적으로 일어났거나 영국 청교도 운동의 영향을 받아서 일어났을 것이다. 아니면 이 두 가지 요소가 같이 작용해서 일어났을 것이다. 이 운동의 중요한 인물이 유명한 기스베르트 보에티우스(Gisbert Voetius, 1589-1676)이다.

독일의 루터파 안에서는 1600년 즈음에 여러 지역에서 딱딱하고 정체된 정통 교리만이 아니라 체험과 신앙적인 따뜻함을 갈구하는 운동이 일어났다. 이것을 가리켜 "갱신적 정통주의"라고 부를 수 있다.

1600년 즈음에는 개신교와 가톨릭에서 뿐 아니라 유대교에서까지 무언가 새로운 신앙을 찾는 흐름이 있었다. 그 뒤에는 신앙의 위기 의식이 깔려 있었다. 서구 사회 전체에서 발견할 수 있는 이런 신앙 위기를 가리켜 "경건성의 위기"(Frömmigkeitskrise)라고 부르는데, 빈프리트 젤러(W. Zeller)라는 학자가 구체적으로 이런 말을 사용했다.[5] 젤러는 1600년 즈음의 경건성 흐름에 대해 깊이 연구한 학자다. 이 시기는 무엇인가 신앙 갱신이 있어야 되겠다는 생각이 가득했던 때라고 볼 수 있다. 그러면 경건성의 위기는 구체적으로 어떤 내용을 가지고 있었으며, 그 위기를 극복하기 위한 새로운 시도는 무엇이었는가?[6]

경건성의 위기를 다음과 같은 예화로 쉽게 표현할 수 있을 것이다.

내가 신학대학에서 공부할 때 기숙사에 있는 학생들이 가끔 데모를 했는데, 데모하는 이유는 기숙사의 반찬이 좋지 않다는 것이었다. 70년대 후반에도 신학대학에서는 밥을 굶는 학우들이 있었다. 학기초가 되면 집에서 등록금을 타 와서 등록금을 내고 책을 산 후, 나머지 돈으로 생활을 하는데, 얼마쯤 가서 돈이 모자라면 라면을 먹는다. 그것도 안되면 "원치 않는 금식"을 한다. 이런 시절에 가끔 식단 때문에 데모를 한 것이다. 데모를 할 때 교수님들이 말리고 설득하시면서 자주 하시던 얘기가 있었다. 6. 25때 얘기다. 부산 피난 시절에 그야말로 먹지 못하면서 하꼬방에서 공부하던 이야기를 하셨다. 이런 이야기를 들을 때 학생인 우리는 교수님들이 하는 얘기를 잘 "이해"는 했지만, "공감"하지는 못했다. 우리는 "그때와 지금은 시대가 다릅니다"고 생각했다. 이해와 공감은 많이 다르다. 공감한다는 것은 다른 사람 이야기를 듣고서 내 삶 전체를 거기에 던질 수 있을 정도로 깊이 들어가는 것이다. 이해는 논리적으로 이성적으로 받아들이기는 하지만 내 삶을 던져서 투신할 정도에는 이르지 못하는 상태다.

사람의 한 세대를 25년에서 30년쯤으로 본다. 이렇게 보면 1600년 즈음에 살았던 사람들은 1517년 종교개혁부터 계산해서 "종교개혁 3세대"인 셈이다. 이 시대의 개신교 신도들은 할아버지 세대인 종교개혁자들이 피를 흘려가면서 목숨을 걸고 싸웠던 문제를 잘 알고 이해하고 있었다. 또 아버지 세대인 정통주의 시대에 어떤 문제를 가지고 엄청난 분량의 글을 쓰면서 정치적인 운명을 걸고 논쟁했던 정통 교리와 신조들을 잘 이해하고 있었다. 그러나 그 앞선 세대들에게 절실했던 것들이 종교개혁 3세대에게는 더 이상 그만큼 절실하지 않았다는 데 문제가 있었다. 1600년 즈음의 사람들은 이전 세대의 문제들을 잘 이해했지만 공감하지는 못했던 것이다.

이것이 경건성의 위기가 담고 있는 구체적인 내용이었다. 바른 교리를 정확하게 정의하고 그것을 지켜 나가는 데에는 더 이상 큰 관심이 없었다. 교리와 신학 체계는 정교하고 좋은데 그것이 오늘 내 삶에 어떤 의미가 있는지를 확신할 수 없었던 것이다. 개신교 스콜라 신학이라고 부를 정도로 엄청난 교리의 체계는 있었지만 그것이 구체적으로 내 삶과 내 마음에 기쁨과 만족과 신앙적인 충족을 주지 않는다고 생각했던 것이다.

흔히 서구 사상의 역사를 말하면서 근대 정신을 이야기할 때면 데카르트 사상을 그 시작으로 본다. 데카르트 사상에는 확실히 중세와는 다른 근대적인 것이 있다. 데카르트 사상에 있는 여러 가지 근대적인 정신 가운데 이 강의 흐름과 연관된 것 하나를 말하자면 주관적인 확신을 들 수 있다. 중세에서 근대로 넘어오면서 객관적으로 어떠하다는 것보다 주관적으로 확신할 수 있느냐가 더 중요하게 되었다. 이런 사상 기류는 14세기에 이탈리아에서 시작된 르네상스에서 벌써 나타난다. 이것은 중세적인 것과는 완전히 다른 기류였다.

중세에 사는 사람에게 신앙이 무엇이냐고 묻는다면, 신앙이란 제도적인 교회에 소속되는 것이라고 말할 것이다. 제도적인 교회가 진리라고 가르치는 것을 그저 받아들이는 것이 믿음이요 신앙이었다. 중세 교회 전체를 커다란 건물로 비유한다면, 중세의 제도적 교회는 하나님 은혜를 사람에게 전달하는 통로 역할을 하고 있었다. 제도 교회가 곧 성례전이었던 것이다. 성례전이라는 기본적 의미는 하나님의 은혜를 우리에게 전달해주는 통로라는 것이다. 중세 교회는 그 자체가 성례전적 구조를 가지고 있는 것이다. 따라서 중세적인 신앙에서는 내가 어떻게 체험하느냐 또는 내가 어떻게 느끼느냐는 중요하지 않았다. 교회가 가르치는 것이 무엇인가가 중요했다. 제도적인 교회에 소속되는 것이 중요했다. 성례전적인 제도에 소속된다는 것은 곧 구원을 보장받는 것이었다.

르네상스는 이런 분위기를 거스리는 것이었다. 성례전적인 제도와 전체적인 교회 대신에 사람의 개체성을 찾기 시작했다. "누구에게나 그러함"(객관성)보다 "나에게 어떠함"(주관성)이 더 중요하다고 생각하기 시작했다. 신 중심에서 인간

중심으로 초점을 옮긴 것도 전반적으로 이런 분위기 가운데 일어난 것이었다.

과학적인 발견이 이루어지면서 합리적인 사고가 본격화되는 것도 여기에 가속도를 주었다. 지동설을 말한 니콜라우스 코페르니쿠스는 루터와 같은 시대 사람이었다. 갈릴레오 갈릴레이가 로마 가톨릭의 재판에 회부되어 자신의 과학적 발견을 번복한 것이 1633년이었다. 과학적인 발견은 지금까지 교회가 교리적으로 정해주던 많은 것을 경험과 관찰을 통해서 사람이 자율적으로 보게 만들었다. 이제까지는 객관성이 중요했지만 경험을 통한 주관성이 중요하게 된 것이다.

데카르트는 더 이상 되돌릴 수 없는 이런 사상의 흐름을 분명하게 표명하였다. 습관적으로 받아들였던 모든 것을—그것이 종교적인 것이든 사회 관습적인 것이든 그 무엇이든지— 의심하면서, 데카르트는 "생각하고 있는 자신" 안에서 가장 확실한 기초를 발견하였다.

> "이리하여 나는 조금이라도 의심할 수 있는 것은 전부 엉터리라고 거절하기로 하였다. 그리하여 마침내 전적으로 의심할 수 없는 것이 나의 신뢰 속에 존재할 수 있는가를 보려고 하였다…그러나 이렇게 모든 것이 거짓이라고 내가 생각해 보려고 원하고 있던 동안에, 그렇게 생각하는 나는 반드시 어떤 무엇이어야 한다고 생각하였으며, 그리하여 '나는 생각한다. 그러므로 나는 존재한다'(Je pense, donc je suis)라는 진리가 너무도 견고하고 확실한 것이어서, 가장 과장이 심한 회의론자의 주장도 그런 진리를 흔들어 놓을 수가 없다고 생각하였다. 그리하여 나는 그러한 진리를 조금의 두려움도 없이 내가 탐구하려고 하였던 철학의 제1원리로 받아들일 수 있다고 생각하였다."[7]

이제 중심은 신이 아니라 인간이다! 나 자신이다! 중요한 것은 밖에서 어떻게 가르쳐 주느냐가 아니다. 교회가 말하는 정통 교리가 중요하지 않다. 내가 어떻게 생각하느냐가 중요하다. "나는 생각한다. 그러므로 나는 존재한다"는 유명한 명제는 바로 이런 흐름을 결정적으로 천명한 것이다.

역사의 모든 사건이나 운동은 언제나 그 배경을 가지고 있다. 배경에는 작은 배경이 있고 큰 배경이 있다. 다른 말로 어떤 사건이나 사상이 일어나게 되는 데에는 그것을 일어나게 만든 가까운 원인이 있지만 먼 원인도 있다는 말이다. 1600년 즈음에 있었던 경건성의 위기 현상은 가깝게는 딱딱하게 변하던 정통주의가 그 원인이며 배경이지만, 더 넓게는 중세에서 근대로 변하는 전반적인 사상의 흐름이 그 배경이다. 중세에서 근대로 넘어가는 변화 곧 객관성에서 주관성으로 변함이다.

새로운 시대는 언제나 새로운 사상을 요구하게 마련이다. 삶을 새롭게 해석하고픈 욕구가 일렁인다. 새로운 틀과 그 틀에 맞는 삶이 나타난다. 위기란 말은 그 안에 "위험"과 "기회"라는 두 가지 뜻을 함축하고 있다.

1600년 즈음에 있었던 경건성의 위기를 넘어서고 극복하기 위해서 새로운 노력이 나타나게 되었다. 새로운 경건성을 찾게 되었다. 앞에서 말한 운동들—영국의 청교도 운동, 네덜란드의 "두번째 종교개혁 운동", 동유럽 유대교의 하시디즘, 프랑스 가톨릭의 얀센주의, 독일에서 일어난 갱신적 정통주의—은 모두 신앙 위기를 넘어서 새로운 경건성을 찾으려는 노력이다. 그러면 이런 새로운 경건성이 가지고 있는 구체적인 내용은 무엇인가?

정통주의 시대의 가장 큰 관심거리는 정통 교리가 무엇인지를 정의하고 그것을 지키는 것이었다. 정통주의 시대에서 경건성의 위기를 거쳐 경건주의로 넘어올 때 있었던 가장 큰 변화는 "교리"에 가장 큰 비중을 두었었던 데서 강조점을 "삶"으로 옮긴 것이었다.

우리는 이것을 보다 섬세하게 표현해야 한다. 흔히 이 점에서 오해가 있기 때문이다. 새로운 경건성은 교리는 필요 없고 삶의 체험"만" 중요하다고 보지 않았다. 구체적인 삶의 실천만 있으면 된다고 주장하지는 않았다. 양자택일하지 않았다는 말이다. 정확하게 말하여 교리보다 삶이 "더" 중요하다고 보았다. 강조점을 옮겼다는 말이다.

1600년 즈음에 일어난 여러 가지 시도는 거의 다 이러한 맥락에 있었다. "기독교 갱신을 위해서 교리도 꼭 필요하다. 그러나 삶이 교리보다 더 중요하다"는 것이다. 이제는 "정통-교리"(Ortho-doxie)보다 "정통-실천"(Ortho-praxis) 또는 경건 실천(Praxis-pietatis)이 더 중요하게 되었다. 경건주의는 이런 흐름 속에서 시작된다.

3. 시작: 경건주의 출발

크게 말하자면 경건주의는 루터파와 개혁파가 만난 곳에서 일어났다. 그러나 경건주의 중심 흐름은 주로 루터파 안에서 일어났고, 후대에까지 지속적으로 영향을 끼치는 것도 주로 루터파 안에서였다. 그러므로 이 강좌에서는 주로 루터파를 중심으로 경건주의 시작과 출발을 이야기하겠다.

1) 새로운 경건성과 요한 아른트(Johann Arndt, 1555-1621)

루터파 목사인 요한 아른트는 1555년 아욱스부르크 평화회의가 열리던 해에 태어났고, 30년 전쟁이 한창이던 1621년에 세상을 떠났다. 아른트는 흔히 신비주의자로 분류되기도 하는데, 이것은 그렇게 정확한 평가는 아니다. 아른트는 신비주의 흐름을 루터파 신학에 맞는 방식으로 루터파 안에 받아들였던 것이다.

아른트가 얼마나 강하게 루터파의 자의식을 가지고 있었는가에 대해 다음과 같은 일화가 있다. 그가 목사 안수를 받고 고향에서 목회를 하고 있을 때 개혁파 신앙을 가진 사람이 그 지역 영주였다. 영주는 그 지방 교회에서 세례 주기 전에 귀신을 내쫓는 의식을 금지시켰다. 이것은 교회에서 전통적으로 내려오던 의식이었다. 루터파 교회는 이 의식을 계속해 오고 있었다. 아른트는 루터파에서 내려오던 전통을 중단

할 수 없다는 이유로 영주의 명령을 거부했다. 이 때문에 그는 목회직을 사임하고 다른 지방으로 가야만 했다. 아른트가 가진 신비주의를 평가할 때는 반드시 그의 루터파 자의식도 적절하게 생각하며 균형있게 평가해야 한다.

아른트는 17, 18세기에 가장 많이 읽혔던 『진정한 기독교에 대한 네 권의 책』(*Vier Bücher von dem wahren Christentum*)을 썼다.[8] 1605년 『진정한 기독교』 첫 권이 나왔을 때 루터파 안에서 많은 비판이 있었다. 그것은 이 책이 가진 신비주의적인 성격 때문이었다. 이 책은 아른트가 독창적으로 쓴 것은 아니었고 중세 후기의 여러 신비주의자들, 특히 타울러와 토마스 아켐피스를 많이 인용하여 정리한 성격이 짙었다.

원래 루터도 신비주의와 여러 가지 연관이 있었지만, 루터교 정통주의는 전반적으로 신비주의를 매우 부정적으로 보았다. 아른트는 이런 비판을 생각하며 첫 권을 계속 수정하였다. 아른트가 이 책을 수정한 것은 외부의 비판 때문만은 아니었다. 아른트 자신도 루터파 목사로서 사의식이 철저했기 때문에 신비주의를 루터파 교리에 맞도록 받아들이려는 생각이 있었던 것이다. 그러나 아른트가 신비주의적 경향을 지니고 있다는 전통적인 해석은 아직도 유효하다. 우리는 아른트를 전반적으로 신비주의를 배척했던 루터교 정통주의 안에 다시금 신비주의가 발을 붙일 수 있게 만든 사람이라고 평가할 수 있을 것이다.

『진정한 기독교』는 매우 많이 팔리고 또 꾸준히 읽힌 "베스트셀러며 스테디 셀러"였다. 1650년대에 필립 야콥 스페너가 스트라스부르크 대학교에서 공부할 즈음 이 대학교에서 신학을 가르치던 교수 가운데 하나인 단하우어라는 교수는 학생들에게 "아른트의 인기"에 대해 경고해야 할 정도였다. "아른트의 책은 매우 훌륭하기는 하지만 그것을 성경보다 더 귀하게 생각해서는 안된다"는 것이었다. 1600년대 후반 루터파 신학 교수며 목사였던 마이는, "아마 루터파가 있던 거의 모든 지역에는 한 가정에 진정한 기독교가 반드시 한 권씩은 있을 것"이라고 추정했을 정도였다. 루터파는 종교개혁이 일어난 다음에 독일을 중심으로 스칸디나비아 반도로 연결되는 지역에 퍼져 있었는데, 1600년대 전체와 1700년대 중반을 넘어 말기까지 루터파 지역에서 가장 많이 팔린 책이 『진정한 기독교』였다. 루터파 지역만이 아니라 개혁파, 심지어는 로마 가톨릭에서도 유명한 책이었다. 이 책은 그 즈음 거의 모든 유럽 언어로 번역되었다.

아른트의 『진정한 기독교』는 그 즈음에 있었던 경건성의 위기를 넘어서는 새로운 경건성을 제시했다. 그 구체적인 내용은 무엇인가? 아른트는 그 즈음의 신앙 위기를 다음과 같이 비판했다.

> "모든 사람이 그리스도의 종이 되기를 간절히 원하지만 아무도 그를 따르는 자가 되려고 하지 않는다."[9]

아른트는 "경건의 모양은 있으나 경건의 능력은 부인하는 자"라는 디모데후서 3:5을 주해하면서 당시 사람들이 예수 믿는 모양은 가졌지만 실제로 그리스도를 뒤따르는 실천은 없다고 비판했다. 이 비판에서 벌써 "교리보다 삶" 또는 "교리보다 실천"이라는 주제가 뚜렷하다. 아른트는 서문에서 자신이 글을 쓴 목적을 아주 명백하게 밝혔다.

"사랑하는 그리스도인 독자들이여, 요즈음에 와서 거룩한 복음이 참으로 수치스럽게 오용되었음은 입으로만 그리스도와 그의 말씀을 찬양하면서 그리스도인의 세계가 아닌 이방인의 세계에 사는 사람들처럼 비그리스도인적인 생활을 영위하는 불경건한 자들의 회개할 줄 모르는 삶을 통해서 완전하게 입증이 되었다. 그러한 불경건한 행위는 나로 하여금 진정한 기독교의 요소, 즉 진실되고 살아 있는 믿음의 제시, 살아 움직이는 참된 경건과 의의 열매 등을 평범한 독자들에게 알리기 위해 이 책을 쓰게 하였다. 동시에 나는 우리가 그리스도를 믿을 뿐만 아니라 그리스도 안에서 살고 그가 우리 안에서 살아야 하기 때문에 우리는 그리스도의 이름을 몸에 지녀야 한다는 것을 보이고 싶었다…단순히 하나님의 말씀을 안다는 것으로는 충분치 않고 생명력 있는 방법으로 그것을 실천해야 한다."[10]

신비주의에서는 사람이 하나님께 이를 수 있는 세 가지 단계를 이야기한다. 아른트는 전반적으로 이러한 구조 안에서 『진정한 기독교』를 썼다.[11] 첫번째 계단은 자기 자신을 깨끗하게 하는 정화 과정이다(prugatio). 두번째 계단은 신의 빛을 받는 조명 단계다(illuminatio). 마지막 계단은 하나님과 하나가 되는 신비적 연합이다(unio mystica). 아른트는 이런 구조 안에서 삶의 실천에 강조를 두고 『진정한 기독교』를 저술했다.

아른트의 책이 정확하게 루터파 전통에 뿌리를 내리고 있음은 아른트가 믿음에 대하여 말하는 것에서 볼 수 있다.[12] 아른트는 마틴 루터가 이야기한 믿음의 정의를 충실하게 따랐다. 루터는 『로마서 서문』에서 믿음을 이야기할 때에 믿음과 행동을 나누지 않았고, 믿음은 실제로 살아 움직이며 우리를 변화시키는 능력이라고 보았다. 아른트도 "참 믿음은 그리스도와 그분의 거룩한 삶을 따르는 곳에 있다. 생활에서 믿음으로써 그리스도를 따르지 않는 곳에는 믿음도 그리스도도 없다"라고 같은 이야기를 한다.

흔히 말하기를, 종교개혁자들은 믿음만 지나치게 강조하고 행동은 무시했다고 한다. 칭의만 강조하고 성화는 무시했다고 한다. 그러나 개혁자들 자신은 믿음이나 칭의를 언제나 통전적으로 이해했다. 믿음 안에 벌써 삶의 변화가 포함되는 것으로 생각했다. 부분적인 믿음이나 쪼가리 믿음이 아니라 옹근 믿음을 말했다. 윤리를 무시하고 믿음만 강조했다는 비난은 종교개혁이 아니라 그 뒤에 이어지는 개신교 정통주의가 받아야 한다. 칭의와 성화를 통합적으로 이해하는 것은 오늘날 한국 교회 상황에서 특히 중요하다. 경건주의는 "칭의 일변도"를 비판하는 흐름에서 시작되었다.

아른트는 분명하게 성화를 소홀히 다룬다고 비판한다. 믿음은 단순히 지적으로 동의하는 것이 아니다. 믿음은 내 삶에 영향을 미치는 것이다. 그것도 삶의 사령탑이라고 할 수 있는 마음을 변화시키는 능력이다. 그래서 삶 전체를 변화시키는 힘이다.

아른트는 『진정한 기독교』에서 벌써 무신론이 나타날 것을 내다보고 있었다. 아른트는 묻는다. 오늘날 예수 그리스도의 복음과 주님의 이름이 욕을 먹고 있는 까닭은 무엇인가? 왜 하나님 없이 사는 사람들이 늘어나는가? 아른트의 대답은 분명하다. 예수님을 믿는 사람들이 말로는 믿는다고 하지만 실제 삶에서는 예수님을 믿지 않는 사람들과 하나도 다르지 않기 때문이다.

아른트가 그 시대를 비판한 것을 보면서 오늘날 한국 교회의 모습이 1600년 즈음의 기독교 모습과 매우 비슷함을 발견한다. 한국 기독교는 여러 가지 위기를 안고 있다. 그 가운데 가장 두드러진 것은 말은 많은데 말씀은 드물다는 것이다. 성경 주석이나 신학 체계와 같은 사람 말은 많은데 마음과 삶을 변화시키는 하나님 말씀은 찾아보기 힘들다. 아른트는 "정통 교리"에서 "정통 실천"과 "경건 실천"으로 강조점을 옮겼다.

2) 경건주의 창시자: 필립 야콥 스페너(Philip Jakob Spener, 1635-1705)

아른트 뒤를 이어 경건주의 운동을 구체적으로 시작한 사람은 필립 야콥 스페너(Philip Jakob Spener)다. 루터파 목사인 스페너는 1635년에 태어나 1705년에 세상을 떠났다. 스페너가 성장한 과정과 그에게 영향을 끼친 신앙 배경을 보면, 스페너가 본격적으로 경건주의 운동을 시작하기 전에 벌써 강하게 경건주의적인 흐름이 있었음을 알 수 있다.

요한 아른트가 제시한 새로운 경건성을 따르는 사람들이 1600년대 초반부터 루터파 안에 많았다. 위에서 말한 대로 개혁파 안에서도 네델란드의 "두번째 종교개혁 운동"과 영국의 청교도 운동이 이런 경향을 가지고 있었다. 교회가 새로워져야 한다든가 신앙이 갱신되어야 한다는 이야기는 1600년대에 일반적으로 들을 수 있는 이야기였다.

스페너를 살피기 전에 우리는 이것과 관련하여 개신교 정통주의에 대한 오해 하나를 바로잡아야 한다. 개신교 정통주의를 흔히 "죽은 정통주의"(Die tote Orthodoxie)라고 부르는 것에 관해서다. 1555년부터 본격적으로 시작되는 개신교 정통주의는 흔히 알고 있는 것처럼 그렇게 "죽은 시대"가 아니다. 이것은 중세를 "암흑 시대"라고 표현하는 것과도 같다. 중세가 그야말로 암흑 시대였던 시기가 물론 있었다. 대략 카롤링거 왕조가 몰락한 때부터 그레고리 7세 교황의 개혁이 시작될 때까지가 그렇다. 심지어 가톨릭 역사가들까지도 이 시기가 암흑시대(Saeculum obscurum)였음을 인정한다.[13]

그러나 중세 천 년 모두가 캄캄하지는 않았다. 중세에도 아주 고귀하고 보석 같은 신앙 흐름이 많이 있었다. 정도의 차이는 있지만 여러 가지 신비주의적인 흐름은 중세의 제도 중심 신앙을 교정하는 중요한 역할을 했다. 왈도파 운동은 개신교 입장에서 평가할 때 가장 중요한 중세의 신앙 흐름이다. 존 위클리프나 요한 후스의 갱신 운동도 물론 중세에 속한다. 중세 전체를 암흑 시대라고 평가하는 것은 잘못된 시각인 것이다.

정통주의 시대도 마찬가지다. 정통주의 시대에는 살아 있는 신앙 흐름이 있었다. 특히 찬송가와 교회 음악에 이것이 잘 나타난다. 파울 게르하르트(Paul Gerhardt, 1607-1676)는 정통주의 시대에 활동한 유명한 찬송가 작가다. 오늘날도 사람들은 영감에 넘치는 게르하르트의 찬송을 부른다. 게르하르트는 신앙과 신학에서 철저하게 루터파 정통주의의 자의식을 가진 사람이었다. 요한 세바스티안 바하(Johann Sebastian Bach, 1685-1750)도 그렇다. 분출하는 신앙 정서를 담고 있는 바하의 음악은 루터파 정통주의 신학을 근거로 하고 있다. 개신교 정통주의 시대에 세워진 여러 가지 교회 건축물이나 예술 양식에서도 이즈음 사람들 속에 흐르는 살아 있는 신앙 흐름을 볼 수 있다.

정통주의 앞에 붙이는 "죽은"이라는 수식어는 조심스럽게 해석하여 이해해야 한다. 정통주의가 가진 약점을 표현하려면 "죽은"이라는 말보다는 "굳은"이라는 말이 더 알맞을 것이다. 정통주의 안에도 나름대로 열정이 있었다. 그러나 전반적으로 정통주의는 크게 변하는 그 시대의 흐름을 비판적으로 보면서 문을 닫고 있었다. 안으로 움추렸다. 정통주의가 경건주의와 합리주의에 밀린 것은 바로 이런 이유 때문이었다.

정통주의가 나름대로 갱신을 위해 노력했던 점을 생각하면 정통주의와 경건주의 사이에 분명하게 선을 긋기가 쉽지 않다. 예를 들어 종교개혁의 시작인 1517년만큼 뚜렷한 경계선이 없는 것이다. 이런 까닭에 경건주의를 연구할 때 경건주의의 범위 문제는 언제나 중요하다. 시기적으로 언제부터 언제까지를 경건주의 시대로 보는가? 지역적으로, 1600년대에 있었던 여러 가지 신앙 갱신 운동 가운데 어떤 지역에 있었던 운동들이 경건주의에 포함되는가?

경건주의의 범위 문제는 경건주의를 무엇이라고 보느냐에 따라서 달라진다. 다른 말로 경건주의 범위는 경건주의를 어떻게 정의하느냐에 달려 있다. 그러므로 우리는 지금까지의 경건주의 연구 경향을 통해서 경건주의의 범위와 정의에 대해서 간략하게나마 살펴보아야 한다.

한국에는 아직까지 경건주의가 제대로 소개되지 않았다. 현재까지 한국에 번역된 경건주의 서적들은 대략 1960년대 중반 이전의 연구 경향까지만 반영하고 있다. 그러나 1960년대 중반 이후부터 오늘날까지 30여 년이 넘는 기간 동안 경건주의 연구가 많이 진전되었다. 이 시기에 이전의 연구 결과가 크게 수정되기도 하였다.

우리는 경건주의를 넓은 의미로 정의할 수도 있고 좁은 의미로 정의할 수도 있다. 역사는 언제나 끊이지 않고 흐른다. 역사에 나타난 어떤 사상이나 사조 이름은 뒷 시대 사람들이 앞선 시대를 나름대로 구분하여 붙인 것이다.

시대 구분을 보면서 우리가 조심해야 할 것이 있다. 역사의 시대 구분은 반드시 그 시점을 기준하여 옛 시대가 끝나고 새 시대가 시작된다는 뜻은 아니다. 끊이지 않고 흐르는 역사 흐름에 굳이 경계선을 그어 본다면 그때쯤이 적당하다는 뜻이다. 앞선 시대와 뒤따르는 시대는 언제나 겹친다. 어떤 때는 겹치는 기간이 매우 길기도 하다. 경건주의의 시대 구분에서 이 점은 특히 중요하다. 경건주의를 넓은 의미와 좁은 의미로 나누는 것도 이런 때문이다.[14]

넓은 의미에서 볼 때 경건주의는 1600년 즈음에 시작되었다. 이 때 경건주의의 창시자는 요한 아른트다. 주로 루터파 안에서 볼 때에 그렇다. 네덜란드와 네덜란드에 접경한 독일 쪽의 개혁파 교회를 두고 말할 때에는 "두번째 종교개혁 운동"을 시작한 사람들에게서 넓은 의미의 경건주의가 시작되었다고 볼 수 있다. 넓은 의미의 경건주의 안에 있는 경건주의적인 특징 가운데 가장 뚜렷한 것은 실천과 경험을 지향한 신앙이다. 이것이 새로운 경건성이었다. 그러나 아른트가 그러한 새로운 신앙의 방향을 제시하고 교회 갱신을 위해 노력했지만, 그는 당시 루터파 정통주의 교회와 구분되는 새로운 집단을 만들지는 않았다

가시적인 사회 현상으로 명백하게 구분되는 새로운 집단

은 스페너를 통해서 일어났다. 스페너를 중심으로 한 신앙 운동에서 "스페너주의자", "스페너 추종자"란 말이 쓰인 것도 이를 설명해 준다. 스페너는 아른트로부터 흘러온 경건주의적인 신앙 흐름에 마당과 틀을 마련해 주었다. 이 틀 안에서 경건주의적인 신앙은 구체적으로 전개될 수 있었다. 좁은 의미로 경건주의를 말할 때 스페너를 창시자로 부르는 이유가 이것이다.

한편 경건주의를 넓은 의미나 좁은 의미로 나누지 않고 그저 일반적으로 말할 때 경건주의는 스페너에게서 시작된다고 보는 것이 적합하다. 스페너는 경건주의에서 대단히 중요한 인물이므로 그의 생애를 간략하게 구분해 볼 필요가 있다.

스페너는 1635년에 오늘날 프랑스 땅인 리보빌레에서 태어났다. 이곳은 스페너가 태어날 즈음에 독일 땅이었는데, 독일 이름은 라폴츠바일러였다. 이 근처 지역을 알사스 지방이라고 부른다. 역사적으로 독일과 프랑스가 서로 빼앗고 뺏겼던 지역이다. 알사스 지방에 저 유명한 종교개혁 도시 스트라스부르크가 있다. 스페너는 스트라스부르크에서 역사와 신학을 공부하고 신학 박사 학위를 받았다.

1666년 31살 때 스페너는 마인 강변에 있는 도시 프랑크푸르트의 수석 목사로 청빙받았다. 오늘날 독일 국제공항이 있는 이 도시는 당시 독일에서 한창 발전하던 중요한 도시였다. 동서와 남북을 잇는 중요한 교통 도시였고 일 년에 두 번 박람회가 열리는 상업 중심지였다. 스페너는 여기에서 1686년까지 20년 동안 목회했다.

그 뒤 1686-1691년까지 5년 동안 스페너는 당시 루터파 교회에서 목사가 오를 수 있는 가장 높은 자리에 있었다. 이 기간 동안 스페너는 작센 주의 중심 도시 드레스덴의 궁중 수석 설교자로 목회했다. 당시 루터파 조직에서 작센 주의 선제후가 선임 자리를 차지하고 있었기 때문에 작센 주의 수도인 드레스덴의 궁정 수석 설교자 자리는 루터파 안의 목사직 가운데 가장 높은 자리였다.

1691년부터 세상을 떠난 1705년까지 생애 마지막 15년 동안 스페너가 목회했던 도시는 그 즈음 강력하게 떠오르고 있던 프로이센 제국의 수도 베를린이었다.

경건주의는 스페너가 프랑크푸르트에서 목회하던 때에 시작되었다. 1670년 8월 스페너는 목회하던 바뷔써 교회 성도 몇 사람과 함께 작은 모임을 시작했다. 장소는 목사관이었다. 그리스도인이라는 이름만 있고 실제 삶의 변화는 없는 신앙인의 모습을 비판하면서 삶의 변화를 겨냥한 모임이었다. 이 작은 모임은 "경건 모임"(*Collegium pietatis*)이라고 불렸다.[15] 이 모임에 대한 소문은 곧 널리 퍼졌다. 일 년에 두 번 열렸던 프랑크푸르트의 박람회를 통해 많은 사람이 이 도시에 왕래하면서 이 모임에 참석하기도 하였다. 다른 도시에도 프랑크푸르트 경건 모임과 같은 모임이 생겼다.

한국 교회에서 80년대 후반에 소그룹 성경공부를 통한 제자훈련이 한참 유행했다. 교회 역사에서 이와 같이 유형의 모임이 기성 교회 안에 정착되어 가장 처음 시작된 것이 바로 경건주의 때였고, 그 처음 형태가 스페너의 경건 모임이었다. 개혁파 경건주의자였던 테오도르 운더아익이 스페너보다 조금 앞서서 작은 모임을 시작하기는 했지만 운더아익의 모임은 성격이 조금 달랐다. 스페너가 살았던 목사관은 경건주의적인 작은 모임의 산실이었다.

경건주의 출발과 관련해서 1670년의 경건 모임보다 더 중요한 것은 그로부터 5년 뒤에 출판된 책 한 권이다. 1675년 프랑크푸르트의 봄 책 시장에 스페너가 『경건한 소원』(*Pia Desideria*)이란 제목으로 책을 펴냈다.[16] 스페너의 나이 40세 때였다. 교회사가들은 이 책이 새로운 시대를 열었다고 평가한다. 루터가 1520년대에 쓴 유명한 종교개혁 삼대 논문이나 칼빈이 1636년에 쓴 『기독교 강요』 초판 등은 모두 교회사 흐름을 바꾸어 놓은 책이다.

스페너의 『경건한 소원』은 교회사에서 시대를 구분 짓는 책이다. 그리 두껍지 않은 이 책에서 스페너는 그 즈음 교회의 타락과 부패를 탄식하면서 교회가 갱신될 수 있는 구체적인 방법을 기록했다. 이 책에는 이 때 이후에 진행되는 경건주의 운동의 모든 강조점이 거의 모두 포함되어 있다. 두 가지 예외가 있다면 명확한 시점을 확인할 수 있는 회심 체험과 선교에 대한 강조다. 이 두 가지는 스페너 뒤를 이어 경건주의 운동을 주도한 아우구스트 헤르만 프랑케에게서 명백해진다.

『경건한 소원』 안에 경건주의의 방향이 모두 함축되어 있기 때문에 이 책을 가리켜 경건주의의 방향 제시서라고 부른다.

좁은 의미로 경건주의의 출발을 이야기할 때 경건주의는 1670/75년에 시작되었다고 말할 수 있다. 경건 모임이 시작된 1670년과 『경건한 소원』이 발간된 1675년을 축으로 연결한 것이다.

루터파 정통주의 가운데 스페너의 사상적 배경이 되는 스트라스부르크 정통주의를 살펴보자.[17] 오늘날 세계의 개신교

가운데 교세 통계로 볼 때 루터파가 가장 많은 신자를 가지고 있다. 1600년 즈음에 루터파 교회와 신학을 이끌어가던 중요한 세 대학교를 들면 스트라스부르크와 예나와 비텐베르크다. 이 가운데 스트라스부르크 대학교는 예나나 비텐베르크와는 사상적 분위기가 달랐다. 스트라스부르크는 요한 아른트가 제시한 새로운 경건성이 어려움이 없이 수용될 수 있는 곳이었다. 비텐베르크와 예나 대학교는 스트라스부르크와는 달리 엄격한 루터파가 지배하고 있었기 때문에 신비주의적인 경향이 발을 붙이지 못했다. 또 하나 중요한 것은 스트라스부르크는 영국과 네덜란드와 프랑스와 스위스로 이어지는 개혁파 전통의 영향을 받고 있었다는 점이다. 개혁파 종교개혁자인 마틴 부처가 이곳에서 활동하기도 하였다.

이런 사상적 배경에서 스트라스부르크에서는 1600년대에 청교도 서적이 많이 번역되어 읽히고 있었다. 존 번연의 『천로역정』을 비롯하여 많은 청교도 서적이 무리 없이 받아들여지고 있었다.

그러나 청교도주의와 관련해서도 비텐베르크와 예나는 달랐다. 당시만 해도 루터파와 개혁파 사이에 종파적인 논쟁이 시퍼렇게 살아 있었다. 매우 보수적인 루터파가 지배하고 있던 이곳에서는 청교도주의를 쉽게 받아들여지지 않았다. 스트라스부르크에는 요한 아른트가 제시한 새로운 경건성이 벌써 흐르고 있었던 것이다.

프랑크푸르트에서 경건 모임이 시작된 것이 1670년 8월이었다. 스페너가 『경건한 소원』(*Pia Desideria*)이란 제목으로 책을 펴낸 것이 1675년이다. 이 두 가지는 모두 아른트로부터 이어져 오는 교회 갱신 흐름 가운데 있다. 이 갱신 흐름은 종교개혁을 이은 루터파 정통주의가 개혁파 신앙과 만난 곳에서 흘렀다.

스페너는 자기에게 가장 크게 신앙적 감화를 준 사람 둘을 든다. 첫째가 요한 아른트이며 두번째가 마틴 루터다. 루터로부터는 종교개혁적인 루터파 정통주의를 이어받았고, 아른트로부터는 『진정한 기독교』를 통하여 갱신의 방향을 배웠다. 스페너는 유년 시절부터 영국 청교도주의 서적을 읽으면서 자랐다. 이 모든 것이 스트라스부르크에 있었다. 스트라스부르크의 루터파 정통주의는 경건주의를 배태하고 있었다.

3) 아우구스트 헤르만 프랑케
(August Hermann Francke, 1663-1727)

스페너는 경건주의의 창시자이며, 프랑케는 경건주의 2세대 지도자다. 경건주의 3세대 지도자 가운데 가장 뛰어난 사람은 진젠도르프 백작이었다. 프랑케와 진젠도르프는 모두 스페너와 연관을 가지고 있다. 진젠도르프는 1700년에 태어났는데, 진젠도르프가 유아 세례를 받을 때 당시 65세의 노인 목사 스페너가 진젠도르프의 대부였다. 스페너는 진젠도르프의 가족과 가까운 관계였던 것이다.

스페너가 1705년에 세상을 떠나기 때문에 진젠도르프와 스페너 사이에는 개인 인격적인 만남이 있을 수 없었다. 그러나 스페너와 프랑케 사이에는 긴밀한 친분이 있었다. 프랑케가 경건주의적인 신앙에 눈뜨고 더 나아가서 옛 동독 도시 할레(Halle a.S.)를 경건주의의 아성으로 만든 것에는 스페너의 영향과 지원이 있었다.

경건주의적인 신앙을 알기 전까지 프랑케는 당시에 배운 사람들이 흔히 가졌던 것과 같은 이상을 가지고 있었다. 예술사적으로 바르크 시대인 당시에 배운 사람으로서는 많은 지식을 습득해서 뛰어난 지식인이 되는 것이 꿈이었다. 프랑케도 이런 꿈을 가지고 있었고 또 사실 프랑케는 학문적으로 매우 뛰어난 사람이기도 하였다. 프랑케가 완전히 바뀐 것은 1687년에 회심을 체험하면서부터다. 회심을 체험한 곳은 뤼네부르크였다. 뤼네부르크를 방문했을 때 프랑케는 설교 부탁을 받았다. 그는 요한복음 20:31을 설교 본문으로 골랐다.

> "오직 이것을 기록함은 너희로 예수께서 하나님의 아들 그리스도이심을 믿게 하려 함이요 또 너희로 믿고 그 이름을 힘입어 생명을 얻게 하려 함이니라."(요 20:31)

프랑케는 이 말씀을 통하여 머리로만 아는 믿음이 아니고 실제적으로 우리를 변화시키는 살아 있는 믿음에 대해서 설교하려고 생각했다. 그러나 설교를 준비하는 가운데 프랑케는 고민에 빠지게 되었다. 요한복음에 있는 그런 살아 있는 믿음이 자신에게 없다는 것을 발견하게 된 것이다. 심한 고민과 회개를 향한 투쟁 가운데서 어느날 저녁 프랑케는 잠자기 전에 무릎을 꿇었다. 자기 속에 있는 불신앙을 해결해 달라고 하나님께 기도했다. 신앙의 확신을 구했다. 그 순간에 프랑케는 회심을 체험했다. 프랑케가 남긴 기록에 따르면, "마치 손바닥을 뒤집듯이 모든 것이 변하고 마음 속에 확신이 다가왔다."

회심을 체험한 몇 년 뒤에 프랑케는 스페너의 소개로 옛 동독에 있는 도시 할레에 가서 활동하기 시작했다. 이것이

저 유명한 할레 경건주의의 출발이다.

한국 교회에서는 감리교의 창시자 요한 웨슬리의 회심에 대해서 더 많이 알고 있다. 웨슬리는 1738년 5월 24일 올더스게이트 거리에서 열린 헤른후트 파의 작은 모임에서 회심을 체험했다. 웨슬리의 회심 체험은 교회사에서 볼 때 그 유형이 경건주의적이다.

경건주의적 회심 체험은 두 가지 중요한 요소로 되어 있다. 하나는 자신의 죄를 자각하고 회개에 이르기 위해 죄와 싸우는 것이다. 다른 하나는 이런 과정 마지막에 의심과 불신앙을 이기고 회심을 체험하는 것이다. 이런 경건주의적 회심 체험의 원형이 바로 프랑케가 뤼네부르크에서 체험한 것이다. 프랑케는 자신이 체험한 회심을 기록으로 남겼다.[18] 다른 사람도 그런 회심을 체험할 수 있도록 도와 주려는 이유에서였다.

회심 체험을 통해서 프랑케의 삶은 완전히 바뀌었다. 프랑케는 식자의 이상향을 버렸다. 그는 더 이상 학위를 위해 공부하지 않았다. 당시 프랑케는 일반 문학부의 석사 학위를 가지고 라이프찌히 대학에서 강사로 활동하고 있었다.

뤼네부르크에서 회심 체험 바로 뒤, 프랑케는 불타는 경건성을 가지고 라이프찌히로 돌아왔다. 친구 두 사람과 함께 프랑케는 대학교 안에서 성경을 연구하고 묵상하며 삶의 변화를 목표로 하는 경건 모임을 만들었다. 이런 모임들에서 신앙 각성이 일어나기 시작했다. 모임이 이 도시의 시민 사이에도 퍼지기 시작했다.

이런 가운데 프랑케를 중심한 이런 운동을 비난하는 사람들이 사람들이 생겼다. 반대자들은 프랑케를 중심하여 모이는 사람들을 비난하면서 "경건한 체하는 사람들"(Pietisterei) 이라고 불렀다. 이 때에 비로소 독일 전역에 경건주의라는 명칭이 퍼지게 되었다.

라이프찌히에서 신앙 각성이 일어날 때에 이 대학교에 요아힘 펠러(Joachim Feller)라는 수사학 교수가 있었다. 펠러도 프랑케를 따르는 사람이었다. 펠러는 비난받는 신앙적 각성 운동을 옹호하면서 다음과 같은 시를 지었다.

> 경건주의란 이름
> 이제 온 세상(도시)이 다 안다네
> 누가 경건주의자인가?
> 하나님 말씀을 연구하고
> 그 말씀대로 사는 사람이라네

우리는 이 시에서 경건주의가 가지고 있는 가장 중요한 특징을 발견한다. 하나님 말씀을 중심으로 하는 신앙이 그것이다. 먼저는 하나님 말씀을 연구하는 것이다. 이것은 신앙의 객관성을 뜻한다. 다음으로는 연구한 말씀을 삶의 현장에서 실천하는 것이다. 신앙의 주관적이며 체험적인 차원이다. 하나님 말씀을 신앙의 가장 높은 잣대로 삼았다는 점에서 경건주의는 종교개혁을 잇고 있다. 종교개혁이 가진 가장 중요한 사상을 계승하고 있는 것이다.

펠러의 시는 그 이후 경건주의에서 나타나는 커다란 두 가지 흐름을 갈라놓는 기준이 되기도 한다. 경건주의를 교파별로 나눌 때 루터파 경건주의와 개혁파 경건주의로 나눈다. 그러나 다른 한편 기성 교회에 대한 태도가 어떠냐에 따라 교회적 경건주의와 탈교회적 경건주의로 나눌 수 있다. 탈교회적 경건주의는 다른 말로 급진적 경건주의라고도 부른다. 하나님 말씀을 중심으로 하여 신앙의 객관성과 주관성 사이의 긴장을 유지한 것이 교회적 경건주의였다. 그러나 급진적 경건주의는 신앙의 객관성을 버리고 주관성을 선택했다. 개인의 경험이나 신비적 체험을 신앙의 최고 기준으로 삼았다. 이성이나 선천적 신앙심에 뿌리를 둔 개인의 내적 확신을 기독교의 잣대로 삼았다.

교회사에서 열광주의, 신비주의, 도덕주의 등은 흔히 자세히 알려지지도 않은 채 도매금으로 평가절하된다. 급진적 경건주의에서 이런 여러 가지 성향들이 다 나타난다. 한편 정통주의는 경건주의 흐름에서 신앙의 객관성이 위협 받는다고 보고 신앙의 객관성을 강하게 고집했다. 반면 신앙의 주관적인 측면을 소홀히 다루었다. 급진적 경건주의가 주관성 쪽으로 떨어졌다면, 정통주의는 객관성 쪽으로 떨어진 것이다. 교회적 경건주의는 이 둘 사이의 긴장을 유지하려는 흐름이었다.

교회 역사에서 경건주의에 대한 대부분의 오해는 경건주의 안에 있는 여러 흐름을 제대로 구별하지 못한 때문이다. 경건주의의 주된 흐름을 제대로 평가하지 못한 때문이다.

4. 오해: 경건주의에 관한 오해

성경에는 경건이란 단어가 많이 나온다. 대표적인 구절 가운데 하나가 이렇다:

> "망령되고 허탄한 신화를 버리고 오직 경건에 이르기를 연습하라 육체의 연습은 약간의 유익이 있으나 경건은 범사에 유익하니 금생과 내생에 약속이 있느니라."(딤후4:7-8)

그러나 신학사와 교회사에서 경건이란 단어는 오해를 받아왔다. 특히 경건주의는 더 크게 오해를 받아왔다. 서양이나 우리 나라에서 "경건" 또는 "경건주의"라는 단어는 많은 경우에 부정적으로 인식되고 있는 듯하다.

물론 경건이란 개념과 관련한 인상이 교파에 따라 다르고 신앙의 색깔에 따라 다를 것이다. 그러나 신학적인 논문을 보면 흔히 경건주의적 신앙 또는 경건주의를 이웃과의 관계는 생각하지 않고 나와 하나님과의 수직적인 관계에만 신경을 쓰는 신앙 유형과 같은 것으로 본다.[19] 더 나아가서 경건주의를 인본주의나 열광주의나 신비주의와 연결시켜서 내세지향적이며 개인주의적이며 기복적인 신앙 쪽을 뜻하는 부정적인 의미로 보통 사용한다.

한편 목회 현장에서는 상황이 얼마간 다르다. 경건주의에 대한 지식은 많지 않지만 어쨌든 경건한 신앙은 대단히 긍정적으로 생각된다. 목회 현장 전체가 일반적으로 경건이란 것을 긍정적으로 보지만 보수적인 교회일수록 더욱 그렇다. 이런 곳에서 경건은 흔히 금욕주의적이며 순종적이며 체제 유지적인 것으로 이해된다.

경건이란 말과 관련한 지나친 비난이나 지나친 찬양 모두가 경건주의가 오해받아온 역사를 다루어야 할 충분한 이유가 된다. 경건주의가 오해받아온 데는 교회사 안에서 구체적인 상황이 있다.

1) 경건주의와 각성운동 시대

경건주의는 넓게 1600년 즈음에, 좁게는 1670/75년에 시작된다. 그러나 경건주의가 언제 끝나는가에 대해서는 의견이 많다. 어떤 사람은 1600년 즈음부터 오늘날에 이르는 개신교의 신앙 흐름 전체를 경건주의를 중심으로 파악한다. 이 때 경건주의는 아직까지 끝나지 않은 운동이 된다.

유럽 독일어권을 중심으로 학계에서 『경건주의 역사』라는 제목으로 1600년 즈음부터 현대에 이르기까지 경건주의 전체 흐름을 서술하는 책을 출판하고 있는 것은 이런 견해와 관련이 있다. 네 권으로 기획된 가운데 지금까지 두 권이 출판되었다. 경건주의적인 사상의 연속으로 보면 경건주의는 오늘날까지도 계속된다고 볼 수 있다.

그러나 시대적 상황과 연관해서 역사적인 흐름 속에서 진행된 경건주의는 대략 1700년대 말쯤에 일단락되는 것으로 본다. 1800년대 초에 경건주의적인 각성이 다시 분출되는데, 이 때 일어난 신앙 각성은 17세기와 18세기에 진행된 경건주의와 다른 시대 배경을 가지고 있다. 영국에서 웨슬리를 중심으로 일어난 감리교 운동과 미국에서 조나단 에드워즈를 중심으로 일어난 각성 운동도 경건주의적인 흐름과 연관이 있지만, 독일을 중심으로 하여 대륙에서 일어난 경건주의와는 역사적인 배경이 다르다.

경건주의가 계몽주의에 눌리다가 다시 분출되는 것이 각성 운동이다. 경건주의와 각성운동의 구분을 이야기할 때 독일어권에서는 1700년대 말쯤에 경건주의가 끝나고 각성운동이 시작된다. 영어권에서는 영국에서 웨슬리의 회심 체험을 중심으로 일어난 운동과 미국에서 조나단 에드워즈를 중심한 운동을 각성 운동의 시작으로 본다. 그래서 각성 운동은 크게 독일어권과 영국과 미국을 모두 묶는 개념이다. 각성 운동은 여러 차례 그 파고가 일면서 1800년대 중반쯤에는 대각성운동으로 이어진다.

2) 알브레히트 리츨의 경건주의 연구 이후

경건주의 연구사에서 가장 중요한 사람 가운데 하나가 알브레히트 리츨이다. 리츨은 흔히 기독교를 도덕 윤리 체계로 분석한 사람이라고 많이 알려진 자유주의 신학자다. 그러나 리츨이 무려 십여 년 동안이나 경건주의 연구에 몰두했다는 사실을 알고 있는 사람은 그렇게 많지 않다.

1880년부터 1886년까지 리츨은 『경건주의 역사』(*Die Geschichte des Pietismus*)라는 제목으로 책 세 권을 펴냈다. 이 책은 두 가지 면에서 기념비적이다.

첫째, 범위가 매우 넓은 경건주의를 학자 한 사람이 일차 자료를 보면서 연구했다는 점이다. 경건주의는 워낙 범위가 넓기 때문에 경건주의 전체를 어느 한 사람이 원전을 읽어가면서 연구할 수 없다는 것이 오늘날 경건주의 연구에서는 상식이다. 리츨은 이 방대한 경건주의 원전을 읽어가며 『경건주의 역사』를 썼다.

둘째, 선입관을 가지고 경건주의를 너무 한 쪽으로만 보고 저술했다는 점에서 이 책은 또 기념비적이다. 리츨은 경건주의를 대단히 부정적으로 보았다. 리츨이 『경건주의 역사』를 쓰던 시기에도 경건주의를 리츨보다 훨씬 더 객관적으로 그리고 정확하게 평가한 사람들이 있었다. 그러나 리츨은 그 즈음에 워낙 유명했다. 리츨의 유명세를 타고 경건주의에 대한 부정적인 평가가 일반화되었다.

리츨 이후 시대에 형성된 경건주의에 대한 부정적인 판단은 거의 리츨에 그 뿌리를 두고 있다. 리츨은 경건주의 본질을 신비주의에서 찾았다. 그는 경건주의가 로마 가톨릭적인 신비주의에 뿌리를 두고 있다고 보았다. 리츨이 가진 신학적 입장에서 볼 때, 신비주의는 아주 부정적인 것이었다. 그러므로 리츨은 경건주의를 교회를 갱신한 운동이 아니라 퇴보 시킨 운동이라고 보았다. 경건주의를 보는 이런 시각은 리츨 이후 신학계에 계속 이어져 내려왔다.

그러나 자유주의 신학 진영에 있는 리츨만 경건주의를 비판한 것이 아니었다. 자유주의 신학 진영을 정면으로 공격했던 바르트 쪽에서도 경건주의를 공격했다. 평생 동안 같은 신학적 방향을 추구했던 바르트와 투르나이젠이 경건주의를 혹독하게 비판했다. 투르나이젠은 『목회학 원론』에서 경건주의를 인본주의와 혼합주의로 보면서 신랄하게 비판했다. 바르트나 투르나이젠은 경건주의가 계시 대신에 사람의 경험을 더 중요한 기준으로 삼는다고 보았다. 그러나 바르트나 투르나이젠이 살았던 시대의 경건주의적 흐름은 교회사적인 구분으로 볼 때 경건주의가 아니라 각성 운동의 흐름 가운데 하나였다.

경건주의는 처음에 교회를 갱신하려는 운동으로 시작되었다. 많은 부분 정통주의에 대한 반대 명제를 걸고 나왔다. 그러나 경건주의가 교회 안에 정착되면서 경건주의는 쌓아 놓은 기득권을 지키려는 모양을 띠게 된다. 이런 과정은 교회사 안에 있는 그 어떤 운동이나 흐름에서 언제나 마찬가지다. 처음에 갱신을 위해 일어난 운동이 기득권을 쥐게 되면서 그것을 누리려는 식으로 굳어지는 것이다.

경건주의도 이와 비슷한 길을 걸었다. 그리하여 1710년대를 넘어서면서 경건주의는 독일의 루터파 안에서 막강한 기득권을 쥐게 되었다. 특히 프로이센 제국에서 그랬다. 1720년대에 독일에서는 계몽주의가 본격적으로 시작되었다. 처음에는 경건주의와 계몽주의에 속한 사람들이 서로 같은 관심사를 가지고 있다고 생각했다. 이 둘이 함께 정통주의와 싸웠다. 그러나 곧 경건주의와 계몽주의가 같은 배를 탈 수 없음을 깨닫게 되었다. 경건주의는 계몽주의와 격렬하게 부딪쳤다. 정통주의를 개혁하려고 일어난 경건주의에 계몽주의가 또 다른 개혁 세력으로 도전하게 된 것이다.

이런 상황에서 경건주의는 처음에는 개혁 세력이었으나 나중에는 수구 세력으로 자세를 바꾸게 된다고 볼 수 있다. 경건주의는 그 당시의 계몽주의와 계몽주의에 뿌리를 두고 시작되는 자유주의 신학에 대해 보수적이고 방어적인 자세를 취했다. 이러면서 경건주의는 율법주의적이며 방어적인 모습도 띠게 되었다.

3) 제2차 세계대전 이후

제2차 세계 대전이 끝날 무렵부터 경건주의 연구에서 새로운 전기가 시작되었다. 1943년에 쿠르트 알란트(Kurt Aland)가 경건주의 창시자 스페너를 연구하여 박사 학위 논문을 썼다. 알란트는 리츨로부터 이어져 오는 경건주의에 대한 관점과는 달리 새롭게 경건주의를 평가하였다. 비슷한 시기에 마틴 슈미트(Martin Schmidt)라는 저명한 교회사 학자가 역시 경건주의 분야 연구로써 학문 활동을 시작했다.

알란트와 슈미트 두 사람은 리츨과는 다른 입장에 서 있다. 리츨은 경건주의가 교회를 퇴보시켰다고 보았지만, 알란트와 슈미트는 경건주의가 교회를 갱신시키고 새롭게 한 운동이라고 평가했다.

한편 경건주의가 어디에 뿌리를 두고 있느냐에 대해서 두 사람 사이에는 차이가 있다. 알란트는 경건주의가 스트라스부르크의 루터파 정통주의에 뿌리를 내리고 있다고 보았다. 그러나 슈미트는 리츨과 같이 경건주의가 신비주의에 뿌리를 두고 있다고 보았다

알란트는 나중에 신약 성경 원문 쪽으로 연구 중심을 옮겼다. 마틴 슈미트는 평생 경건주의 연구에 몰두했다. 슈미트는 웨슬리의 두 권으로 된 웨슬리 전기를 쓰기도 했다. 특히 영국의 감리교 운동이 독일 쪽의 경건주의 운동과 어떤 연관이 있는가에 대해서 슈미트가 저술한 웨슬리의 전기는 아주 많은 점을 가르쳐 준다.

1960년대 중반까지 경건주의 연구에서는 거의 슈미트 견해가 지배적이었다. 이 시기에 영어권에서도 경건주의 연구에

참여한 학자들이 있었지만 전체적으로 볼 때 매우 적었다. 영어권에서는 오늘날까지 마틴 슈미트가 경건주의를 보았던 견해를 일반적으로 받아들이고 있다고 볼 수 있다. 개론서나 사전류의 책에서 특히 그렇다.

4) 1964년 이후

1964년에 경건주의 연구에서 아주 획기적인 일이 있었다. 독일어권의 교계와 신학계가 함께 "경건주의 연구를 위한 역사위원회"(Historische Kommission zur Erforschung des Piestismus)를 조직한 것이다. 이 위원회는 경건주의를 역사적으로 정확하게 평가하고 경건주의적 전통을 오늘날 교회에 살아 있게 하기 위해서 조직되었다.

1964년부터 현재에 이르기까지 30여 년이 넘는 기간 동안 경건주의 연구의 르네상스라고 표현할 정도로 경건주의 연구가 진척되었다. 연구의 분량에서 그렇고 내용에서도 경건주의에 대한 이전의 연구 결과가 많이 수정되었다.

이 기간에 경건주의 연구를 주도한 가장 중요한 학자가 독일 보쿰 대학교의 요한네스 발만(Johannes Wallmann) 교수다. 발만은 경건주의 창시자 스페너에 대해서 책을 썼다: 『필립 야콥 스페너와 경건주의의 출발』(1970).[20] 보쿰대학교에 교수 자격 취득 논문(Habilitation)으로 1968년에 제출된 이 저술은 교회사에서 뿐만 아니라 17세기를 연구하는 일반 역사학계에서도 큰 반향을 일으켰다. 이 책은 경건주의를 연구하기 위해서는 반드시 읽어야 하는 고전으로 평가받고 있다.

발만은 스트라스부르크 정통주의의 실체를 밝히면서 루터

파 경건주의가 얼마나 깊게 여기에 연결되어 있는가를 밝혔다. 그러나 다른 한편으로 정통주의에서 구분되는 경건주의에만 있는 독특한 사상은 개혁파 쪽의 급진적 집단으로부터 왔음을 논증했다. 발만은 그때까지 몰랐던 많은 사료를 발굴하였다. 정확한 사료에 근거하여 발만은 알란트와 슈미트를 넘어서서 경건주의 연구의 새로운 장을 열었다

오늘날 경건주의 연구에서 경건주의가 교회를 갱신한 긍정적인 운동이었다는 점에 대해서는 다른 견해가 없다. 경건주의가 신비주의적이란 견해도 많은 부분 정리되었다. 급진적 경건주의 안에서는 명백하게 신비주의적인 집단들이 있었다.

그러나 경건주의의 주된 흐름인 교회적 경건주의는 신비주의를 나름대로 해석하면서 받아들였다. 신비주의에서 명상적이고 관상적인 점은 멀리했고, 신비주의 안에 있는 단순성과 실천적인 면에 관심을 가졌다. 곧 경건주의가 가졌던 신앙 실천이라는 관심과 맞는 부분을 받아들였던 것이다.

5. 구상: 경건주의의 본디 특징

1) 『경건한 소원』(Pia Desideria, 1675)의 저술 배경

　이제 경건주의가 가진 원래의 특징이 무엇인지 살펴볼 차례가 되었다. 경건주의가 가졌던 가장 근본적인 문제 의식은 무엇인가? 경건주의의 방향 제시서인 『경건한 소원』에 따라서 경건주의가 가진 본디 특징을 알아본다.
　『경건한 소원』은 크게 서문과 본론으로 나눌 수 있다. 스페너 1675년 봄에 본론을 썼고 서문은 같은 해 가을에 썼다. 서문과 본론이 6개월 차이가 나게 된 까닭은 다음과 같다.
　『경건한 소원』을 쓸 즈음 스페너는 프랑크푸르트 시의 수석 목사였다. 프랑크푸르트는 중세 때부터 이미 박람회가 열리던 상업 도시였다. 일년에 봄과 가을 두 번 박람회가 열렸고 거기에 책 시장도 같이 열렸다. 1675년 봄 책 시장에 그 도시의 출판업자였던 요한 다비드 쥰너가 요한 아른트의 설교집을 출판했다. 쥰너는 아른트 설교집을 출판하면서 그 설교집을 위한 서문을 스페너에게 부탁했다. 스페너는 이 부탁을 받고 그 동안 목회하는 가운데 교회의 타락을 보면서 마음에 품었던 생각을 서문에 다 쏟아 놓았다. 교회 갱신론을 펼친 것이다. 스페너가 쓴 서문은 2절지 28쪽 분량이었다. 당시에 서문이란 글 양식은 오늘날처럼 그저 간단하게 책을 소개하는 정도가 아니었다. 서문은 자기 사상을 본격적으로 펼칠 수 있는 본격적인 저술 양식 가운데 하나였다.
　아른트 설교집은 그 해 봄 책 시장에서 잘 팔렸다. 특히 스페너가 쓴 서문에 대한 반응이 좋았다. 사람들이 스페너가 쓴 서문만 따로 단행본으로 출판해 달라고 요청했다. 그래서 같은 해 가을 책 시장에 이 서문이 단행본으로 출판되었다. 아른트 설교집 서문이 이제 단행본의 본론이 된 것이다. 그 때 붙은 제목이 바로 『경건한 소원』이다. 단행본으로 출판될 때 스페너가 단행본 출판을 위해 서문을 썼다. 이 서문부터 살펴보자.

2) 서문

『경건한 소원』 서문은 지금까지 연구에서 별로 주목을 받지 못했다. 그러나 『경건한 소원』을 제대로 이해하기 위해서는 서문을 깊게 살펴야 한다. 먼저, 『경건한 소원』 서문이 본론보다 6개월 뒤에 쓰였음을 생각해야 한다. 스페너는 약 반 년 동안 자신이 쓴 『아른트의 복음서 설교집』 서문에 대한 독자들(교계와 신학계)의 반응을 겪고 나서 『경건한 소원』 서문을 쓴 것이다

『경건한 소원』의 서문은 두 가지 때문에 매우 중요하다. 먼저 이 서문은 『아른트의 복음서 설교집』 서문에 대한 스페너 자신의 해석이다. 스페너는 『경건한 소원』 서문에서 『아른트의 복음서 설교집』 서문을 스스로 분석하며 그 기본 구상을 밝히고 있다. 다음으로 스페너는 『경건한 소원』 서문에서 『아른트의 복음서 설교집』 서문 곧 『경건한 소원』 본론을 함축적으로 요약하고 있다. 본론은 교회가 병든 것을 진단과 예측과 처방의 세 부분으로 기술하고 있는데, 이 세 가지가 서문에 요약되어 있다.

스페너는 서문에서 의학 용어를 사용하면서 교회를 분석한다. 그리스도의 고귀한 몸인 교회는 병들어 있고, 그래서 처방약이 필요하다. 교회의 병든 상태 언급은 본론의 첫번째인 진단 부분을 가리킨다. 처방약에 대한 내용은 교회 갱신을 위한 구체적 제안이 담긴 셋째 부분을 가리킨다. 교회 갱신에 참여하는 일이 결코 쉽지 않고 그래서 인내가 필요하지만, "우리가 기다릴 때 하나님의 시간은 오고야 만다!"[21]

교회 갱신을 위하여 사람이 노력해야 하지만 갱신은 궁극적으로 하나님 주권에 달린 것이다. 이러한 언급에서 독자는 교회의 장래 희망을 다루고 있는 본론의 두 번째 부분 곧 진단 부분의 내용을 듣는다. 서문 전체를 꿰뚫고 있는 주제가 "실천"임은 명백하다. 교회의 병을 고칠 수 있는 처방약과 수단을 찾아내는 것이 다가 아니다. 그것을 실천에 옮겨야 한다.

스페너는 교회를 이론적으로 또는 신학적으로 분석하고 해석하려고 하지 않는다. 독자들을 교회 갱신에 참여하도록 호소하여 교회를 새롭게 만들려는 것이 스페너의 목적이었다. 스페너가 서문의 약 1/3을 "우리 같이 … 합시다"[22] 하는 표현을 사용한 것도 실천을 겨냥한 그의 마음을 잘 보여준다.

스페너는 서문에서 교회 갱신을 실천에 옮기기 위한 기본 구상을 밝힌다. 교회 안에서 경건하게 살려는 사람들을 먼저 모으는 것이다. 목회자가 이들에게 우선권을 두고 이들을 먼저 양육하여 신앙의 본이 되게 하고 이로써 교회 전체를 개혁해 나간다는 것이다.

"무엇보다도, 자신의 신앙 성장에 필요한 것을 기꺼이 하려는 사람들을 위해 우리를(목회자들: 역자) 헌신합시다. 각 목회자들이 개교회에서 다른 사람보다도 이런 사람들을 먼저 양육하여 이들의 구원의 분량이 점점 성장해서 나중에는 이들의 본이 다른 사람들에게 영향을 미칠 정도가 되도록 일합시다. 이렇게 해서 지금은 잃어버린 것처럼 보이는 사람들을 하나님의 은혜로써 점점 가까이 끌 수 있게 되며 결국에는 그들도 구원시킬 수 있게 될 것입니다. 나의 모든 제안은 목회자가 자기 신앙 성장에 관심이 있는 이런 사람들을 먼저 돕고 이들의 신앙 성장에 필요한 모든 일을 다 한다는 것을 목표로 삼고 있습니다. 이 일이 되어서 그래서 기초가 놓이면 불순종하는 사람을 위해 쏟는 노력에서 우리는 더 많은 열매를 거둘 수 있게 될 것입니다."[23]

서문 이 부분은 『경건한 소원』 전체의 핵심이며 요약이다. 경건주의가 교회를 갱신하려던 방법이 여기에 고전적으로 표현되어 있다. 정통주의가 법적인 치리를 통하여 전체 교회를 한꺼번에 개혁하려고 하였다면, 경건주의는 경건한 사람들의 자발적인 헌신을 통하여 누룩이 퍼지듯이 교회를 개혁하려고 하였다.

3) 본론

본론은 다음과 같이 셋으로 나뉜다.

(1) 교회의 현재 상태를 진단함

그 결과는 교회가 철저하게 타락되어 있다는 것이다. 타락한 까닭은 참되고 살아있는 믿음이 없기 때문이다.

(2) 교회의 장래 상태를 예측함

현재 교회가 철저하게 타락했지만 하나님께서 교회에 지금보다 더 나은 상태를 약속하셨다. 성경에서 이 사실을 알 수 있다. 교회는 이 약속 때문에 희망을 가질 수 있다.

(3) 교회 개혁을 위하여 처방함

스페너는 교회를 갱신하기 위하여 구체적으로 여섯 가지를 제안한다.

본론의 세 부분인 진단, 예측, 처방은 서로 밀접하게 연관되어 있다. 가장 짧은 중간 부분이 셋 가운데에서 아주 중요한 역할을 한다. 마치 문의 돌쩌귀와도 같은 역할을 하고 있다. 교회가 타락했지만, 그래도 교회에게는 희망이 있다. 하나님께서 성경에서 지금보다 더 나은 상태를 교회에 약속하셨기 때문이다.

교회의 타락 상태를 철저히 파헤친 다음에는 절망할 수도 있다. 교회가 너무 심하게 타락했기 때문이다. 또는 교회의 타락을 실천과는 상관 없이 이론적으로만 분석할 수도 있다. 그러나 교회의 현재 상태를 진단한 첫 부분은 그렇게 끝날 수 없다. 둘째 부분의 희망 때문이다. 교회에 주어진 희망의 약속 때문에 그리스도인은 용기를 가질 수 있고, 또 그 희망을 이루는 일에 참여해야 한다

교회가 그토록 타락했다는 것을 알고 나면 이런저런 구체적인 갱신 방법을 제안하는 것이 의미 없는 것으로 보일 수도 있다. 그런 갱신에 참여하는 것은 더더욱 마찬가지다. 그러나 교회 갱신에 대한 구체적 제안이 담긴 셋째 부분은 공

허한 외침으로 끝나지 않는다. 둘째 부분의 희망 때문이다. 교회 갱신을 위해 제안하는 것은 정당하고 또 의미 있다. 하나님께서 교회가 갱신된다고 약속하셨기 때문이다.

하나님 말씀이 교회 갱신의 "가능성"을 보장한다. 갱신을 위한 제안의 "의미성"은 하나님의 말씀에 그 뿌리를 내리고 있다. 이로부터 교회 갱신을 위한 일에 참여해야 한다는 "당위성"을 말할 수 있다. 둘째 부분은 교회 갱신에 참여하라는 호소다. 이렇게 하여 둘째 부분의 희망론은 첫째와 셋째 부분을 떨어지지 않게 이어 본론 전체를 하나로 만든다.

첫째 부분—현재의 타락한 교회 상태를 진단함

스페너는 교회가 타락했음을 "증명"하지 않는다. 루터파를 비롯하여 개혁파, 로마 가톨릭, 동방 정교회가 모두 타락했음은 자명한 것이었다. 그래서 스페너는 예레미야의 통곡을(렘 9:1) 들면서 본론을 연다.

> "어찌하면 내 머리는 물이 되고 내 눈은 눈물 근원이 될꼬 그렇게 되면 살륙 당한 내 백성을 위하여 주야로 곡읍하리로다."[24]

교회가 타락한 "원인"을 밝혀 내는 것이 스페너의 목적이었다. 교회가 타락한 원인을 진단하는 스페너는 마치 광산 막장에서 광맥을 찾아 지칠 줄 모르고 땅을 파헤치는 광부와도 같다. 스페너는 겉으로 드러나는 원인보다 속에 숨겨진 원인을 찾아 들어간다. 신앙이 없는 사람도 짚어낼 수 있는 것이 아니라 믿음의 눈으로 볼 때에만 드러나는 근본 원인을 추적한다. 교회가 타락한 가장 근본적인 원인을 교회를 사회학적으로 분석함으로써가 아니라 신학적으로 분석함으로써 파헤쳐간다.

전체 기독교가 타락했음을 말하면서 스페너는 분석 대상을 곧 복음적 교회(Evangelische Kirche) 곧 루터파 교회로 좁힌다. 루터파 교회가 타락하여 비참하게 된 것은 두 가지 때문이다. 첫째는 육체적인 것으로서 페스트와 굶주림과 전쟁 등이다. 스페너는 이것들을 하나님의 심판으로 보면서 동시에 하나님의 배려로 본다. 그러나 두번째 것은 첫번째 것보다 더 무섭고 위험한 것으로서, 영적인 타락이다. 스페너는 영적인 문제를 더 중요하게 생각했다.

영적인 비참함에는 다시 두 가지 원인이 있다. 하나는 외부로부터 오는 로마 가톨릭의 박해이며, 다른 하나는 교회 자신의 잘못이다. 스페너는 외부의 박해를 주변적인 것으로 보아 옆으로 미루어 놓고 교회 자체의 죄악을 분석하는 데 집중한다. 교회 타락을 분석하면서 스페너는 당시의 루터파가 사회를 구분하는 삼계층론을 따른다. 곧 사회 계층을 세속 정치가와 성직자와 평민으로 나누는 것이다.

스페너는 각 계층의 타락상을 들추어낸다. 세속 정치가에게는 교회를 보호하고 육성할 책임이 있다. 그러나 많은 정치가들이 교회에 대한 선한 관심은커녕 자기의 사리 사욕을 채우기에 정신이 없다. 이런 정치가의 타락상은 어쩌면 당연한 것이다. 스페너가 보기에 더 큰 문제는 다른 데 있었다. 교회를 위하여 애써서 일해 보려는 정치가들조차도 타락했다는 것이 더 큰 문제다.

성직자의 타락도 두 가지로 나뉜다. 다른 사람과의 관계에서 드러나는 것과 스스로의 상태에서 타락한 모습이다. 더 문제가 되는 것은 물론 나중 것이다. 성직자들 스스로가 참되고 살아 있는 믿음을 알지 못한다는 것이다.

평민의 타락도 둘로 구분된다. 일반적인 삶에서의 타락상과 하나님을 섬기는 일에서의 타락상이다. 스페너는 하나님을 섬기는 데에서 드러나는 타락을 더 큰 문제로 본다

스페너는 모든 계층이 타락한 근본 원인을 "참되고 살아 있는 믿음"(der wahre bzw. lebendige Glaube)이 없는 데서 찾았다. 스페너는 여기에서 루터를 따른다. 루터는 『로마서 서문』에서 살아 있는 믿음을 말했다. 살아 있는 믿음이란 실제적으로 삶을 변화시키며 열매를 맺게 하는 믿음을 말한다. 스페너는 참되고 살아있는 믿음을 바른 교리와 그에 따른 열매가 동시에 있는 것으로 보았다. "교리 + 삶"인 것이다. 스페너가 보기에 루터파 교회에는 이 둘 가운데 삶이 빠져 있었다. 스페너가 루터파 교회의 타락을 분석하면서 교리의 타락을 말하지 않는다는 것을 주의깊게 보아야 한다. 스페너는 루터파 교회가 가진 교리에는 문제가 없다고 생각했다. 바른 교리에 걸맞은 삶이 없는 것이 문제였다.

둘째 부분—미래의 영광스러운 교회 상태를 예측함

스페너는 성경에 근거하여 "하나님께서 당신의 교회에게 이 지상에서 이루어질 더 나은 상태를 약속하셨다"고[25] 믿었다. 성경에는 주님의 재림 말고도 아직 성취되지 않은 예언이 두 개 있다. 하나는 많은 유대인이 개종한다는 것이며, 다른 하나는 바벨론(로마 가톨릭 교회)이 멸망한다는 것이다. 이 두 예언이 성취되면 곧 이어서 교회의 영광스러운 상태가 올 것이다. 스페너가 『경건한 소원』에서 "더 나은 상태", "영광스러운 상태" 등으로 조심스럽게 표현한 것은 천년왕국을 뜻한 것임이 분명하다.

스페너는 주님께서 재림하시기 전에 있을 "교회의 더 나은 상태"를 말하면서 다른 사람들이 자신을 완전론자라고 비난하리라는 것을 예상한다. 이 때문에 스페너는 자신이 생각하는 그리스도인의 완전론과 교회의 완전론을 전개한다. 스페너는 절대적 완전을 거부한다. 그는 초대 교회를 보기로 들면서 가라지가 있더라도 알곡이 풍성하여 가라지가 영향을 미치지 못하는 상태를 교회가 이 땅에서 도달할 수 있는 완전이라고 하였다. 참되고 살아 있는 믿음이 왕성하게 활동하는 상태가 곧 완전의 상태인 셈이다.

이렇게 볼 때 스페너는 교회의 희망을 두 가지로써 보증하고 있다. 하나는 성경의 예언이며, 다른 하나는 역사상에 있었던 초대 교회의 보기다.

셋째 부분—교회 갱신을 위해 여섯 가지 방법을 제안함

교회 갱신을 위해 스페너가 제시하는 여섯 가지 방법은 모두 참되고 살아 있는 믿음을 살리기 위한 것이다.[26]

첫째는 하나님 말씀을 더 풍성하게 하자는 것이다. 하나님 말씀이 교회 갱신의 핵심이다. 스페너는 성경 일부분만을 포함하는 당시의 "교회력 성구"를 비판한다. 모든 사람이 성경의 모든 책을 알아야 한다. 이를 위하여 스페너는 신앙 성장을 위해 마음이 열려 있는 사람들의 작은 모임 곧 경건 모임을 제안했다. 성경의 근거 구절은 고린도전서 14장이었다. 스페너는 이런 작은 모임을 1675년에 쓴 한 편지에서 "교회 속의 작은 교회"(Ecclesiola in ecclesia)라고 표현했다. 교회사적으로 이 표현은 스페너가 처음 쓴 것이다. "말씀을 풍성하게"라는 첫번째 제안은 나머지 다섯 제안 모두를 꿰뚫고 있는 기본 원리이기도 하다.

두번째 제안은 만인 제사장직을 부지런히 실천하는 것이다. 스페너는 이것을 "영적 제사장직"이라고 나름대로 표현한다. 스페너는 루터가 발견한 이 진리가 그동안 제대로 실천되지 않았음을 지적한다. 평신도와 목회자는 경쟁이나 대립 관계가 아니라 서로 돕는 관계에 있다. 목회자가 자신에게 맡겨진 일을 제대로 하지 못하는 까닭은 평신도의 도움이 없기 때문이다. 영적 제사장직을 실천하는 가운데에서 가장 중요한 것이 성경을 읽고 묵상하며 서로 나누는 것이다.

세번째는 기독교가 지식 체계가 아니라 실천적인 삶에 관계된 것임을 알아야 한다는 것이다.

밀접하게 연관된 것으로서 네번째 제안이 이어진다. 스페너는 당시 정통주의 시대에 한껏 유행이던 종파간의 논쟁을 비판하면서 교리적 논쟁이나 변증보다 기독교의 근본 덕목인 사랑이 더 먼저임을 강조한다.

다섯번째는 신학 교육 개혁에 관한 것이다. 신학은 단순한 학문이나 지식의 체계가 아니다. "신학의 본질은 실천에 있다"(Theologia ist habitus practicus).[27] 스페너의 뜻을 밝혀 내 나름대로 말해보자면, 신학 교수는 "대학교의 목회자"다. 신학 대학은 교회의 목회자를 길러내는 모판과도 같은 곳이다. 참된 그리스도인 목회자를 길러내기 위해서 신학 교수들이 먼저 본이 되어야 한다. 신학 교육에서 지식 습득이나 학업 성적보다 경건한 삶과 신앙 성품을 훈련하는 데 더 큰 비중을 두어야 한다.

스페너는 신학 교육에서 학문적인 전문성과 깊이가 필요함을 결코 부정하지 않는다. 그러나 거룩한 삶을 훈련하는 것이 학문성보다 더 중요하다고 본다. 당시 신학 교육의 라틴어 토론을 비판하면서 스페너는 독일어를 쓸 것을 주장한다. 라틴어로만 토론한 학생들이 목회 현장에 나가서 상황에 적절한 독일어 표현을 찾는 데 어려움을 겪기 때문이다. 신학과 목회의 연결을 말한 경건주의의 신학 이해가 이 점에서도 잘 나타난다. 교파간의 교리 논쟁에서 절정에 이른 "교의학 중심"을 비판하고 "성서 주석 중심"을 주장한 것도 경건주의의 대표적인 특징이다. 스페너는 참다운 신학 교육을 위해서 대학에서 경건 모임을 가질 것을 제안한다. 기본 원리는 첫째 제안에 있는 경건 모임과 같다

마지막 제안은 신학 교육에서 목회를 위한 훈련을 해야 한다는 것으로서 주로 설교에 관해서다. 스페너는 설교 강단을 이렇게 정의했다.

> "설교 강단은 자신의 지식을 뽐내며 자랑하는 곳이 아니라 하나님의 말씀을 단순하게, 그러나 강력하게 전파하는 곳이다."[28]

그때는 예술사적으로 바로크 시대였다. 설교 강단에 문장의 조직학과 화려한 수사학이 넘치고 있었다. 스페너의 강한 비판은 그때의 이런 세류를 향한 것이었다. 스페너는 설교 갱신을 다루면서 아주 중요한 것을 말했다. 그는 속사람 또는 내적 사람을 변화시키는 것이 설교의 목적이라고 보았다. 속사람이 변한다는 것은 근본적으로 새롭게 된다는 것을 말한다. 그래서 실제 생활 전체가 바뀐다는 것을 말한다. 설교는 지식을 주기 위한 것이 아니고 감정만 불러 일으키는 것도 아니다. 속사람이 근본적으로 변화시켜 삶 전체를 새롭게 만들기 위한 것이다.

스페너의 여섯 가지 제안을 총체적으로 종합해 보자. 스페너는 전반적으로 기독교의 본질을 지식이 아니라 실천에서 찾았다. 이 실천은 도덕적이고 윤리적인 실천이 아니다. 스페너는 도덕적인 실천과 예수 그리스도를 믿는 살아 있는 믿음에서 나오는 신앙적 실천을 명백하게 구분한다. 하나님의 말씀에 근거한 신앙에서 나오는 실천이 스페너가 제시한 교회 갱신의 길이다.

6. 오늘: 경건주의의 교훈과 한국 교회

1) 한국 교회의 과거

　1907년에 일어난 평양 대부흥운동은 한국 교회사에서 중요한 매듭이다. 평양 대부흥운동은 1903년에 원산에서 있었던 선교사들의 모임에서 발단되었다. 중국에서 일하던 미국 감리교의 여자 선교사 화이트와 역시 중국에서 활동하던 스웨덴 선교사 프란슨이 1903년에 한국에 왔다. 이들은 원산에서 감리교 선교사들과 함께 일주일 동안 사경회를 가졌다. 여기에 장로교와 침례교 사람들까지 참석했다. 이 자리에서 캐나다 사람인 의료 선교사 하디가 은혜를 체험했다. 자신의 잘못을 사람들 앞에서 간증했다. 하디는 자신의 선교가 실패했음을 고백하면서 누가복음 11:13의 말씀에서[29] 새 힘을 얻었다고 간증했다.

　선교사들의 이 집회가 뿌리가 되어 1904년에 원산과 평양에서 1906년에 평양과 목포에서 부흥의 불길이 일었다. 대한매일신보는 1905년 2월 13일자 신문에서 1905년에 평양과 목포에서 있었던 부흥운동을 이렇게 보도했다.

> "음력 11월 20일(양. 1904. 12. 26) 경에 평양 야소 교회당에서 성경공부를 시작할제 평양 량도의 일반 교인들이 구름가치 모혓난대 그 시에 착한 사업에 경영이 만하 회당 교회는 익익 왕성한다 하더라."[30]

　이 불길이 계속 이어졌다. 1907년 1월 6일 평양에서는 해마다 있는 신년 사경회가 열렸다. 여기에서 큰 성령의 역사가 있었는데, 앞을 못 보는 길선주 목사가 주 강사였다. 이것이 저 유명한 평양대부흥운동이다. 1908년 감리교의 해리스 감독은 미국 볼티모어에서 열린 미감리교 4년차 총회에 한국의 대부흥운동에 대하여 다음과 같이 보고했다.

> "이 부흥 운동의 효과는 전적으로 훌륭했다. 즉 교회의 신앙 수준은 더 높아졌고, 미리 자상한 성경 교육이 있었으므로 광신은 거의 없었고, 정신이상 같은 경우는 하나도 없었고, 수천 명의 신도가 올바른 마음의 자세를 세웠고, 다수인에게 성직의 소명을 받게 하였고, 그보다 더 많은 교회들이 성경 말씀을 공부하려고 무려 2천 명의 대집회가 한 장소에서 거행되었으며, 수천 명이 글읽기를 배우고 기독교를 알아보려고 문의하며 술주정꾼, 도박꾼, 오입쟁이, 살인 강도, 독선적인 유교인들, 구태의연한 불교도들, 여러 천명의 잡신을 섬기는 사람들이 다 그리스도 안에서 새 사람이 되었으니 옛 것은 지나가고 말았다."[31]

평양 대부흥운동에 대한 교회사가들의 평가는 긍정적인 것과 부정적인 것으로 나누어진다. 부정적으로 평가하는 이유는 이 부흥운동이 한국 교회를 비정치화시켰다는 것이다. 교회의 비정치화는 선교사들도 바라고 있던 것이었다. 선교사들은 한국 교회가 민족운동과 독립운동을 벌이는 것을 싫어했다. 이런 움직임이 한국 교회 성장에 방해가 된다고 보았다. 실제로 교회의 비정치화가 1907년 부흥운동을 통해 일어났다고 보아야 한다. 평양 대부흥운동이 일어난 후에 교회 안에 있던 많은 민족주의자들이 교회를 떠난 것이 이를 입증한다.

대부흥운동의 긍정적인 점은 한국교회가 이 부흥운동을 통해서 신앙적 정체성을 갖게 된 점이다. 이런 신앙적 자기 정체성이 이후에 계속되는 일제의 강압 통치에서 한국 교회를 견디게 한 힘을 주었다.

그러나 평양 대부흥운동을 긍정적으로 평가하든 부정적으로 평가하든 교회사 학자들이 평양 대부흥운동에 대해 공통적으로 인정하는 점은 이 운동의 신앙적 틀이 경건주의적이라는 것이다. 앞에 인용한 두 기록에는 몇 가지 공통점이 있다. 첫째, 성경 공부가 있었고 이를 통하여 신앙적 감화와 회심이 있었다. 둘째, 이런 신앙 체험이 구체적인 삶의 변화로 이어졌다. 술주정꾼, 오입쟁이, 도박꾼, 강도 등이 구체적으로 변화되었다. 셋째, 수적인 성장이 뒤따랐다. 이 세 가지 가운데 앞의 두 가지는 전형적인 경건주의의 특징이다. 경건주의는 하나님 말씀 운동이며 삶의 변화를 목표로 하는 생활 실천 운동이었다.

2) 한국 교회의 현재

오늘날 한국 교회의 위기를 여러 가지로 진단할 수 있을 것이다. 그 가운데서 가장 큰 문제는 말은 많지만 거기에 따른 실천은 없다는 것이다. 그리스도인들이 성경에 나오는 좋은 이야기를 하지만 그 말씀대로 살지 않는다. 한국 사회가 교회와 그리스도인을 신뢰하지 않는 이유 가운데 가장 큰 이유가 이것이다.

1895년에 을미사변이 일어났다. 일본 깡패들이 기울어가는 슬픈 나라 조선의 왕비를 칼로 사정없이 찔러서 불태워 죽였다. 이 절박한 상황에서 고종 황제는 "거기 밖에 기독교인 누구 없느냐?" 하고 외쳤다고 한다.

오늘날은 어떤가? 오늘날 도덕과 윤리는 말할 것도 없고 정치, 경제, 사회, 문화 등 삶 전체가 위기에 빠져 있다는 것이 일반적인 진단이다. 이와 같은 총체적인 위기 속에서 한국 사람들은 어디를 향하여 구원을 요청하는가? 교회나 기독교인을 부르는가? 101년 전에 기독교인은 고종의 희망이었다. 그때 고종 황제가 불렀던 그런 유형의 기독교인은 오늘날 어디에 있는가?

사회가 다 썩었어도 그래도 교회를 보니 희망이 있다고 말할 수 있는가? 이 나라 사람들이 정치가들이 다 썩었어도 예수 믿는 정치가는 다르다고 보는가? 기업가들이 모두 돈벌이에만 눈이 벌개져 있는데 그래도 예수 믿는 기업가는 무언가 다르다고 사람들이 보는가? 우리는 "하나님, 우리를 불쌍히 여기옵소서!"라고 기도할 수밖에 없다. 사람의 말은 풍성한데 삶을 변화시키고 삶 전체를 예수 그리스도 닮게 하는 하나님 말씀은 드문 것이 문제다.

7. 내일: 21세기와 "열린 경건"

1) 21세기를 보는 상반된 두 가지 시각

21세기는 내용적으로는 벌써 시작되었다고 볼 수 있다. 요즘음 사회에서 뿐 아니라 교회에서도 21세기에 대한 이야기가 유행이다. 각 출판사나 잡지마다 21세기를 특집으로 잡아 기획물을 만들지 많은 곳이 거의 없을 정도다.

21세기를 바라보는 두 가지 상반된 시각이 있다. 첫째는 한국 교회가 세계 선교의 주역을 담당하리라는 예측이다. 둘째는 한국 교회의 타락이나 감소 현상 등을 이야기하면서 서구 교회가 빈 것처럼 한국 교회도 빌 것이라고 보는 시각이다. 이 두 가지는 나름대로 가능성을 가지고 있다. 이 둘 가운데 어떤 예측이 현실로 되느냐는 앞으로 몇 년을 어떻게 보내느냐에 따라서 많이 좌우될 것이다. 희망과 절망이 엇갈리는 이런 두 가지 시각 속에서 한국 교회는 21세기를 열어 가야 할 책임과 의무를 가지고 있다.

2) "열린 경건"

우리는 지금까지 경건주의를 살피면서 경건주의가 발생했던 당시의 시대 상황과 오늘날 한국의 시대 상황 사이에 굉장히 많은 유사점이 있음을 보았다. 경건주의가 시작할 때 가졌던 문제 의식은 오늘날에도 여전히 필요하다. "경건"이란 단어가 지금까지 너무나 좁고 고지식한 단어로 인식되어 왔다면 그 앞에다 "열린"이라는 말을 붙이면 좋을 것이다. 사실 성경에서 말하는 경건이란 개념은 언제나 열려 있는 것이다. 경건은 하나님과의 관계만이 아니라 이웃과의 관계도 그 안에 포함하고 있다. 더 나아가서 삶의 여러 가지 환경과의 관계도 경건이란 말 안에 포함된다.

성경은 경건을 선택 사항으로 말하지 않는다: "경건에 이르기를 연습하라"(딤전 4:7). 경건은 그리스도인과 교회가 따라야 할 성경의 명령이다. 경건의 모양은 있지만 그 능력은 부인하는 사람들(딤후 3:5)을 향한 바울의 책망은 말만 무성하고 삶의 변화는 적은 한국 교회를 향한 말이기도 하다. 한국 교회는 "열린 경건"을 가지고 살아야 한다. 변화된 삶을 통하여 예수 그리스도의 제자로 살아가는 삶 전체를 가리키는 말이 "열린 경건"이다.

3) 한국 교회가 나아갈 방향

경건주의가 주는 교훈을 중심으로 한국 교회가 나아가야 할 방향을 제시해 본다.

(1) 기독교의 본질은 실천에 있다

지식이나 이론 중심이 아니라 삶 중심으로 기독교를 이해해야 한다. 기독교의 본질은 삶에 밀착되어 있다. 여기에서 칭의와 성화, 신앙과 윤리, 믿음과 행위 사이의 분리 현상을 극복할 수 있다. 수직적 차원의 신앙과 수평적 차원의 윤리를 통합할 수 있다. 그리고 타 종교와의 관계에 있어서도 공격성이 아니라 그리스도의 사랑으로 헌신하는 사랑의 실천이 필요하다.

(2) 하나님 말씀이 살아 움직여야 한다

말씀을 죽은 문자로서가 아니라 살아 계신 성령의 역사로서 체험해야 한다. 인격 전체와 관련된 삶의 변화를 지향해야 한다. 제자 훈련이 지적인 면에 너무 강조점을 두었다고 하면서 얼마 전부터 한국 교회에서는 다시 영의 운동을 강조하는 흐름이 일어나고 있는 듯하다. 그러나 이런 흐름이 시계추처럼 왔다갔다하는 것이어서는 안된다. 지적인 면에 강조점을 두었다가 거기에 한계점이 있으니까 다시 감정적인 면을 강조하는 쪽으로 가는 식이어서는 안된다. 인격을 구성하는 세 요소인 지·정·의 모두를 포괄하는 전망이 있어야 한다. 하나님 말씀은 언제나 우리 인격 전체와 관련된다.

(3) 평신도가 활동해야 한다

교회 역사에서 신앙이 부흥하고 각성했던 때에는 언제나 평신도가 살아서 움직였다. 여성 지도력이 활발했다. 수도원 운동이 있었던 때가 그렇고,. 종교개혁 시대가 그랬다. 경건주의 시대도 마찬가지다. 갱신을 교회 역사에서 보면 굳어버린 제도를 깨고 영의 운동이 분출하는 것을 말한다. 이런 경우에 남성보다 예민한 신앙 감성을 가진 여성이 종종 중요한 역할을 담당한다. 평신도 운동 중에서 여성의 지도력이 개발되어야 할 것이다. 사회 각 분야에서 평신도의 기독교적 지도력이 성장해야 한다

(4) 지도력이 갱신되어야 한다

목회 현장과 신학 작업을 연결하는 방향으로 신학 교육이 갱신되어야 한다. 목회자 계속 교육이 강화되어야 한다. 그리고 하나님께 진정으로 헌신하며 말과 삶이 일치하는 성서적 지도력이 개발되어야 한다.

(5) 균형잡힌 역사 의식을 정립해야 한다

이것은 종말론과 밀접한 연관이 있는 문제다. 흔히 신앙이 뜨겁다 보면 역사를 망각할 수 있다. 반면 역사적 책임만을 지나치게 강조하다 보면 내세적 차원을 잃어버릴 수 있다. 재림을 확신해야 한다. 그래야만 시대와 타협하지 않고 시대를 비판할 수 있다. 그러나 동시에 역사적 공간을 확장해야 한다. 그래야만 역사 가운데서 교회가 갱신된다. 누가복음과 사도행전에서 주님의 재림을 확신하면서 동시에 역사적 공간을 확장할 줄 아는 창조적 긴장을 배워야 한다.

주(註)

1) 이런 문제의식에 대해, 지형은, "종교개혁의 종교개혁. 경건주의 이해를 위한 연구사 소고", in: {말씀과 교회}(서울: 기장신학연구소, 1996/11), 11호, 26-27, 각주 6 참고.
2) 경건주의를 개관하기 위하여 최근까지의 연구 결과를 반영하고 있는 다음 글을 참고하라: Johannes Wallmann, Der Pietismus, Göttingen 1990; Martin Greschat 편집, Zur neueren Pietismusforschung, Wege der Forschung 440권, Wissenschaftliche Buchgesellschaft, Darmstadt 1977; 내가 쓴 다음 글들: 경건주의와 스페너의 경건한 요청(I), (II), in: 기독교사상(서울: 대한기독교서회), 1996년 1, 2월호, 111-126, 98-110; {그말씀}(서울: 두란노), 1995년 7월호부터 연재되고 있는 "경건주의의 창시자 스페너의 생애와 사상"; 목회와 신학(서울: 두란노), 1996년 6월과 8월호, "경건의 위기와 소그룹을 통한 교회 갱신" 1, 2; 활천(서울: 활천사), 1995년 8월호부터에 연재되고 있는 "이야기로 쓰는 교회사 경건주의 산책"; 연세대학교 신과대학 한국기독교문화연구소, 신학논총}제2집(서울: 한국기독교문화연구소, 1996), 245-270에 있는 "受容과 創造的 變容: 敬虔主義의 方向提示書 [敬虔한 要請](Pia Desideria) 硏究史"; 경건주의 연구사를 위하여 Johannes Wallmann, Der Pietismus, Göttingen 1990, 3, "Forschungsberichte"에 나오는 목록 참조.
3) 1555년을 중심으로 해서 15년 정도 앞뒤를 살피면, 곧 대략 한 세대를 살피면 종교개혁 세대가 이 시기에 마무리되고 있음을 알 수 있다. 루터파에서 두번째로 중요한 사람인 멜랑히톤이 죽은 해가 1560년이며 요한 칼빈은 1564년에, 스코틀랜드의 개혁자 존 낙스는 1572에 세상을 떠났다. 가톨릭의 반동종교개혁을 주도한 트리엔트 공의회가 열린 기간은 1545년

부터 1563년에 걸치고 있다.
4) "대전"과 "강요"의 차이점에 대하여 Philipp Melanchthon, LOCI COMMUNES 1521, Lateinisch-Deutsch, bers. von Horst G. Pöhlmann, hg. v. Lutherischen Kirchenamt der Vereinigten Evangelisch-Lutherischen Kirche Deutschlands, Gütersloh 1993, 12, 각주 1과 14, 각주 7; Emerich Coreth u. Harald Schöndorf, Philosophie des 17. und 18. Jahrhunderts, Grundkurs Philosophie 8, Stuttgart 1983, 20.
5) W. Zeller, Der Protestantismus des 17. Jahrhunderts, 1962, XVII.
6) 지형은, 기독교사상, 1996/1, 116-117 참고.
7) Descartes, Discours de la méthode, 한글 번역, 方法序說, 김형효 역(서울: 삼성출판사, 1985 16판), 74.
8) 은성출판사에서 노진준 번역으로 『진정한 기독교』라는 제목으로 1988년에 영어에서 번역하여 출판했음.
9) AaO., 44.
10) AaO., 43.
11) AaO., 289 참고.
12) AaO., 89-90. 루터파적 뿌리에 대해 특히 90 참고.
13) 아우구스트 프란츤, 교회사, 최상우 옮김(서울: 분도출판사, 1982), 190-195.
14) 지형은, 기독교사상, 1996/1, 116-118 참고.
15) 스페너 생애를 『경건한 소원』이 출판된 1675년까지 다룬 발만의 저술은 스페너와 경건주의 출발에 관해서 가장 권위 있는 고전이다. 경건 모임의 출발과 진행에 대해서 Johannes Wallmann, Philipp Jakob Spener und die Anfänge des Pietismus, Tübingen 1970, 264ff. 참고하라.
16) 은성출판사에서 엄성옥이 영어에서 번역하여 『경건한 소원』이란 제목으로 1988년에 출판함.
17) Johannes Wallmann, AaO., 1ff.

18) 프랑케의 회심 체험이 다음에 수록되어 있다. Werner Mahrholz, Der Deutsche Pietismus. Eine Auswalh von Zeugnissen, Urkunden und Bekenntnissen aus dem 17., 18. und 19. Jahrhundert, Berlin 1921, 107ff.
19) 지형은, "종교개혁의 종교개혁", 25-27, 각주 3과 6 참고.
20) Phiilpp Jakob Spener und die Anfänge des Pietismus, Tübingen 1970.
21) Philipp Jakob Spener, Pia Desideria, hg. v. Kurt Aland, 3. durchgesehene Aufäge, Berlin 1964, 9,2-3. 지금부터는 PD로 표시한다. 쪽수를 표시에서 쉼표 앞에 있는 숫자는 쪽수를 나타내며 쉼표 다음 숫자는 같은 쪽수 안의 줄 수를 나타낸다. Aland는 『경건한 소원』을 편집하면서 줄 수를 붙였다.
22) PD 7,21-9,11.
23) PD 8,25-36.
24) PD 10,2-4. 렘 9:1 말씀.
25) PD 43,32-33.
26) PD 53,21ff.
27) PD 69,8. 76,17-18.
28) PD 79,17-19.
29) 눅 11:13 말씀: "너희가 악할지라도 좋은 것을 자식에게 줄 줄 알거든 하물며 너희 천부께서 구하는 자에게 성령을 주시지 않겠느냐 하시니라"
30) 〈大韓每日申報〉, 1905. 2. 13, 서정민, "초기 한국교회 대부흥운동의 이해—민족운동과의 관련을 중심으로", 이만열 외 7인, {한국 기독교와 민족운동}(서울: 보성, 1986), 247에서 재인용.
31) <London Times>의 기사. The Korea Mission Field, Vol. 4, No. 5, 908.5, 67-68에 재게재. AaO., 259에서 재인용.

제6장
기독교 수도원의 역사

최형걸(기독신학교, 교회사)

(1) 문제 제기

수도원은 무엇이며 역사는 무엇이고, 또 이것들이 오늘날 우리에게 어떤 의미를 줄 수 있는가? 수도원의 역사가 오늘날 우리에게 줄 수 있는 교훈이 있을까? 더구나 수도원은 가톨릭의 기관이 아닌가? 또 신학적으로 구원관이 우리와 다른 종파에 속한 기관의 역사가 우리에게 어떤 도움이나 참고가 될 수 있을까?

이에 대한 대답은 뒤로 미루기로 한다. 바라기는 마지막 결론에서 대답이 주어지기 전에 스스로 발견하기를 기대한다. 다만 두 가지 전제만 언급하기로 한다.

기독교는 우리 시대에서 만들어진 것이 아니다

전제 중 가장 중요한 것은 우리가 가진 기독교는 우리 시대에 만들어진 것이 아니라는 사실이다. 그리스도께서 이 땅에 오셔서 하늘나라의 복음을 전한 지 2천 년이라는 기간 동안 수많은 사람들, 단체들, 기관들이 그리스도의 이름을 걸고 그들의 생애를 바치고 목숨을 바치면서 복음의 말씀을 증거했다. 이것은 신약 성경이 전해 주고 있으며, 교회사가 증거해 주고 있다.

그러므로 복음이나 신앙적 삶은 우리들의 전유물도 아니고, 그것이 어떤 것인지 우리 마음대로 정할 수 있는 것도 아니다. 또한 우리가 하나님께서 역사를 섭리 가운데 인도하시며 역사 속에서 그의 뜻을 계시하셨다고 믿는다면, 역사는 곧 하나님의 섭리와 뜻이 무엇인지를 알려주는 좋은 자료가 된다.

이것의 구체적 작업은 우리의 신앙의 선배들이 복음을 어떻게 이해했고, 복음을 가지고 어떻게 살았으며, 그들에게 복음이 과연 무엇이었는가를 아는 것이다. 이것을 통해서 우리는 그들이 가졌던 신앙적 모순이나 잘못된 복음 이해를 찾을 수 있기도 하지만, 반대로 우리의 오늘의 모습을 살펴보고 어디에 무엇이 어떻게 잘못되었는지도 찾아 낼 수 있다. 이것이 신학의 분과 중에 역사 분야 즉 교회사가 존재하는 이유이기도 하다.

기독교 중세사의 두 기둥은 교황제도와 수도원 제도이다

두번째 전제는 교회사의 이해와 관련된 것이다. 중세까지 교회의 역사를 지탱해 온 두 가지 기둥은 교황제와 수도원제이다. 가톨릭에서는 오늘까지도 그렇다고 말할 수 있지만 종교개혁 이후에는 가톨릭이 기독교에 대한 배타적 대표성을 잃었으므로 중세까지로 제한한다. 그러나 내용으로 본다면 오늘날까지의 교회 역사 역시 이 두 기둥으로 설명할 수 있다.

내용으로 보면 교황제는 좋은 의미로든 나쁜 의미로든 교권 제도로서 제도와 틀로 교회 전체를 묶는 역할을 했다. 반면에 수도원 제도는 제도이긴 하나, 세상적이고 교리적인 면보다는 하나님 앞에서 자신을 헌신하는 삶을 사는 것이 일차적 목표였다. 그래서 이 둘을 내용으로 말한다면 교권과 영성이라는 말로 설명할 수 있다.

그렇다면 종교 개혁 이후에 개신교 역시 교회 내에 이 두 면이 공존하고 있다는 것을 누구나 동의할 것이다. 교권과 영성, 이 둘은 기독교의 양면인 것이다. 만일 우리가 오늘날에도 기독교에서 영성이 중요하다고 생각하거나 관심을 가질 이유가 있다고 한다면, 수도원의 역사는 오늘날에도 반드시 연구되어야 할 과제이다.

더구나 역사에서 교황권 즉 제도권 교회가 교리와 신학 논쟁, 명분 논쟁으로 사람들에게 기독교에 대한 혐오감을 심어 주었을 때 자신들의 삶을 통해서 신앙의 본보기를 보여주어 기독교의 영적인 실체를 증명해 준 것이 바로 수도사들이었다는 것을 안다면, 오늘날의 교회 특히 외형적이고 물량주의적이며 현대판 경영 논리에 빠져든 한국 교회에 수도사들의 삶과 신앙은 새로운 시각을 보여 줄 수 있을 것이다.

(2) 내용 전개

　내용 전개는 다음의 순서로 진행할 것이다. 먼저 수도원의 이상이 어디에서 생겼으며 그 형태는 어떠했는가를 살피고, 이것이 구체적으로 어디에서 어떤 모습으로 나타났는지를 소개할 것이다. 특히 수도사의 이상이 어째서 초창기의 기독교인들에게 중요하게 부각되었는지를 살펴볼 것이다. 여기에서 또한 수도원의 기본 이상이 금욕과 그리스도를 따르는 삶이라는 것이 구체적으로 설명된다.
　두번째로 이런 수도원 이상이 역사적 상황과 교회의 변화에 따라 어떤 모습으로 변해갔으며, 이 사회적 상황과 수도사의 이상과 어떻게 상호 연관 및 영향을 주고 받았는가를 살필 것이다.
　다음에는 이 수도원 이상이 어떻게 해서 서방교회에 전래되었는지, 서방교회 즉 교황권이 확립되어가는 서방교회 내에서 수도원과 수도사의 역할은 무엇이었으며, 이들이 자신들이 가졌던 본래 이상을 어떻게 지켜나갔는지를 살핀다. 또한 여기에서 수도사들이 청빈과 순종과 순결이라는 세 가지 선서를 하고 있음에도 물질적으로 풍부해지고 부유해지며 또 권력을 알게 되자 타락하고 몰락해 가게 되는 것을 볼 것이다.
　그리고 다음으로 이러한 몰락 속에서도 원래의 이상, 즉 그리스도를 본받아서 금욕과 고행의 삶을 살고자 하는 수도사의 이상은 사라지지 않고 다시 나타나서 새로운 수도원 운동과 종교 운동을 출현시키는 것을 보게 될 것이다. 이것이 바로 중세에 대대적인 이단들이 출현하는 계기가 되었음을 알게 될 것이다.

　그 다음은 이런 움직임 속에서도 스스로 개혁하지 않고 그리스도를 따라 사는 모습을 보여주지 못한 가톨릭에게 어거스틴 수도회 수도사 출신이었던 루터가 결국 종교개혁자가 되게 되는 과정을 볼 것이다.

　그리고 종교개혁 이후의 현재까지 수도원 운동의 흐름과 함께 수도원과 수도사의 이상을 다시 한번 살펴 볼 것이다.

　그 다음에는 전체적으로 처음에 제기한 문제의 답과 함께 오늘의 우리를 되돌아 보고 한국교회가 취해야 할 방향이 현재에 세상에서 요구하는 성공 이데올로기인지 아니면 역사에서 배우는 대로, 또는 수도사들이 몰두했던 그리스도를 본받는 것인지에 관해서 생각해 볼 것이다.

1. 수도원의 시작

1) 배경

교회의 역사를 살펴보면 세계사의 일반적 흐름과 대단히 유사한 것 몇 가지를 발견할 수 있다. 그 중에서도 특징적인 것이 개인과 제도에 관한 것이다. 세계 역사의 흐름에서 고대로 올라 갈수록 개인의 자유가 많은 것과 마찬가지로 교회의 역사도 현대로 올수록 점점 개인의 신앙적 상태보다는 제도적 신앙의 정의가 점점 더 중요하게 되었다는 것이다.

여기에 관해서 동의하지 않을 사람들이 있을 것 같은데 실제로 우리가 암흑의 시대라고 비판하는 중세에도 오늘날처럼 정통이 어떻고 내가 옳고 네가 옳고 하는 분란이 심하지는 않았다.

중세에는 그런 것이 전혀 허락되지 못하는 통제된 사회였다고 말한다면, 중세에 처음부터 끝까지 그치지 않고 나타났던 종교 운동이나 이단들에 관해서 설명하기가 어렵다. 즉 기독교나 일반 사회 역사나 역사는 계속해서 어떤 사상이나 이데올로기로 묶어온 과정이라고 말할 수 있다.

우리들 오늘날의 기독교인에게 가장 필요한 것이 모든 사상이나 어떤 통제된 교리를 통해서 기독교를 이해하고 기독교인의 생활을 정의 하려고 하기보다는 예수님께서 가르치신 것처럼 자유로움, 단지 진리를 통한 자유로움 안에서 기독교를 보고 그리스도인의 생활을 상고해 보는 것일 것이다.

수도원의 역사는 이러한 노력을 한 사람들, 예수께서 가르치신 것이 무엇인지를 알고자 노력하며, 그것을 자신들의 생활에서 실천하고자 노력했던 사람들의 모습이다. 이것은 수도원의 시작부터 오늘날까지 계속되는 수도원 운동의 기본 이상이기도 하다.

2) 이상

그리스도를 따르는 삶

기독교 수도원의 기본 이상은 그리스도를 따르는 삶(*imitatio Christi*)이다.

우선 첫번째 질문부터 해보자! 수도원이 어떻게 해서 생겨나게 되었을까? 수도원은 처음부터 우리가 알고 있는 것 같은 건물이나 제도 또는 특별한 옷차림 등을 가진 제도와 조직으로 시작된 것이 아니었다. 교회나 교회 안에 생긴 다른 조직이나 제도와 마찬가지로, 수도원 역시 처음에는 개인들에 의해 참된 그리스도인, 예수께서 요구하는 대로 살기 위하여 노력하면서 취했던 삶의 형태나 삶의 양식이 나중에 가서 제도화 되고 조직화되면서 수도원제도로 나타난 것이다.

맨 처음에 그리스도의 제자가 된 사람들은 오늘날의 그리스도인들과는 관심이 약간 달랐다. 오늘날의 기독교인들은 삼위일체 교리가 중요하고, 성경 무오설이 중요하고, 또 성경을 하나님의 말씀으로 받아들이고 신앙고백을 해야 하는 것이 그리스도인이 되기 위한 필수적 조건이라고 생각할지도 모른다.

예수 그리스도가 요구하는 삶인가?

그러나 예수를 따라다니던 사람들, 예수님 다음 세대의 사람들에게는 그런 것이 중요한 것이 아니었다. 그런 것들은 아직 생겨나지도 않았을 뿐 아니라, 그들에게 중요하고 꼭 해야 할 것은 어떻게 하는 것이 "예수 그리스도가 요구하는 삶인가" 하는 것이었다. 그들의 생각에 그리스도인이라고 한다면 그리스도께서 요구하는 대로 사는 것이고, 그것이 어떤 모습으로 나타나야 할지가 그들의 고민 사항이었던 것이다.

예수님께서 그리스도인들에게 요구하는 삶은 어떤 것인가? 그것은 신약에 의하면 그리스도를 따르는 삶 또는 그리스도를 본받는 삶이다. 그리스도를 본받는 삶은 "제자의 길"이라고 표현되기도 하고, "그리스도를 따르는 삶"이라고 표현된다.

그리스도를 본받는 두 가지의 삶

이러한 그리스도를 본받는 삶은 두 가지로 이해될 수 있다. 하나는 그리스도가 가르친 대로 사는 삶, 즉 그리스도의 명령대로 사는 삶의 형태일 수 있고, 다른 하나는 그리스도가 살았던 삶의 방식을 그대로 모방하는 삶으로 이해될 수도 있다.

그러한 가르침은 공관복음에서 발견할 수 있다. 마가복음 6장 8, 9절에 보면 제자들이 세상으로 갈 때에 명하시되 "여행을 위하여 지팡이 외에는 양식이나 주머니나 전대의 돈이나 아무 것도 가지지 말며 신만 신고 두벌 옷도 입지 말라"고 하는 것은 제자들의 삶의 방식을 가르친 것이고, 마가복음 10장의 부자에 관한 기사, 모든 재물을 가난한 사람에게 나눠주고 예수를 좇으라는 기사, 또 마태복음 19장의 결혼하지 않는 것에 대한 기사나, 모든 것을 버리고 주를 좇았다는 베드로의 말과 이에 대한 예수님의 칭찬 등은 예수께서 원하시는 삶이 어떤 것인지를 가르친 것이라 할 수 있다.

한편 마태복음 8장 20절에 "여우도 굴이 있고 공중의 새도 거처가 있으되 오직 인자는 머리 둘 곳이 없다"고 한 것은 예수님이 이 땅에서 어떤 모습으로 살았는지를 알려주는 것이기도 하다.

그러므로 그리스도를 따르는 삶은 양식이나 주머니나 전대의 돈을 갖지 않는 생활, 있는 재물은 모두 나눠주고 그리스도를 따르는 삶, 결혼을 하지 않는 것, 베드로의 고백에 의하면 모든 것을 버리고 그리스도를 좇는 삶 등으로 요약할 수 있다.

3) 두 가지 질문

이것을 한 마디로 요약한다면 그리스도인들에게는 그리스도를 따르는 삶이 요구되는데, 이것은 "금욕과 고행의 형태이다"라고 할 수 있다.

이것이 수도원이 생겨나게 된 배경이 된다. 이런 삶의 모습을 가지기 위해 처음에는 개인적 금욕이나 고행의 형태가 생겨났고, 시간이 지나면서 점차 조직화되고 나중에 제도적 기관으로 발전하게 된 것이 곧 수도원인 것이다.

여기서 한두 가지 질문이 생긴다. 그렇다면 예수를 따르는 삶이란 곧 고행자나 금욕자가 된다는 것인가? 또 예수 그리스도가 이 세상에서 금욕자나 고행자의 모습으로 살았는가

하는 것이라는 것과, 또 하나는 이들이 금욕과 고행을 통해서 추구하는 것이 무엇이었는가 하는 것이다

예수를 따르는 삶이란 금욕자나 고행자가 된다는 의미인가?

첫번째 질문부터 살펴보자. 예수를 따르는 삶이란 곧 금욕자나 고행자가 된다는 의미인가?. 공관복음에서 보면 위에서 본 것처럼 금욕이나 고행을 가르치는 부분이 있는 것이 사실이다. 그러나 예수는 그리스도인이 되려면 반드시 고행과 금욕의 삶을 살아야만 한다고 가르치고 있지는 않는다. 또한 예수 자신도 재산을 가지고 있다거나, 자신의 특별한 개인적 목적을 가지고 인생을 살지도 않았고 또한 가난에다 특별한 의미를 부여한 것도 사실이지만 그렇다고 자신을 따르는 사람들에게 이 방법만이 하나님의 뜻에 맞게 사는 방법이라고 가르치지는 않았다.

그는 그것보다는 하나님의 뜻에 맞는 삶, 하나님이 요구하는 삶을 살아야 한다고 가르쳤고, 그 자신이 모범을 보이고 그 과정을 통해서 가르쳤을 뿐이다. 그러므로 예수를 따르는 삶이란 반드시 고행과 금욕의 길을 가야만 하는가에 대해 그렇지는 않다고 대답해야 한다.

실제로 그리스도는 금욕과 고행의 모습을 보이고 있는 동시에 수많은 다른 모습들도 보이고 있다. 예를 들어 정치 권력에 굴하지 않고 목숨까지도 버려가면서 저항하는 모습도 있고, 가난한 자나 병든 자를 돕고 고쳐주는 자비를 베푸는 자의 모습도 보여주고 있으며, 경우에 따라서는 전통적인 율법에 대해서도 과감한 재해석을 하는 개혁가의 모습을 보여주기도 한다.

이들이 이런 삶을 추구하게 된 동기는 무엇인가?

두번째 질문으로는 이들이 이런 삶을 추구하게 된 동기는 무엇인가? 즉 어째서 원시 공동체나 초대교회의 성도들이 이런 금욕과 고행의 모습을 중요시하고 그런 삶의 형태를 취하게 되었을까? 이에 대한 대답은 그들이 가졌던 당시의 세계관과 관련시켜 대답을 해야 한다.

그들이 살았던 당시의 세계가 이런 금욕과 고행을 중시했고, 이런 바탕에서 그들은 그리스도의 복음을 받아들였고, 그 복음을 따라서 살려고 하다 보니 그런 생활 모습을 중요하게 받아들였고, 그 결과가 금욕과 고행이 중시되는 삶의 모습이 나타났던 것이다.

이때 당시의 고행과 금욕을 나타내주는 것은 당시의 종교와 분파들, 후기 유대주의나 헬라의 철학적 사조들, 또 영지주의에서 보여준 금욕 성향 등을 들 수 있다. 이들 모두는 엄격한 금욕의 성향을 가지고 있었고, 이러한 사회 배경에 살던 그리스도인들은 종교인이면 당연히 가져야 할 성향이 금욕적 성향으로 생각했다. 그 결과 기독교적 금욕과 고행이 생기는 배경을 준 것이다. 다시 말하면 금욕적 경향이 강한 시대 배경이 예수 그리스도와 제자들의 모습을 금욕가로 이해하게 했던 것이다.

그래서 초대교회의 문헌을 보면 금욕이 기독교인의 삶의 양식 중 가장 중요한 것이라는 표현이 자주 나타난다. 이들은 성경에서 요구하는 금욕은 그리스도인의 최소한의 의무이고, 이것을 넘어 특별한 고행을 하는 것은 하늘에서 상급이 보장된다고 믿었다.

2세기에 쓰여진 『헤르마스의 목자』를 보면 "당신이 주의

계명 이상의 것을 행한다면 당신은 하나님 앞에서 큰 상급을 받게 될 것이고, 하나님은 하늘 나라에서 당신을 크게 높이실 것이다"고 기록하고 있다.

또 당시의 이런 금욕적 성향은 철저한 종말론적 성향에 있었다. 신약성경에서 바울의 기록을 보더라도 데살로니가전서 4:14-18에 바울은 자기가 살아 있을 동안에 예수님이 재림할 것을 확신하고 있었다는 것을 확인할 수 있다. 거기에 이렇게 표현되어 있다.

> "주 강림하실 때까지 우리 살아 남아 있는 자도 자는 자보다 결단코 앞서지 못하리라…하늘로 좇아 강림하시리니 그리스도 안에서 죽은 자들이 먼저 일어나고 그후에 우리 살아 남은 자도 저희와 함께 구름 속으로 끌어 올려 공중에서 주를 영접하게 하시리니 그리하여 우리가 항상 주와 함께 있으리라"(살전 4:14-18)

이러한 종말론적 경향은 그리스도인들이 금욕과 고행적인 삶이 곧 그리스도의 재림을 준비하는 것이라고 생각하게 했다. 이 경향은 계속 이어지면서 교회 내에서 개인 금욕과 고행의 전통으로 이어졌다.

이런 삶의 양식을 추종하던 사람들은 아직은 교회 내에, 사도행전에서 보여주는 초대교회 내에서 활동을 했다. 그러나 그들은 자신들의 이상을 따라 금욕의 정도와 종류를 따라 몇 개의 무리를 형성하게 된다. 그중 대표적인 것이 "방랑의 삶을 사는 금욕가"의 형태와 "독신 이상을 추구하는 금욕가"의 형태이다. 방랑 사도들의 무리는 초대교회의 선교 활동과 연계되어 특히 활발한 양상을 보였고, 독신주의 경향은 방랑 생활의 모습을 갖기에는 상대적으로 어려웠던 여자들에게서 많이 나타났다.

그러나 방랑 생활을 하든, 독신주의를 취하든 이들은 교회와 관계를 맺으면서 활동했고 교회 내에서 중추적인 역할 내지는 이들이 모여 있는 곳이 교회라는 이해가 보편적이었다. 특별한 금욕적 성향을 가진 사람들이 모여 있는 것이 교회라는 것이 일반적 인식이었던 것이다.

2. 교회의 위상 변화와 금욕가들의 광야로 나감

3세기가 되면서 교회는 새로운 모습을 가지게 되었다. 2세기에서 3세기에 이르는 기간은 교회가 급속도로 확장되어, 3세기 말에 가서는 거대한 사회 세력의 하나가 되었다. 이것에 대해서는 당시의 교회 역사를 특징 짓는 사건이 박해라는 사실이 잘 말해준다.

1) 사회 환경

로마의 박해

초창기의 박해는 로마제국 통치자의 개인적 기분에 따라서 이루어졌으나, 3세기 중반의 데키우스 황제의 박해는 기독교와 로마제국 간의 패권 다툼 같은 양상을 띠고 있다. 그러므로 3세기에 나타난 박해는 기독교가 로마제국에 대해 위협을 줄 만한 세력이 되었다는 것이고, 이것은 무엇보다도 2세기에서 3세기에 이르는 동안의 양적인 팽창이 가장 큰 원인이었다. 이것은 소위 속사도 교부라고 불리는 변증가들이 로마 정부에 대해 당당할 수 있었던 것을 잘 말해 주고 있다.

양적으로 팽창한 기독교는 이제 로마제국의 박해를 향해 『제일 변증서』는 로마 정부를 통해서 "만약 어떤 사람이 그리스도인임을 고백하면 단지 그 이름 때문에 징벌하고 있다. 그에게 질문하여 그가 신앙고백을 하던지 부인을 하던지 그 사람 속에 있는 두 가지 것을 보고 판단하라"고 요구하고 있다. 이제 교회는 로마의 정치와 사회에 직접적 영향을 줄 만큼 큰 세력으로 자란 것이다.

교회의 양적인 팽창

이렇게 되면서 교회에 대한 이해가 바뀌었다. 지금까지는 금욕가나 특별한 체험과 생활을 하던 사람들이 모여 있는 장소가 교회라고 이해 되었는데, 교회가 양적으로 팽창하면서 교회는 일반인들이 모여있는 곳, 즉 평범한 사람들의 집합체가 된 것이다. 이들이 "교회에 들어가므로 사람이 거룩해진다"는 것이 아니라, "교회가 거룩하다"라는 교회의 이해가 나타나게 되었다.

이러한 이해는 교회에 들어오는 사람들이 금욕적이고 고행의 삶을 살아야 한다는 인식을 심어주게 되었고, 금욕이 교회 내에서 교인에게 요구하는 생활 형태가 되게 된다. 교회의 특징이 금욕이고 고행이 된 것이다.

그래서 이 당시의 신학자들은 그리스도인들은 당연히 금욕적이고 고행의 삶을 살아야 한다고 주장한다. 그들의 대표적인 사람들이 터툴리안, 키프리안, 오리겐 등이다. 특히 오리겐은 스스로 금욕적인 삶을 살면서 금욕에 관한 여러 책을 저술해서 후대에 많은 영향을 미치고 있다.

이들의 동기도 물론 처음의 예수 그리스도를 따르는 삶을 살았던 원시공동체의 성도들이 가졌던 동기와 별반 다르지 않다. 이들은 예수 그리스도를 따르는 삶을 살기를 원했고, 급박한 종말을 믿고, 이 종말에 대한 준비를 금욕이라고 생각했다. 그리고 또 이런 금욕과 고행의 삶을 통해서 지상에서도 천국의 기쁨을 맛보고 살 수 있다고 생각했기 때문이다. 이들의 삶은 물론 다른 교인들과 섞여 있긴 했지만 명상과 기도와 금욕 등 개인적 고행과 금욕이 특징이었다.

그런데 이렇게 교회 내에서 하나의 흐름으로 금욕과 고행자들이 활동했다가, 이들이 광야로 뛰쳐 나가게 된다. 뛰쳐나가게 된 이유로는 학자에 따라 여러 가지를 들고 있지만, 가장 중요한 것은 교회의 역할과 위상이 변한 데서 찾을 수 있다. 지금까지의 교회는 금욕가들의 모임으로 경건과 금욕 또 고행 등을 특징으로 가지고 살았다. 그런데 일반 교인들이 많아지면서 교회에 직책과 여러 역할 분담이 일어났다.

로마의 박해와 교회 내의 이단

기독교와 관련한 박해와 이단의 생겨남 등은 교회가 지금까지 은둔성 금욕과 고행의 장소로 머물러 있게 버려 두지 않았던 것이다.

박해를 받을 때에 교인들에 대한 격려와 갇힌 교우들의 남은 가족들에 대한 배려, 또 올바른 신앙에 대한 교육과 어려운 지경에 처한 교우들에 대한 도움, 또 박해시 신앙을 거부하고 떠났던 사람들에 대한 신학적, 교회론적 또는 교회 내의 정서적 처리 문제 등이 교회를 사회 문제와 따로 떨어져 있을 수 없도록 한 것이다.

원래의 금욕자나 고행자들의 이상은 개인적으로 금욕이나 고행 또 명상을 통해서 그리스도를 따르는 삶을 실현하겠다는 것이 그들의 이상이었다. 그런데 이제 교회의 현실은 이런 이상이 실현 되기에는 너무 복잡한 사회적 문제와 직면하게 된 셈이다.

처음에는 교회 내의 금욕자나 고행자들은 교회의 직위나 외부적 활동에 참여하지 않고 무관하게 살므로써 그들의 이상에 충실하고자 했다. 하지만 이렇게 단순히 참여하지 않음을 통해서는 그들의 원래 목적인 모든 것을 버리고, 세상과 단절한 채 그리스도를 따르는 삶을 살기에는 쉽지 않았다.

로마제국의 말기적 경향

당시의 사회 분위기는 세상과의 단절이 유행이었다. 당시 로마제국의 말기적 경향은 이 세상을 등지고 은둔과 고립의 생을 동경하게 만들고 있었다. 천 년 가까이 유지되어온 로마제국은 자체 안에 자기부정과 냉소적이고 염세주의적인 사회의 분위기를 만연시키고 있었던 것이다.

이 결과는 교회 내의 금욕자나 고행자들로 하여금 광야로 나가도록 했다. 그들은 자신의 이상을 좇아서 광야로 나갔고 거기서 예수 그리스도의 삶을 본받으며 하나님과 더욱 가까이 만나고자 했다. 이제 사막 은둔자들이 생겨난 것이다.

2) 광야의 은둔자

이렇게 광야로 나가서 은둔자들이 생겨난 시기는 대략 3세기경으로 잡는다. 그리고 처음 시작된 곳으로는 보통 이집트 광야라고 한다. 여기서 한 가지 부언해야 할 것이 이집트가 처음이라고 하는 것은 기록상 남아 있는 것이다. 유물이나 다른 흔적들로 봐서 비슷한 시기에 시리아나 소아시아 지역에도 이미 광야 금욕이 있었던 것으로 추정된다.

안토니

하여튼 기록상으로는 이집트에서 처음 생긴 것으로 되어 있다. 이렇게 주장 되는 근거는 삼위일체 교리를 주장하고 이것이 정통교리가 되는 데 결정적 역할을 한 아타나시우스가 이집트 광야 금욕가 중의 한 사람인 안토니라는 사람의 전기를 저술했기 때문이다.

이 전기에 의하면 광야 금욕가들은 교회에서 나와서 혼자 고립된 생활을 했으나, 사람들과의 접촉을 완전히 끊고 살았던 것은 아니었다. 이들은 필요에 따라서 접촉도 했으며 공동의 필요에 따라 공동 활동도 했던 것으로 보인다. 그러나 기본 원칙은 개인적으로 고립된 생활을 했으며 함께 연합하는 것은 필요에 따라서 했다. 이들은 오두막이나 천막, 또는 무너진 성채, 버려진 무덤, 동굴 등에서 살았으며, 보통 하루 종일 명상과 기도하는 생활을 했고, 육체 노동과 금식 등은 필수적 요소였다.

안토니 등과 함께 시작된 개인 은둔의 생활과 함께 공동 생활을 하던 광야 금욕의 형태도 나타났다. 시기적으로는 안토니 때와 비슷한 시기지만 은둔자나 개인 금욕자들이 살다가 공동체 형태로 발전된 것으로 보인다. 이것을 만든 사람이 수도원의 아버지로 불리는 파코미우스이다.

파코미우스

파코미우스는 사도행전 4:32-35에 있는 말씀을 근거로 이집트 남쪽의 테바이스 지역에 공동체 수도원을 처음으로 건립했다. 은둔 금욕자들에게 공동생활이 선택이나 필요에 의한 것이 아니라 필수적 요소가 되게 한 것은 파코미우스의 활동 결과이다.

이런 공동 생활을 위해서 파코미우스는 처음으로 "수도원 규칙"을 제정했다. 이제 수도사들의 삶을 규정하는 성경 외의 또 다른 규범이 등장하게 된 것이다. 이 규범의 내용상의 특징은 순종과 가난이었다. 순종이 중요했던 이유는 각 수도사 개인이 자신의 능력과 특별한 금욕의 형태를 가지고 있음은 개인적으로 살 때에는 큰 문제가 없었으나 함께 모여 사는 공동체 안에서는 서열이나 능력의 비교 등 부정적 요소로 작용할 수가 있었다.

사실 파코미우스가 공동체의 생활 형태를 만든 것은 수도사들 자신을 위한 것이라기보다는 찾아오는 사람들을 배려하기 위한 수단이었던 것으로 보인다. 즉 당시에는 수도사나 금욕가가 아니었던 사람들이 광야로 나가서 광야 금욕가들에게서 도움이 될 만한 가르침을 얻는 것이 일반적이었던 것으로 보인다.

3) 초기 공동체의 생활 양상

당시에 광야로 나가서 금욕과 고행을 하던 사람들에게 가르침을 요구할 때 사용하던 고정 양식이 아직도 전해 온다. 이들은 고행자에게 다음과 같은 문구를 사용했다고 한다.

"아버지여, 나의 생명을 구할 수 있는 말씀을 내려 주소서."

이렇게 찾아오는 사람들에게 파코미우스는 구체적 도움을 주고자 한 것이다. 왜냐하면 외부적으로 알려진 명성이나 실제의 내용은 다를 수가 있었고, 또는 금욕가 중에서 명예욕에 사로잡혀서 아직은 상담을 해 줄 만한 입장이 못 되는데도 나서려고 하는 사람들이 있었기 때문이다.

노동

물질적인 것도 가끔씩 문제가 되었다. 고행자들은 개인적으로 살면서도 그들의 생활 중에서 노동은 필수적인 요소로 생각했다. 이는 물론 성경에 "일하지 않는 자는 먹지도 말라"는 말씀을 순종하는 차원도 있지만, 실제상 자신의 삶의 수단은 스스로 해결한다는 것, 그리고 다른 사람을 도와주기 위해서 노동을 하는 것이 의무로 되어 있었다. 그들은 개인적으로 자신들의 재능에 따라 밧줄을 만든다거나 광주리를 만든다거나 담요를 만드는 등의 일을 했고, 일정한 시기에 그들 중의 하나가 이것을 모아서 도시에 나가서 팔든지 필요한 것들과 바꾸어 오곤 했던 것으로 보인다.

순종

이런 모습들이 공동체에 모여서 살면서 순종이 가장 중요하게 대두된 것은 어쩌면 당연했다. 가난이나 노동은 전래적 의미가 그대로 살아 있다고 할 수 있으나, 순종은 지금까지보다 더 큰 의미를 갖게 되었다. 성경과 말씀, 그리스도의 삶을 따르고 순종하는 의미가 더 확대되어 윗사람에 절대적으로 순종하는 것이 중요한 내용이 된 것이다.

가난

한편 공동체 형태에서 나타난 가난은 내용상으로는 전통

적 의미와 같았다. 그러나 어느 정도 가난해야 하는가의 정도 문제는 그렇게 간단한 것이 아니었다. 개인적 고행이나 금욕에서는 가난의 정도를 스스로 결정했었다. 그러나 공동체가 생기고 규범이 생기면서 이제 가난의 정도는 개인이 결정하는 것이 아니라 규범을 통해서 정해졌고, 그리고 이것에 순종함으로써 가난의 이상도 실현하는 것이 되었다.

수도사들은 외부적으로 보기에 정말로 가난한 사람들이었다. 그들은 개인 소유가 전혀 없었기 때문이다. 그러나 그들의 가난은 고통스러운 가난은 아니었다. 공동체를 통해서 최소의 생활은 보장 받고 있었기 때문이다. 후대에 가서 가난의 의미는 많은 논란을 낳지만, 초창기에는 별 무리가 없었던 것으로 보인다.

4) 수도원의 삶의 형태 형성

이렇게 해서 생겨난 공동체는 기독교 안에서 분명한 하나의 생활 형태, 기독교인들이 살아가는 방법 중 하나로 자리 잡는다. 특히 파코미우스가 시작한 공동체 수도원 형태와는 별도로 팔레스타인 지역, 시리아 지역, 소아시아 지역 등에도 수도원의 형태를 띤 여러 종교 운동들이 나타났다. 이들은 이집트의 공동체 수도원의 형태와 비슷하기도 하고 나름대로의 독자성도 가지면서 활동했다.

제도화된 공동체 활동이 활성화 되었다고 해서 은둔자의 생활 모습이 사라진 것도 아니었다. 은둔자들 역시 나름의 고유성을 가지고 그들의 생활을 계속 유지해 나갔다. 이들은 제도화 되어갔던 수도원과 때로는 협조 관계를, 또 어떤 때는 불화 관계를 가지면서 나름의 역할을 했다.

이런 수도원 운동 내지 은둔자 운동들은 초대교회에 나타났던 교회의 모습 중에서 금욕과 고행이 어떤 식으로 유지되어 왔는지를 잘 보여준다. 초대교회는 실제상 한 번도 금욕이나 고행의 이념을 잃어버린 적이 없다. 오히려 계속 강화되어왔는데, 이 세력은 처음에는 교회에서 빠져나왔고 교회의 주도적 세력이 아니었으나 시간이 가면서 수도원의 교회 내 영향력은 증가되었다.

이들의 영향력이 증가하게된 이유는 당시의 사람들이 신학자나 목회자를 막론하고 금욕적이고 고행적인 삶을 중요하게 생각하고 설교했다는 것도 있다. 다른 한편으로는 그리스도인들의 성향 자체가 금욕과 고행을 중요하게 생각하고 거기에 동참하는 것이 하나님 나라 준비에 중요한 요소라고 생각했던 데에 있기도 하다.

이런 전체적 분위기와 설교는 수도원이 가지는 영향력이 점점 커지게 하는 동기가 되었다. 이런 영향력은 당시의 유명했던 신학자들—우리가 초대교부로 중요하게 생각하는 오리겐, 카시안, 어거스틴 등 당시의 많은 신학자들의 거의 대부분이 금욕가였거나 금욕을 가르쳤다는 데서도 이런 분위기를 읽을 수 있다.

수도원의 영향력이 커지면서 결국 수도원은 세상에 있는 교회와 교회 정치 문제에도 관여하기 시작했다. 이는 특히 5세기에 뚜렷이 나타났는데, 400년경 오리겐 신학에 관한 논쟁이 이집트에서 일어났다.

3. 수도원 이상의 서방 전래와 베네딕트 수도원

1) 수도원의 서방 확산 원인

서방교회에서 수도원 체제가 나타난 것은 4세기 후반 이다. 이것은 자생적이라기 보다는 동방교회에서 수도사적 삶의 방식을 배워 온 것이다. 수도사적 삶의 방식이 서방 교회에 알려지자 이런 수도사적 삶의 양식은 빠른 속도로 서방교회 전역에 퍼져 나갔다. 빠른 확장의 요인은 여러 가지로 설명할 수 있으나 가장 중요한 요인으로 들 수 있는 것이 방랑 금욕가들의 출현이었다.

방랑 금욕가들의 출현

이 방랑 금욕가는 동방교회의 수도사적 삶의 방식 중 하나로서 서방 교회의 일부 사람들이 동방교회에서 배워온 것으로 이들은 거처 없이 방랑하면서 *"imitatio Christi"*의 이상을 실현하고자 했다. 이들은 지나치게 반문명적으로 살아서 비난과 조소의 대상이 되기도 했지만, 그리스도인은 금욕적 삶을 살아야 한다는 생각을 낳게 하는 데 큰 역할을 했다.

그런데 이러한 방랑 금욕가들의 생활을 옳지 못하다고 비난하는 데 앞장을 섰던 사람들이 교회 지도자들이었다. 그러나 교회 지도자들은 그리스도인의 삶 가운데 금욕적이고 고행적인 삶이 필요하고 중요하다는 것은 잘 알고 있었다. 그래서 교회 지도자들은 방랑하고 유랑하는 금욕자들을 한 곳에 붙들어 놓고 길들이는 작업을 하게 된다. 즉 방랑 생활이 아닌 한 곳에 정주해 살면서 금욕적 생활을 하는 방식이다.

이런 삶의 모습은 곧 교회를 매개로 한 금욕적 삶으로 나타난다. 구체적 모습은 가정 금욕이나 교회 생활과 사회 생활에서의 금욕이다. 가정과 교회 생활에서의 금욕은, 금욕이 가지는 고유의 특징을 살리기에는 한계가 있었다. 금욕이나 고행은 처음부터 목적이 하나님께 더 가까이 가기 위한 은둔의 생활 모습을 전제로 생겨난 것이기 때문에 일상적 생활 속에서 금욕과 고행을 통한 명상, 세상과의 단절 등의 이상을 실천하기란 쉽지 않았다.

그래서 그들은 이런 금욕적 생활을 하기 위해서 최소한 시골로 가서 세상 문명을 등지고 금욕과 은둔의 삶을 살던가, 아니면 도시에 있더라도 커다란 담을 둘러치고 그 속에서 은둔과 고행의 삶을 사는 모습이라도 하고자 했다. 동방 교회에서의 광야나 사막이 서방 교회에서는 시골의 전원이거나 도시 안의 담으로 둘러싸인 곳이 된 셈이다.

방랑 금욕의 정주 금욕으로의 전환

이렇게 방랑 금욕을 정주 금욕으로 바꾸는 데 중요한 역할을 한 사람들이 당시의 교회 지도자들이었다. 여기에 중요한 역할을 한 사람들이 히에로니무스, 어거스틴, 암브로시우스, 루피누스 등이다.

그런데 이런 가정 금욕이나 생활에서의 금욕은 당시 로마의 귀족 계급에 큰 반향을 일으키게 된다. 왜냐하면 당시 로마 사회는 목가적 생활이 크게 인기를 끌던 시기였고, 또한 번거로운 세상사를 벗어나서 한적한 시골이나 전원에서 삶을 사는 것이 귀족 계급에게 유행처럼 번지던 시기였기 때문이다.

실상 이때는 동방 교회에서와 마찬가지로 로마제국이 이민족의 침입에 시달리면서 군부 세력이 실권을 잡고 있었고 일반 귀족들은 한직으로 밀려나면서 은둔적이고 세상 도피적인 경향이 강하게 나타나던 시기였다. 이때 기독교로 개종한 귀족들에게 은둔과 명상을 하면서 사는 것이 하나님과 더 가까이 가고 내세를 준비하는 삶이라고 하는 것이 커다란 매력이 되었다는 것은 어쩌면 당연할 것이다. 이들이 시골 전원으로 가서 은둔적인 삶을 사는데 교회 지도자들과 로마의 귀족계급과 서로 협조 관계에 있게 된다.

이런 모습이 처음 나타난 것은 여성들의 공동체이다. 당시의 교회 지도자였던 히에로니무스는 382년에서 384까지 3년 동안 로마에 머물렀는데, 이때 로마의 부유한 과부 마르셀라를 도와서 이 여자의 집에 금욕적 공동체를 만들었다. 이것이 로마에 나타난 처음의 금욕 공동체이다. 히에로니무스는 여기서 성경을 가르침으로써 서방 수도원들이 금욕의 생활과 공부가 결합되게 하는 선례를 만들어 이것이 서방교회 수도원의 특징이 되는 계기를 만들기도 한다.

히에로니무스가 로마를 떠난 후 마르셀라는 시골로 가서 자기와 생각을 같이하는 여자들을 모아서 금욕 공동체를 만드는데, 이것이 아마도 서방 교회에 처음 나타난 수도원이라고 해도 될 것이다.

2) 서방 수도원들의 지역적 특징

도시에 있든 시골에 있든, 수도원은 서방교회에 급속도로 퍼져나갔다. 지역은 로마 지역, 어거스틴으로 대표되는 북아프리카 지역, 스페인 지역, 갈리아 지역 등이다.

각 지역적 특징을 보면 이탈리아 지역에는 주교 암브로시우스의 영향 하에 밀라노 지역이 수도원의 중심지가 되었다. 금욕적 생활로 이름이 높았던 암브로시우스는 많은 저작들에서 이탈리아 해변을 따라 수많은 섬들에 있었던 금욕자 은둔 지역에 관해 설명해 주고 있다. 이것은 광야 지방이 없는 서방교회에 만들어진 인공 광야였다. 즉 수도사의 이상을 가지고 은둔의 세계에서 명상적 삶을 살고자 하는 사람들에게 외딴 섬은 훌륭한 장소였던 것이다.

암브로시우스는 이것을 소설처럼 설명해 놓고 있다.

> "바다는 바로 금욕의 고요한 고향이고, 포기를 가르치는 학교이며, 진지한 삶의 피난처이며 항구이며 쉼터이다. 또한 신앙 있고 경건한 사람들에게 세상에 대한 포기는 물론 경건함을 가르치는 곳이다."

북아프리카 지역

북아프리카 지역은 어거스틴으로 대표되는 곳이다. 그러나 어거스틴이 전체 북아프리카의 수도원의 대표자인 것은 아니다. 어거스틴의 저작을 살펴보면 수도사들이 교회를 이탈해서는 안된다고 강하게 주장하고 있는데, 이것으로 보아서 어거스틴이 세운 수도원과 같은 경향에 있었던 것들은 상당히 소수였거나 부분이었던 것으로 보인다.

어쨌든 어거스틴도 수도원의 기원을 사도행전 4:32-35에 두고 있고, 이것을 해석하면서 한 마음과 한 정신으로 하나님께 가까이 가는 삶은 교회에서는 부족하고 수도원적 삶을 통해서만 가능하다고 주장하고 있는 것을 보면 어거스틴 역시 수도원이, 즉 금욕과 고행이 그리스도인들에게 꼭 필요하다는 것은 전제하고 있는 셈이다. 그리고 그가 수도원을 세운 목적은 이것을 부합하기 위해서이며, 이 목적을 위해서 어거스틴은 수도원 규칙을 만들고 있기도 하다.

나중에 어거스틴의 전통을 따라서 서방교회에 어거스틴 수도원이 생기고 루터가 이 수도회를 통해서 교육을 받았으므로, 어쨌든 어거스틴이 서방 교회에 미친 영향은 수도회를 통해서도 중요한 셈이다.

갈리아 지역

지금의 프랑스 지역인 갈리아 지역의 수도원에도 몇 가지 특징이 있다. 이 지역에 수도원 사상이 전해진 것은 스페인 지역을 통해서인 것으로 보이는데, 마틴이라는 사람이 투르 지방에 마르무티어 수도원을 세우고 여기서 함께 생활했던 것이 시초로 알려지고 있다. 주교이기도 했던 마틴은 이 금욕 공동체에서 교회가 파송한 선교사의 역할을 해서 이 갈리아 지역 수도원이 교회와 항상 밀접한 관계를 갖게 하는 계기가 되었다.

또 호노라투스가 세운 레린 섬을 중심으로 한 수도원들, 로네탈과 마르세이유 지역 등에 수도원이 세워졌다. 이 지역 수도원들 역시 사회적으로 귀족 계급에 속하는 퇴역 귀족들에 의해 세워졌다. 이들은 5세기에 게르만족의 침입으로 이리저리 방황하다가 갈리아 동남쪽 지방 해안에 자리잡고 수도원 생활을 통해 새로운 삶의 방향을 잡았던 것이다.

이런 배경 때문에 이 지역 수도원은 수도원의 기본 이상인 금욕을 기본 바탕으로 하되 학문과 문화를 동시에 포괄해서 수도원이 당대의 문화와 학문의 총체가 되는 계기를 마련했다. 학식 있는 수도사들이 수도원에 모여 있었으므로 갈리아 지역의 수많은 주교가 이들 수도원 출신이 되었다. 이들 수도사 주교들은 수도원을 돕거나 새로 세우는 데 큰 도움을 주기도 했고, 또 서방 수도원의 특징인 교회와 수도원이 서로 긴밀한 유대관계를 갖도록 하는 계기를 마련하기도 했다.

아일랜드

다음으로 영국의 섬 아일랜드를 들 수 있다. 아일랜드는 기독교가 전파될 때 수도사가 들어가서 처음부터 수도원으로부터 기독교가 시작한 독특한 역사를 갖고 있다. 아일랜드 수도원의 개척자는 패트릭(460년경 사망)인데, 그가 수도원적 삶을 전했을 때 놀라운 반향을 일으켜서 섬 전체가 수도원이 된 것 같은 상황이었다. 그래서 대형의 수도원들이 세워지고 이 수도원들이 교회를 지도하는 지도자의 위치를 담당했다. 이 아일랜드 섬의 철저한 금욕이 세상에 알려지면서 아일랜드는 "성자들의 섬"이라고 불리게 되었고, 이 섬 출신들이 나중에 중부 유럽 현재의 독일 지역에 선교사를 파송하기도 했고 또한 수도원에서의 발달된 교육은 후에 카롤링거 르네상스 시대에 유럽으로 불려가 큰 역할을 하는 학자들을 길러내기도 한다.

3) 전체적 특징과 확산의 이유

서방의 수도원은 4세기경에 시작된 이래 급속한 발전을 거듭해서 6세기경에는 아주 다양하고 생동하는 모습을 보여준다. 이 시기는 아직도 유럽 전체에서 기독교가 전파되고 있는 시기였으므로 선교의 역할에서 수도원과 수도사들이 큰 족적을 남기기도 한다.

수도원이 급속히 발전했다는 것은 그만큼 서양에 기독교가 많이 전해졌다는 것이기도 하다. 곧 서방에는 복음이 알려지고 기독교가 전파되는 가운데 수도원의 수 역시 많아져서 기독교 운동과 수도원 운동이 하나의 흐름이라는 것을 보여주고 있다.

여기서 서방 수도원의 일반적 특질과 서방에 수도원이 급속히 확장하게 된 원인을 살펴본다.

서방 수도원의 특징

서방 수도원의 일반적 특질은 첫째로는 서방에서 수도원 건립에 주도적 역할을 한 것이 부유한 귀족 계급이라는 것이다. 이러한 경향은 수도원과 수도사들이 귀족적 성향을 갖게 했고, 그 결과 수도사는 사회적으로 상위계층이 되는 상황을 만들었다. 그래서 빈민층의 사람들이 사회적 신분 상승을 위해 수도사가 되는 경우도 자주 있었다.

이런 귀족적 경향은 자주 부정적 결과를 가져와서 수도사들이 교만과 도전적 경향을 가지는 경우가 있었다. 이것은 보통 자질을 갖추고 능력 있는 수도사들보다는 천민 계층에서 신분 상승의 수단으로 수도사가 된 사람들이 지위를 이용한 부정적 결과로, 이는 수도사들에게 규정에 대해 순종을 강조하는 결과로 나타났다.

두번째 특징은 서방 수도원에서는 교회와 항상 긴밀한 유대 관계를 지속했다는 것이다. 그래서 서방 교회에서는 후대까지도 한 번도 수도원이 독립적이고 고립적인 위치를 갖지 못하고 항상 교회의 부속기관의 역할을 한다.

세번째 특징 역시 교회와의 관계에서 나타나는데 서방 수도원은 자기 고유의 사상을 고집하기보다는 항상 교회의 신학적 사상이나 교회의 상황 변화와 함께 자신의 위치나 역할도 같이 변했다. 이것을 서방 수도원의 가변적 특징이라고 한다.

네번째는 서방 수도원은 동방 교회와 비교해서 은둔 사상이나 고행 사상이 현저히 약하다는 것이다. 서방 수도원에서는 수도사가 되어 수도원에 들어 감으로써 은둔의 이상을 실현한 것이고, 그 다음 수도원 속에서의 생활은 일반 생활과 큰 차이가 없었다. 서방교회는 고행이나 금욕에 대해서는 동방 교회보다 덜 중요시 했던 것이다.

수도원의 급속히 확장된 이유

서방에 수도원이 짧은 시간 안에 급속히 확장 된 이유를 들어 본다. 이것은 서방 수도원의 특질과 연관을 갖는다.

첫째, 로마의 귀족들이 전통적으로 목가적 삶을 추구했고, 이런 "전원생활의 꿈"이 "수도원적 삶의 형태"에서 그 가능성을 열어주어 귀족들이 앞다투어 수도사가 되거나 수도원을 설립했던 데 그 이유가 있다. 그래서 수도원과 귀족 계급이 서로 연합되면서 수도원은 사회적 명망 계층 사람들이 모인 장소였고, 그 결과 수도사는 귀족 계급으로 편입되었다. 이것은 나중에 수도원이 타락하는 데 결정적 역할을 한다.

두번째는 제도권 교회의 주교단과 수도원과의 결합이 수도원이 급속하게 확장되도록 했다. 개별 주교들이 수도원에서 또는 경우에 따라 수도원과 연계해서 활동한 것은 수도사들이 교회에서 활동할 가능성을 처음부터 열어 주었다. 그래서 동방 수도원과는 달리 교회와 협조관계에 있었던 수도원은 복음 전파와 함께 수도원이 건립되는 경우가 많았고 이것은 수도원의 급속한 확장의 계기가 된다.

세번째는 수도원의 자기 이해를 들 수 있다. 처음에 밝힌 것처럼 교회에서는 처음부터 금욕에다 교회론적 종말론적 의미를 부여하고 있었다. 이런 정신이 수도원이 확장되도록 했다. 왜냐하면 기독교가 국교화 되면서 이제 기독교인이란 사회에서 어떤 특별함이나 색다름이 없어지고 국민의 보편적 사실이 되었다. 그래서 좀 더 열심히, 더 많이, 그리스도인으로, 기독교인으로 살고자 하는 사람들은 금욕적 삶을 택했다. 금욕적 삶은 보통 수도사가 되는 길을 택함으로써 구체화되고, 이것은 수도원이 급속도로 확장 되는 데 큰 역할을 한 것이다.

4) 수도원의 정형화

이런 과정을 거쳐서 수도원은 동방과 서방에서 뚜렷한 교회 기관으로 자리잡게 되었다. 서방 교회에서는 6세기 중반에 드디어 이탈리아의 베네딕트가 베네딕트 수도원을 세우고 베네딕트 수도원 규칙을 제정함으로써, 서방 수도원이 하나로 통합되고, 통합된 세력으로 성장해갈 기틀을 마련하게 된다.

베네딕트 수도원의 규칙

실제로 베네딕트가 세운 수도원이나 수도원 규칙은 특별한 것이 아니었다. 당시의 수도원 설립은 거의 유행처럼 번지는 풍조였으며 수도원을 세운 원장이나 지도자들은 여러 가지 수도원 규정을 가져다 놓고 자신들의 수도원에 필요한 내용을 발췌해서 적절한 규칙을 만드는 것이 통례였다. 그래서 수도원의 역사에서는 6세기를 "혼합규정 시대"라는 특별한 이름을 붙여놓고 있다.

그러므로 사실 베네딕트 규칙의 중요성보다는 이 당시에 어째서 이렇게 규칙이 중요했는가를 알아보는 것이 더 중요할 것이다. 간단히 말해서 수도원의 규범이 정해졌다는 것은 실제상으로는 다양하게 나타날 수 있는 수노사의 모습이 이 시기에 소위 "수도사란 어떤 것이어야 한다"는 외부적 정의가 내려졌다는 데에 있다.

고행과 금욕, 또 일반 사람들은 지탱하기 어려운 생활을 했던 동방 교회에서는 이것이 큰 문제가 되지 않았으나, 외부적 모습과 귀족적 오만에 물들기 쉬웠고 실제로 신분 상승의 수단이 되기도 했던 수도사들에게 어떤 것이 수도사라고 정해 놓는 것은 매우 중요했다.

베네딕트 규정 역시 그 중의 하나로 몇 가지 규정을 혼합해서 만든 것이며, 내용 또한 수도사란 어떤 삶을 살아야 하는지를 규정해 주고 있다.

베네딕트 수도원 규칙의 제정 배경

베네딕트 수도 규칙은 베네딕트에 의해 6세기에 쓰여졌는데, 9세기에 서방 수도원을 대표하는 수도원이요 서방 수도원의 대표적 수도규칙이 된다. 이렇게 된 데에는 당시 정치 사회적 분위기가 큰 역할을 한다.

5세기에 서로마제국이 멸망하고 프랑크 왕국이 유럽 지역의 패권을 차지하면서 프랑크 왕국의 카알 대제는 스스로 하나님이 기독교적 국가인 로마를 자신을 통해서 이어가기를 바래서 특별히 선택한 사람이라는 생각을 가지고 있었다. 그래서 기독교라는 이름을 가지고 많은 "로마식"을 만들어 냈다. 이때 로마라는 것은 카알 대제나 프랑크 왕국의 정신적 지주였다. 그래서 이런 카알 대제의 문화 정책을 세계사에서 "카롤링거 르네상스"라는 이름으로 부른다.

이 카알 대제는 당시의 기독교의 가장 큰 세력이요 대표적 존재이기도 한 수도원을 내버려 둘 수가 없었다. 그래서 한 수도사에게 제국의 모든 수도원을 통괄할 수도원 규범을 만들라고 지시했다. 이 명령을 받은 수도사는 이탈리아에서 만들어진 베네딕트 수도 규칙을 그대로 채택함으로써 베네딕트 수도원과 규칙이 서방 교회를 대표하는 자리를 차지하게 된 계기가 되었다.

5) 국가 정책과 수도원

국가의 정책

이것은 또한 수도원이 국가적 관리하에 들어간 것이 되고, 수도사 역시 국가적 목적에 순응해야 하는 위치에 서게 된 것을 의미했다. 카알 대제는 사람이 살지 않는 늪지대에 수도원을 세우고 수도사들을 살게 해서 그 주변 지역을 사람이 살 만한 거주 지역으로 개간하게 하고, 그 다음에 일반인들을 그곳으로 이주시켜 프랑크 제국의 행정 구역으로 편입시키는 정책을 취했다.

이렇게 하다 보니 수도원이 전통적인 수도원 개념인 어떤 건물이나 특별한 지역이 아니라, 어떤 마을이나 도시 전체가 수도원화 되는 대형 수도원의 결과를 불러왔다. 즉 마을 거주자 중 수도사의 숫자가 아주 많거나 아니면, 도시 전체가 수도원적으로 유지되는 형태의 수도원이 생겨난 것이다.

그러자 도시 전체가 수도원이었으므로 그 지역의 개간 경작지는 수도원 소유로 되었고, 그 마을의 주민은 수도원 소유의 경작지를 경작해서 살아가는 경제 구조가 만들어졌다. 중세 봉건제도에서 수도원이 영주의 역할을 톡톡히 한 것은 바로 이런 구조적 특징에서 나타난 것이다.

그러나 이런 수도원은 어쩔 수 없이 "왕 소유의 수도원"이었고 국가 조직의 일부였으며 어쩔 수없이 국가의 통제를 받아야 했다.

정치적 기관으로서의 변화

카알 대제는 자기 소유의 수도원에 자신들의 가신을 원장 자리에 앉혔고, 그 결과 수도원은 이제 정치적 역할을 하는 정치적 기관이 되었다. 더구나 원장이 갖는 정치적 권한은 그가 갖는 영주적 권한 때문에 매우 강하게 되었다.

정치적 기관이 된 수도원들은 자신들이 갖는 막대한 부 때문에 사회적 정치적 영향력은 더욱 커지게 된다. 이제 수도원은 수도사의 것이 아니라 부의 축척 수단이 되었다. 수도원의 막대한 부는 어느 영주의 것과도 비교할 수 없을 만큼 뛰어났다. 당시의 종교적 열정은 사람들이 죽거나 전쟁을 통해서 얻는 재물을 수도원에 유산으로 기증하거나 헌물하는 사례가 많았기 때문에, 수도원의 부는 더욱 증대 되었다. 그래서 수도원에서는 각 수도사마다 하인이 딸려 있고, 말을 먹이는 사람이 딸려 있었으며 사회에서 가장 영향력 있고, 정치적 세력이 막강한 신분이 되어 있었다.

그러나 이렇게 정치 세력과 통합되어 있던 수도원이 그 정치 세력이 몰락될 때에 함께 몰락하는 것은 당연한 것이었다. 이들은 카롤링거 왕조의 몰락과 함께 몰락의 길을 걸었다.

4. 수도원 개혁 운동

1) 배경

　서방 수도원, 즉 베네딕트 수도원이 개혁을 시작한 것은 10세기 초반 부르군디 지방 클루니 수도원이 갱신 운동을 시작하면서부터이다. 이 수도원은 건립 때부터 좀 특별한 동기로 설립이 되었다. 당시 프랑크 왕국의 귀족이었던 빌헬름 공작이 수도원을 세우면서 자신의 권리를 전혀 내세우지 않고 수도원장은 수도사들이 직접 선출하도록 위임했다. 또한 수도원 소유자로서의 권리도 완전히 포기하고 이 수도원을 아예 교황에게 헌정했다. 그래서 이 수도원의 소유주는 교황이 되어 어느 누구도 치부의 수단으로 사용하지 못하도록 했다.
　이 결과가 후에는 또 다시 교황권에 의해 수도원이 제도권 교회의 노리개로 사용되는 좋지 않은 결과를 가져오지만, 당시로서는 수도원이 사유화되고 개인적 권력의 수단이나 치부의 수단으로 되는 것을 막기 위해서는 불가피한 조처였다. 교황권에 위탁되면서 수도원은 점차로 귀족이나 욕심 있는 교회 사제들의 손에서 벗어 날 수 있었다.
　지금까지 정치적이고 사회적 활동, 또 학문과 노동에 많은 힘을 기울였던 수도원 활동과는 달리, 이 클루니 수도원은 예배를 중요시 해서 수도원의 생활이 하루 종일 거의 예배로 지낼 만큼의 생활을 했다. 이것은 물론 원래의 베네딕트 규범이 정하고 있는 노동과 기도와 말씀을 지혜롭게 조화하고 있지 못하다고 할 수 있지만, 아마도 당시의 수도원이 다른 목적에 이용되는 것을 되돌리고, 올바른 수도원적 이상에 돌아가기 위한 수단으로 예배를 강조했던 것으로 보인다.

어쨌든 이런 과정을 통해서 10세기 이후의 베네딕트 수도원의 특징이 예배로 나타나게 된다. 이 수도원에서 드려지는 예배는 거룩함과 장엄함의 극치를 이루었으며 수도원적 삶을 하나님 앞에서 사는 것을 형상화 시키는 데 성공하고 있다.

2) 클루니 수도원의 개혁운동

불타는 수도사적 사명

이 클루니 수도원의 개혁운동은 처음에는 말 그대로 미미했다. 정치 권력과 욕심 있는 교권의 사제들에 의해서 수도원의 기본적 이상과 목적이 많이 훼손되어 있었으나, 본래의 수도사적 사명에 불타는 수도사는 아직도 많이 있었다. 이들은 클루니 수도원의 개혁 운동에 동참하기 시작했다. 새로운 수도원이 건립되면서, 또는 기존의 수도원 중에서 개혁운동에 동참하기를 원했던 수도원들은 클루니 수도원의 하부 수도원이 되기를 원했다. 또한 클루니 수도원도 자신들의 영향력이 미치는 한 스스로 하부 수도원들을 건립했다.

이들은 당시의 봉건제도적 특징과 비슷하게 상위 조직에 대해 순종해야 하는 특징을 갖기도 했으나, 원래의 클루니 수도원 정신에 입각해서 영적인 면에서는 자유를 갖고 있었고, 또한 이런 자유로움이 각 수도원들이 이런 수도원의 조직 체계를 받아들이는 이유도 되었다.

클루니 수도원의 확장의 열기는 950-1050년까지 가장 크게 타올랐다. 클루니 수도원은 이제 하나의 수도원이 아니라 당시의 종교적 개혁과 열정을 대표하는 하나의 흐름이 된 것이다.

이 개혁운동은 부르군디 지방에만 머문 것이 아니라, 이탈리아와 영국 또 독일 등에까지 퍼져서 유럽 전체가 수도원 개혁 운동의 열풍에 휩싸이게 되었다. 이제 지금까지의 종교 생활이나 정치 권력과 결탁된 기독교에 대한 비판과 순수한 수도원 이상으로의 회귀가 당시의 지배적 분위기가 된 것이다. 이렇게 수도원 개혁이 어느 정도 진척 되자 클루니 수도원은 교회권 전체를 개혁하고자 했다.

당시의 교회는 권력을 놓고 벌이는 암투의 현장이었으며, 교황은 영주와 마찬가지로 항상 음모와 권력 투쟁에 연관되어 있었다. 이들이 특히 막고자 한 것이 성직매매였다. 세속 통치자들이나 정치적 권력자들이 자신들의 기호에 따라 성직을 주고 사제로 서품하는 것을 막고자 한 것이었다. 또한 성직자 결혼 문제도 이들이 엄격하게 제한하고자 했던 내용이었다. 이들 클루니 개혁 운동을 주도했던 수도사들은 교회 개혁의 칼까지 빼들었던 것이다.

클루니 개혁운동의 실패

그러나 클루니 수도원의 교회 개혁운동은 실패로 끝났다. 실패하게 된 가장 큰 원인은 클루니 수도원이 취했던 가난에 대한 태도 때문이었다. 클루니 수도원을 포함해서 모든 개혁 수도원들도 재산이 너무 불어나서 스스로 주체할 수 없을 만큼의 부를 축척했다. 그리고 자신의 부를 포기하는 것이 쉽지 않았던 클루니 수도사들은 역시 교회와 교황권, 또 사제나 교권주의자들이 가진 재산에 관해서는 오히려 그들의 권리를 옹호하는 입장에 섰다.

결국 새로운 이상을 품고 수도원과 교회의 개혁을 추구했던 클루니 수도원의 개혁운동은 쇠퇴의 길로 접어들게 되었다.

3) 시토 수도원의 개혁운동

은둔과 금욕 고행을 통한 개혁 운동

그런데 이때 이미 클루니 수도원의 개혁운동을 대체할 다른 개혁운동이 고개를 들고 있었다. 이것은 시토 수도원의 개혁운동이다. 시토 수도원의 개혁 운동의 특징은 서방교회의 특징인 제도와 체제를 통한 개혁보다는 오히려 동방 수도원에 더 근접한 은둔과 금욕 고행을 통한 개혁 운동이었다. 실제로 은둔이나 고행, 금욕은 제도나 조직의 개혁보다는 개인의 자기 갱신적 분위기가 더 강하다.

클루니 수도원의 개혁의 기치를 높이 들고 있던 그 시기에 수도사나 수도원장 또는 성직자들 중에서 직책을 버리고, 홀로 사는 은둔의 길로 들어서는 사람들이 끊임없이 생겨났다.

이렇게 된 가장 큰 이유는 11세기에 뜻이 있는 수도사나 성직자들 또는 하나님의 뜻에 따라 살기로 결심했던 평신도들이 보기에 "수도원의 위기"라고 생각되었고, 당시의 교회권은 기대할 만한 것이 없었다는 생각을 하게 했던 현실이었기 때문이었다. 이들은 이제 세상에서 교회와 수도원이 만들어 놓은 제도와 조직으로는 도저히 하나님께서 요구하는 그리스도를 본받는 삶, 사도적 삶을 살기에는 불가능하다는 판단을 하게 된 것이다.

그들에게 해법으로 나타난 것이 원래의 수도원 이상인 "광야로 돌아감"이라는 생각이었다. 즉 *imitato Christi*라는 원래의 수도원 이상인 고독과 청빈은 거대한 수도원에서 보다는 작은 은둔 지역에서 제대로 할 수 있으며, 하나님의 뜻에 맞는 생활을 할 수 있다는 것이었다.

그래서 이들은 가난한 은둔자로서, 세상을 벗어나 고립되고 한적한 숲속으로 들어갔다. 그리고 오지의 산 속에다 수도원을 세웠는데 공동체적 삶의 형식을 취하기는 했지만 엄격한 은둔자적 삶을 기본으로 했다. 이들은 이것을 복음적 삶이라고 했고, 이러한 삶이 하나님의 뜻에 부합한 삶이라고 믿었다. 그리고 이들의 삶은 종종 당시의 교회권이나 수도사에 대한 날카로운 비판과 결합되어 있었다.

시토회의 생활 방식

이것의 실제적 시작점을 제공한 것이 바로 시토 수도원이다. 클루니 수도원이 베네딕트 수도 규범을 현실에 맞게 해석하고, 필요한 부분을 보충하는 식으로 따랐다면, 시토 수도원에서는 베네딕트 규범을 문자 그대로 따르는 것을 원칙으로 했다.

시토 수도원은 로버트라는 사람이 건립했으나, 실제로 개혁의 본산으로 만든 사람은 스테판이다. 그는 1109-1133까지 수도원을 이끌면서 시토 수도원의 전통을 만들어 냈다.

이들의 생활 방식은 소박한 식사, 수공업을 통해서 필요한 생필품 조달, 수도원의 평신도 가족들과 함께 하는 농업, 교회 건축이나 수도원 건물을 단순하고 소박하게 함, 예배 형식의 단순화 등을 특징으로 했다.

이렇게 시토가 클루니 개혁 운동의 흐름을 넘겨 받자 다시 모든 사회적 관심이 시토로 쏠리기 시작했다. 이제 개혁의 주체 세력은 클루니가 아니라 시토였다. 시토 수도원의 개혁 운동이 빛을 보게 된 데는 또한 유능한 인물인 클레르보의 버나드를 원장으로 세운 데에도 크게 기인한다. 그는 시토 수도원이 처음에 가졌던 엄격한 이상을 회칙에 집어 넣어 이 이상을 혹독하고 엄격하게 지키도록 했다. 그는 또한 이런 딱딱한 규칙 엄수에 그치지 않고 신비적 경건운동까지 가미시킴으로써 엄격함과 신비적 경건을 균형 잡도록 했다.

4) 그레고리 개혁

배경

수도원이 주도권을 잡고 개혁운동을 일으킨 지 거의 한 세기가 가까워지고 있었다. 클루니 수도원이 시작하고 시토 수도원이 계속했던 수도원 개혁운동은 결국 교회권의 개혁을 가져왔다.

원래는 세상에서 탈피해 나가고자 했던 은둔 운동이 세상에서 큰 반향을 불러 일으켰고, 이 새로운 경향을 따라 수도원과 공동체가 수많이 설립되었다. 이 시대를 개혁의 시대요, 종교적 열정기의 시대라고 이름 붙이게 했다. 그리고 이런 개혁적 흐름이 결국 "그레고리 개혁"이라고 이름 붙여진 교회 개혁을 이끌어 내었다.
 그레고리의 개혁이라고 이름을 붙이게 되는 그레고리 7세는 바로 그 유명한 카노싸의 굴욕을 일으킨 장본인이다. 독일 황제 헨리 4세를 무릎 꿇게 해서 교황권을 높이고, 교회권을 세속권력에서 지켜낸 특출한 인물이다. 이 사람은 교황으로 선출되기 전에는 클루니 수도원의 수사였다. 클루니 수도원 개혁과 시토 수도원의 개혁 운동을 통한 전체 사회적 분위기가 이런 개혁적 입장에 서 있는 인물을 교황으로 선출될 수 있게 한 것이었다.

개혁의 핵심

 그레고리 개혁의 핵심은 부패하고 타락한 교회를 수도원적 이상에 따라 개혁하는 것이었다. 당시의 일반 민중들에게 폭넓은 지지를 받고 있던 수도사들은 올바른 그리스도인의 삶을 살고 있는 표징이었다.
 그러나 일반인들이 보기에 성직자들은 가장 추악하게 타락해 있는 계층이었다. 특히 교회제도를 부정하고자 하며, 이단적인 생각을 갖고 있던 사람들은 성직자들의 삶에 대해서 격렬하고도 신랄한 비난을 퍼붓고, 폐단을 들추어 냈으며, 성직자의 직위와 권리까지 부정하기가 일쑤였다.
 물론 이런 상황에서 가장 곤란에 빠진 것은 성직자 계급이었다. 그들이 취할 수 있는 길은 한 가지밖에 없었다. 그들도 수도사처럼 살아야 했던 것이다.
 결국 어느 정도는 어쩔 수 없이 1059년 라테란 종교회의에서 성직 수도사라는 제도를 공식적으로 인정하는 결정을 했다. 내용은 공동 생활과 사유 재산의 포기가 성직 수도사들의 삶의 특징이라고 천명했다.

그러나 이런 교회내적 성직 수도원으로 하는 개혁에 불만을 가진 개혁적 성향의 성직자들은 그들 나름대로 독자적인 성직자 수도원을 만들어서 수도사적인 생활을 함으로써 이 개혁운동에 동참하고자 했다.

성직 수도사들이 따른 수도원 규범

이 때 성직 수도사들이 따른 수도원 규범은 베네딕트 규범이 아니라 "어거스틴의 규정"이었다. 특별한 이유가 있었다고는 보기는 어렵지만, 아마도 베네딕트는 성직자가 아닌 순수한 수도사였고 어거스틴은 주교 출신으로 성직자 겸 수도사였으므로 이런 결과가 온 것이 아닌가 추정된다. 현대의 목사들도 그렇지만 때때로 참 작아 보이는 것들이 중대한 결정에 큰 영향을 미치기도 한다. 현대에 장로나 전도사의 말을 들으면 큰 일 나는 줄 아는 목사들이 많이 있는 것처럼.

어쨌든 개혁운동은 나름의 방향을 잡고 있었고, 유럽 사회 전체에 수도사적 삶의 형태, 즉 고행과 금욕 그리고 세상과 단절하고 사는 은둔적 삶의 양식—이것은 산 속으로 들어가서 모든 것과 끊고 산다는 의미로 해석되는 경우가 많은데, 그런 의미가 아니고 세상적인 것에 연연하지 않는다고 이해하는 것이 더 정확한 이해이다—이 사회에 일반적 경향이 되는 데에 큰 역할을 했다.

유럽 사회의 삶의 분위기 혁신

유럽 사회 전체가 종교적 열정과 수도사적 삶의 분위기로 갔다. 부끄러워서 죄를 못 짓는 사회, 남을 속이고 세상적인 것에 연연해서 자기의 이익만 도모하는 것이 죄요, 부담이 되는 사회를 만든 것이다. 사실 이런 전통을 한 번쯤 가져봤기에 유럽이 기독교적 도덕에서 나름의 틀을 만들어 낼 수 있는 것이다. 역사에서 단 한번도 그런 경험을 가져보지 못한 우리나라, 우리의 기독교로서는 가장 부러운 전통이라고 생각한다. 죄가 죄인 줄 알았던 시대, 죄를 부끄럽게 생각할 줄 알았던 시대가 바로 이 때였다.

그런데 이런 개혁적 분위기는 역설적이게도 개혁의 주도권을 놓고 서로 논쟁을 벌이기도 했다. 또한 수도원이 여럿으로 갈리는 계기가 되기도 했다. 전통적인 입장에 서 있다는 검은 옷을 입는 클루니 수도원, 백색 옷을 입는 시토 수도원, 성직자 수도원과 어거스틴 수도원 등이 서로 다투었다. 그래서 성직자들은 수도사도 성직자는 신분이 틀리다며 자신들의 우위를 주장했고, 타락하고 잘못된 교회를 바로잡은 것이 자신들이라고 주장한 것은 베네딕트 수도사들이었다.

어쨌든 11세기의 새로운 공동체와 수도원의 개혁운동은 수도회 사상이 변할 수도 있고 현실 문제에 적응할 수 있다는 것을 증명해 보였다. 중세를 암흑시대라고 표현하는 대신에 열정적인 종교적 삶이 있었다. 어떤 예외도 없이 오로지 하나님께 헌신하는 삶이 중요한 기독교 정신으로 나타날 수 있었다는 것에 눈을 돌린다면, 이것은 오로지 중세의 수도원 공동체가 있기에 가능했던 것이다.

5. 탁발 수도원의 등장과
유럽의 사회개혁

1) 시대적 배경

　세기가 바뀔 때 즈음해서 수도사적 삶이 추구했던 이상은 많이 변해 있었다. 이전의 전통적 수도원 공동체는 대체로 시골 지역에 세워졌었고, 이것은 당시 사회의 구성요소였던 농업구조와 봉건체제와 잘 결합되어 있었다.
　그런데 12, 13세기가 되면서 사회는 새로운 변화를 맞이하고 있었다. 이제 도시, 시민, 상인 등 당시 사회에 새로운 계층이 부상되고 있었다. 이들에 관해서 당시 교회권의 주도적 세력이었던 수도원은 전혀 관심을 가지지 않았다. 그러나 새로운 종교적 요구를 이끌어갈 사람들이 이 계층에서 태동하고 있었다. 교회나 수도원에서는 그들에게 관심을 가지지 않았으나 그들은 스스로 자신들의 종교적 요구를 급속히 발전시켰다. 도시에 살고 있던 사람들 역시 부자든 가난한 사람이든 모두가 종교적 삶을 추구했다.
　이들이 가진 특징은 가난과 공동체로의 결집이었다. 누가 가르쳤다거나 강요해서가 아니라, 그들은 성경대로 살기를 원했고, 그리스도의 삶을 따르고자 했다. 이것이 그들의 출발점이었기 때문에, 수도원이나 교회의 교권 체계에 관해서는 불신과 때로는 적대시하는 경향까지 나타났고, 그들은 오직 성경과 직접 만나고 성경대로 살고자 했다. 제도보다는 오직 말씀대로 살겠다는 것이 그들의 생각이었던 것이다.

이런 운동은 바로 중세의 종교 운동을 낳았다. 중세의 종교 운동 중 유명한 것으로 왈도파, 카타리파, 또 휴밀리탄 등을 들 수 있다. 이들이 주장한 것은 전통적인 수도원 이상인 공동의 삶과 거기에 덧붙여 사도적 삶과 복음적 삶이었다. 이 종교운동들은 보통 자의적이고 자기 본위적인 성경 해석을 갖고 있었고, 교회의 세례를 부정하고 성직자의 역할을 믿지 않았기 때문에 대개 이단이 되었다. 또한 그들은 방랑생활을 하면서 광신적인 설교를 하는 것이 보통이었다.

이것은 지금까지 클루니, 시토, 성직자 수도회 등이 해왔던 교회의 개혁운동에서 새로운 방향을 제시하는 불길이었다. 이제 중세의 종교적 열정은 개혁을 넘어 교회 부정까지 가게 된 것이다.

이런 종교운동에 대해 교회와 전통적 수도원들은 강하게 억압할 것을 주장했다. 그러나 당시의 교황이었던 이노센트 3세는 이러한 종교운동들이 가지는 가치를 깨닫고 있었다. 그는 제도와 형식과 조직이 모든 것에 우선하는 기존의 교권 체계와 수도원 운동에 이단 운동들이 가진 사회적 삶과 복음적 삶이 접목되어야 한다고 생각했던 것이다.

2) 도미니크 수도원

그래서 그가 허락하고 지원해서 이들 운동의 이상을 교회권 안에서 지탱해갈 자리를 마련해 준 것이 도미니크 수도원이다.

실제로 12, 13세기에 나타난 이런 종교 운동은 지금까지의 봉건주의로 대표되는 자연 경제에서 화폐 경제로 경제 형태가 바뀌면서 생겨난 도시화의 산물이었다. 시대가 바뀌면서 새로운 종교적 삶의 형태가 나타난 것이었다.

도미니크 수도회를 가짐으로써 교회는 이단들에게 대항할 강력한 무기를 갖게 되었다. 왜냐하면 이단 운동가들이 주장하는 바 교회나 전통적 수도원들이 "무소유로 무소유의 그리스도"를 따르는 삶을 살지 않는다고 하는 비난에 대해 교회 내에도 그렇게 사는 사람들이 있다는 근거를 갖게 되었기 때문이다.

그런데 사실 도미니크 수도회의 원 목적은 이단 운동에 참여했다가 다시 교회로 돌아온 여자들을 교육하는 일이었다. 이런 목적이 있었으므로 도미니크 수도회 수도사들은 개종한 사람들을 가르치기 위해서 공부를 해야만 했다. 그 결과 도미니크 수도회는 수많은 학자를 배출하게 되었고 얼마 안 가서 대학의 교수직들도 이들 수도회 출신들이 차지했다. 토마스 아퀴나스나 그의 스승 알베르투스 마그누스도 이 도미니크 수도회 수도사 출신이다.

3) 프란시스코 수도원

비슷한 시기에 또 다른 탁발 수도회가 생겨났다. 이것 역시 교회 종교적으로 같은 배경 하에서 생겨난 것이다. 즉 새롭게 부상하는 초기 자본주의와 종교적 열정이 결합해서 나타난 것이다. 이것이 바로 프란치스코 수도원이다.

프란치스코는 원래 기사단이 되고자 했었다. 그러나 어떤 체험들을 통해서 성경에서 가르치던 가난과 당시의 시대적 흐름이든 가난을 통한 복음 운동을 자기 개인에게 주는 하나님의 특별한 명령이라고 생각했다.

청빈

그는 마태복음 10:9-16을 자기 삶의 기본으로 받아들이고 사도적 삶의 실천 대열에 동참했다. 그의 삶은 말 그대로 거지의 삶이었다. 즉 어떤 이유에서든 돈은 절대로 안 받았으며, 옷도 입은 옷 외에 가져서는 안되며, 먹는 것도 어떤 것이든 예비해서는 안되었다. 그는 자기의 이상을 따르는 동료들과 함께 이런 이상을 가지고 방랑의 생활을 했다.

이런 삶의 양식은 당시의 이단들과 별로 큰 차이가 없었다. 그래서 프란치스코는 교황에게 자신들의 생활을 교회에서 공식적으로 인정해 주기를 탄원했다. 여러 가지 우여곡절 끝에 1210년 프란치스코는 교황 이노센트 3세에게 공인 받을 수 있었다. 공인 받았다는 것은 아씨시의 형제단이 이단의 무리라는 의심에서 벗어나는 것을 의미했고, 이것은 이 작은 공동체가 대단위 공동체로 자라갈 길을 연 것이었다.

삶의 특징

공인 받은 후 프란치스코와 그의 동료들이 사는 삶의 방식은 빠르게 폭넓은 사회적 동의를 받았다. 이것은 지금까지의 전통적 수도 공동체와는 여러 면에서 달랐다. 지금까지는 모든 수도사는 어떤 장소적 특징을 갖는 수도회였다. 즉 모든 수도사는 자기가 거주하는 수도원이 있었다.

그러나 프란치스코 수도회는 공동의 삶을 추구하고 지금까지의 전통적 수도원 이상과 전혀 동떨어진 새로운 것은 아니었지만, 최소한 그들은 어떤 장소에 묶여 있지 않았다. 이들은 단지 규정된 삶의 규정, 선서를 통해서 일 뿐 그들은 단지 인간적 연합체로서, 세상의 여기저기에 흩뿌려서 사는 모습의 새로운 모습을 나타냈다. 바로 이런 이유 때문에 프란치스코단 소속 수도사들은 구체적 삶의 모습에서 개인에 따라 상당히 다른 모습을 나타냈다.

원래 프란치스코는 가난에 특별한 의미를 부여하고 가난을 거의 숭배하다시피 했으며, 하나님의 뜻대로, 예수님이 명령한 복음적 삶을 사는 것은 절대적 가난 아래서만 가능하다는 것이 그의 기본적 생각이었다. 그러나 이런 그의 생각이 그의 형제단 모두에게 똑 같았던 것은 아니었다. 또한 프란치스코 혼자서는 이것을 모든 형제에게 직접 가르칠 수도 없었다.

형제단의 구성

더군다나 형제단은 아주 급속도로 발전해서 10여 년 사이에 3,000명도 넘는 형제들이 프란치스코단에 모여들고 있었다. 1221년 총회를 하기 위해서 소집한 모임에 이런 숫자가 모였다면 실제상의 형제단 숫자는 더 많았으리라고 추정할 수 있다.

그래서 프란치스코는 새로운 규정을 만들면서 방랑 생활뿐 아니라, 수도원을 가지고 정주 생활을 하는 것을 인정했으며, 특히 형제단에 각종 위계 질서를 만듦으로써 체계를 갖추도록 했고, 특히 교황에게 추기경 감시관을 파견 상주하게 함으로써 가난의 이상과 교회의 테두리를 벗어나지 않도록 하는 안전 장치를 마련했다.

어쨌든 프란치스코는 자신과 형제단의 특징인 "개인도 공동체도 가난해야 하며, 무소유여야 하며, 돈을 한 푼이라도 받으면 안된다"는 절대 가난의 이상을 계속 고수하게 하려고 노력했다.

분열

1226년에 프란치스코는 생을 마감했다. 그러자 조직 내에서 여러 가지 분란이 일어났다. 특히 문제가 되는 것은 가난에 대한 이해 문제였다. 어떤 사람들은 프란치스코의 생활에서 보여준 그 모습을 그대로 따라야 한다고 주장했고, 어떤 사람들은 프란치스코가 추구했던 이상은 그 당시의 사회가 요구했던 것이므로 현실에 맞는 새로운 가난의 이해를 정립해야 한다고 주장했다.

이들의 논쟁은 격화되었고 결국 형제단은 분리되고 말았다. 프란치스코의 원 의도를 그대로 살려야 한다고 주장했던 사람들은 스피리투알단이라고 불리는 분파를 만들었고, 현실적 의미를 받아들인 새로운 해석과 현재의 필요한 것을 하자는 쪽이 콘벤투알 단이었다.

이들의 싸움은 격렬했고, 결국 교황이 나섰다. 그래서 교황은 콘벤투알 쪽의 손을 들어 주었다. 이것은 감정적이거나 정치적 처사가 아니라, 스피리투알 단이 당시의 계시 사상이었던 요아킴 사상과 결합되면서 세상의 종말을 말하고 교회나 신부 또는 성직자는 모두 구원 받지 못하고 오로지 자신들만 구원을 받으리라는 이단 사상에 휩쓸렸기 때문이다.

교황의 칙령의 내용은 간단했다. 가난의 전통은 지켜야 한다. 그러나 사용권은 보장한다는 것이었다. 내용은 간단했으나 이것이 주는 반향은 컸다. 우선 프란치스코의 원 의도보다는 교황의 해석이 중요하다는 의미와 함께 규정이나 규범을 새롭게 해석해도 된다는 선례를 남겼기 때문이다.

이런 움직임은 결국 프란치스코단 차기의 위대한 대표자 보나벤투라에 의해서 규정의 해석이 가능하다는 공식 선언을 낳게 한다. 그 공식 선언할 때 첫 시작을 이렇게 한다.

"담장을 쳐 놓지 않으면 소유물 자체를 지켜 내지 못한다"
(시락서 36:27)

그가 보기에 시대에 부응하지 못하면 수도회 자체가 존립하지 못할 것으로 보였던 것 같다.

시대의 적응

이러한 보나벤투라의 시대 적응 시도는 훌륭하게 결실을 맺는다. 그들은 도미니크 수도회가 했던 것처럼 공부와 연구에 눈을 돌려 14세기에 도미니크 수도회와 프란치스코 수도회 사이에 멋있는 신학적 논쟁을 벌인다. 이런 논쟁의 결과가 바로 스콜라 신학이다. 여기서 우리는 '스콜라'라는 말 자체가 학파 분파의 뜻을 갖는다는 것에 주의를 기울일 필요가 있다.

어쨌든 이 탁발 수도단을 통해서 서방 교회의 수도원의 역사는 또 하나의 새로운 전통을 추가하게 된다. 전통적인 베네딕트 수도원에서의 수도사의 목적은 첫째가 "전심으로 하나님을 찾는 것"이었는데, 이 탁발 수도회를 통해서 수도회의 역할 중에 "목회적 차원"도 아주 중요한 요소라는 것이 추가된 것이다.

이것은 이 탁발 수도회가 사회적 동의를 얻을 때 순례자를 돕기 위한 조력 수도회, 기사단 등이 생겨나고, 지금까지도 이런 목적하에서 수많은 수도회가 활동하고 있는 것을 보면 쉽게 알 수 있다.

4) 어거스틴 수도회

13세기 중반에 또 다른 대형 탁발 수도원인 어거스틴 수도회가 나타난다. 이것은 원래 어거스틴 규정을 따르던 성직 수도회가 확대 개편된 것으로 1256년 교황 알렉산더 4세가 칙령을 통해 추기경 리차드 아니발디에게 허락함으로써 공식화된 수도회이다. 어거스틴 수도회는 교황과 교회의 비호 아래 빠른 성장을 했고, 그 결과 도미니크 수도회, 프란치스코 수도회, 칼멜 수도회 등과 함께 이 당시의 대표적 금욕 수도회의 하나가 되었다. 이런 13세기에 나타난 탁발 수도회들은 당시 사회의 기독교적 가난을 부르짖던 복음주의의 결과였다.

13세기에 발흥하기 시작한 초기 자본주의와 도시 시민계급의 부상, 또 도시 문화의 발흥이 기독교적 열정과 어우러져 당시의 배금 사상과 인간보다 물질을 중시하는 사회의 흐름에 격렬한 저항을 했던 것이다. 그리고 이들 탁발 수도사들은 자기 훈련과 교육 철저한 신앙적 무장을 통해 결국 다음 시대의 모든 것을 석권했다.

영적인 지도자로서는 성직자 계급이 이들의 손에서 길러졌으며, 토마스 아퀴나스로 대표되는 스콜라 신학이 이들에 의해 터가 잡혀졌고, 로마의 원로들이나 고위층, 또 황제의 궁정 대신들까지도 이들의 영향을 받은 사람들이었다.

13세기말에 가면서 이들 탁발 수도원들도 이제는 새로운 종교운동이 아니라 전통적이고 일반적인 수도회의 흐름 중 하나가 되었다. 그들은 더 이상 극단적 가난을 추구하지 않았으며, 거리를 방랑하면서 교회를 비난하지도 않았다. 또한 서로 다투던 수도회끼리의 불화도 거의 사라졌다. 이것의 가장 큰 이유는 거의 모든 수도원들이 비슷해졌기 때문이다.

13세기의 수도원들은 은둔 금욕 수도회였고, 이것은 시토 수도원으로 비롯되어 사회 변화와 함께 일어난 새로운 종교운동이자 개혁 운동이었다. 이것은 교회사에서 특별한 의미를 갖는다. 500년경에 게르만 사람들에게 전해진 기독교가 지금까지는 무조건 따라서 해오던 것, 동방교회의 전통을 답습해 오던 것이 이제 자신들의 눈으로 바라보고자 하는 시도가 일어나 성경으로, 말씀으로 돌아가자는 시도가 일어났던 것이다.

이것의 아이러니는 이런 흐름과 내적인 역량 축적이 교회나 전통적 수도회보다는 이단 운동을 일으켰던 종교 운동가들이나 기존의 수도회에 속하지 않았던 평신도 출신 수도사, 또 프란치스코 같은 전혀 평범한 사람들에게서 시도되었다는 것이다. 중세의 교회 개혁은, 다음 시대의 종교 개혁과 마찬가지로, 평신도와 수도사에 의해서 이루어졌던 것이다. 어쩌면 교회가 나서서 스스로 개혁하는 것은 불가능하다는 것을 교회사는 가르쳐 주고 있는지도 모른다.

또 하나 13세기 종교운동과 각 탁발 수도회는 교회 안에 얼마나 다양한 모습의 이상과 삶의 모습이 공존할 수 있는지를 보여준 큰 실 예가 된다. 어쩌면 각 수도회는 서로 간에 이단 시비는 물론, 도저히 공존할 수 없을 만큼의 서로 다른 기독교적 이상을 갖고 있는 경우가 많았고, 그런 이유로 논쟁이나 불화가 나타난 적도 많았다. 그러나 이들은 교황과 그리스도 안에서 서로 자제할 수 있었고, 그래서 공존의 가능성을 보여줌으로써 오늘날에도 시사하는 바가 크다. 이것을 스테판 무렛이라는 수도사는 이렇게 표현하고 있다.

> "하나님의 집은 크기도 하고 넓기도 하다. 최고의 아버지를 향해 가는 길은 또한 많기도 하다. 우리는 그 중에서 한 가지를 택한 자들이다. 이 길들은 모두 다 위대한 교부들께서 우리에게 주신 것들이다: 바질리우스, 어거스틴, 베네딕트 등. 하지만 이들이 원전은 아니다. 이것들이 뿌리가 아니라 가지이다. 여러 규정들을 포괄하는 규정은 하나뿐이며, 뿌리가 되는 원천 또한 하나뿐이다. 그것은 복음이다…"

이러한 원칙은 각 수도회가 다른 생활 양식과 방편을 사용했다고 해도 모든 수도회의 공통적 이해였다. 이들은 자신들의 생활을 성경 속에서, 말씀 속에서, 복음을 따르는 것으로 자신들이 그리스도인임을 보이고자 했다.

아마도 12-13세기의 수도원 개혁운동과 종교운동 그리고 탁발 수도원의 출현은 교리 체계 위주의 신앙에서 말씀과 복음으로 돌아가자는 운동이었다고 말할 수 있을 것이다. 그리고 종교개혁의 큰 발자국을 위한 신발끈을 매는 작업이었다고…

6. 종교 개혁기의 수도원 운동

1) 중세의 가을

네델란드의 문화 사학자 호이징거는 14, 15세기를 "중세의 가을"이라고 칭하고 있다. 이렇게 이름 붙인 이유는 물론 이 시기가 중세의 사상들이 곳곳에서 퇴락과 몰락의 징조들을 보이고 있기 때문이다.

13세기까지 일어났던 수도원 개혁 운동의 결과 14세기초까지는 수도원들이 서방의 교회에서 독특한 자기 위치를 점하고 있었다. 이러한 사회운동 특히 탁발 수도원 운동을 가능하게 했던 사회 체제가 다시 붕괴하고 새로운 모습으로 가려는 변화의 조짐이 곳곳에서 나타나고 있었다.

새롭게 태동하는 국가주의, 14세기 중반에 전 유럽을 휩쓸었던 페스트의 여파, 또 프랑스를 한참이나 어렵게 했던 100년 전쟁 등이 바로 이 시기에 나타난 사건들이었다. 이런 흐름들은 지금까지의 수도원이 가졌던 위치를 약화시키는 요인으로 작용했다.

중세적 시각에서 국가라는 경계 없이 국제적으로 연합하고 함께 힘을 모았던 수도원들이 이제는 국가에 소속된 수도원이라는 의식을 강하게 갖기 시작했다. 이런 경향은 수도원의 관심사가 이제 순수한 하나님을 찾는 삶이라거나, 또는 그리스도를 따르는 삶이라는 원칙에 서로 부합하고 공감하기 위해서 국가의 이익이라는 어려운 장애물을 넘어야 한다는 것을 의미했다.

유럽의 각 국가의 군주들은 더 이상 기독교적 이상에다 국가를 맞추기보다는 국가와 종교를 분리해서 생각하기 시작했다. 이것은 물론 독일이 신성로마제국 황제의 직위에 있으면서 독일보다는 이탈리아 교황쪽에 더 관심을 갖는 것에 대한 반발이기도 했고, 또한 프랑스와 이탈리아 쪽에서 보기에는 교황령을 누가 지배하느냐에 따라서 유럽의 패권의 판도가 변하기 때문에 가볍게 넘어갈 문제가 아니었다.

당시의 교황들은 거의 정치 세력의 꼭두각시 노릇을 하던 시기였다. 결국 이러한 모든 것은 13세기까지 만들어 왔던 중세적 특질을 해체하는 요인으로 작용했다. 그리고 이런 요인은 물론 수도원에도 직접적 영향을 미쳤다.

이제 13세기까지 나타났던 수도원 개혁운동은 14, 15세기에는 평신도들의 의식 개혁으로 결과지어 나타났다.

2) 수도원의 두 양태

이 시기에 수도원에는 두 가지 서로 다른 경향이 나타났다. 하나는 개혁적 흐름으로 당시에 있었던 학문적 발전 특히 이탈리아를 중심으로 나타난 인문주의를 연구해서 신학적 학술적으로 수도원의 계속적인 개혁을 추구하는 쪽이었고, 다른 한쪽은 시대적 분위기에 편승해서 적당한 자기 위치를 찾으려는 쪽이었다.

이 시기는 12, 13세기에 나타났던 개혁운동이 평신도까지 확장된 시기였다. 이 시기에 수도원의 역사상 처음으로 수도사라는 것 자체에 대한 의문이 제기되기 시작했다. 이것은 물론 당시에 일어났던 중세 평신도 경건운동의 영향이기도

하지만, 더욱 큰 것은 12, 13세기에 이미 시작된 "말씀" 즉, 복음과 성경을 근거로 모든 것을 판단하는 것이 평신도들에게 보편적 가치로 자리잡기 시작했기 때문이다. 즉 그들은 어째서 성경에 없는 제도인 수도사가 교회에서 그렇게 큰 역할을 하느냐고 물었던 것이다.

이것의 가장 대표적 주자는 영국 사람 존 위클리프이다. 물론 그는 타락한 수도원을 근거로 그런 표현을 했지만 어쨌든 14, 15세기는 말씀과 제도가 개혁과 보존이라는 두 다른 가치관을 갖고 수도원을 계속해서 위협하던 시기였다고 말할 수 있다.

결국 16세기에 어거스틴 수도사였던 마틴 루터에 의해 종교개혁이 일어난다. 종교개혁이 일어났을 때 개혁적 성향에 있던 수도사들은 종교개혁 운동에 동조해서 개혁운동을 함께 했고, 전통과 교황의 명령에 매어 있던 수도사들은 탄압에 앞장섰다. 어쨌든 종교개혁으로 가장 큰 시련을 맞게 된 것은 수도원들이었다. 당시의 가톨릭 권과 개혁 세력 모두에게 태풍의 눈이었던 루터가 수도원에 대해 혹독한 비판을 가했기 때문이다. 루터는 교황의 명령을 따라 무조건 움직이는 수도사들이 미웠고, 이들에게 그의 다혈질적 성격을 그대로 쏟아 부었다. 당시에 수녀원에는 자신들이 맡긴 딸을 찾아오려는 부모들이 줄을 섰다고 하니, 루터의 발언이 가지는 강도는 상당히 영향력이 있었던 것으로 보인다.

이런 결과로 종교 개혁기의 수도원은 일차적으로 침체의 늪으로 빠져들었다. 이 당시의 삽화에서는 수도사들을 "마귀의 앞잡이", "교황의 개" 등으로 경멸하는 것을 자주 볼 수 있다.

종교 재판

수도원 체계는 그대로 물러나지 않았다. 종교재판소가 설치되고, 종교 재판소의 재판관이 도미니크 수도회 수도사들이 되면서 수도원들의 악역이 다시 시작되었다.

1542년 7월에 바울 3세에 의해 공식적으로 출현한 종교재판소는 종교개혁의 불길을 잡는 데 주도권을 행사했다. 종교재판소들은 스페인, 프랑스, 그외 다른 지역에서 공포와 위엄을 가지고 사람들을 위협했다.

3) 예수회

종교 재판소의 설치가 논의 되고 있을 때 스페인 사람 이그나티우스 로욜라에 의해 예수회가 창설되었다. 이들은 약간은 광신적인, 그러나 교회를 향한 열정은 아무도 부인할 수 없는 단체였다. 로욜라가 쓴 책에 다음과 같은 구절이 있다고 한다.

> "나에게 흰색으로 보이는 것이라 하더라도 만약 교회의 계급체계가 이것을 검은 색이라고 정의한다면 나\는 이를 검은 색으로 믿을 것이다."

예수회는 1540년 9월에 교황에 의해 공인되었다. 복잡하고 어려운 수습 과정을 거쳐서 "교황에게 절대 순종을 하는 특별 서원"을 한 다음에야 정식 회원이 되었다.

엘리트 집단

예수회는 당대 최고의 엘리트 집단이었다. 이들은 좋은 성품을 가진 사람들 중에서도 지적으로 뛰어나고, 육체적으로 강건하고 매력적이고 정력적이며 헌신적인 인물들만 회원으로 가입 시켰는데, 2년의 견습기가 끝나면 보통의 수도사들이 하는 청빈, 정절, 순명의 서원을 한다. 그후 1년간의 일반 교양학문 공부, 3년간 철학 공부 및 나이 어린 회원들에게 철학과 문법을 가르친다. 그후에 다시 4년간 신학 공부를 해서 정식 사제로 서품된 후 다시 1년을 실천신학 즉 목회 현장에서의 실제적 경험 및 영적 훈련을 한다. 그리고 다시 2년간의 시험 기간을 통해서 자격이 인정되어야 비로소 정식 회원으로 가입되었다.

활동

예수회의 활동은 눈부실 정도여서 로욜라가 아직 살아 있을 동안에 백 개에 달하는 대학과 신학원을 설립하였으며, 죽은 지 140년이 지나지 않아 예수회가 세운 학교는 700여 개 였고, 오늘날에는 수천 개에 달한다.

이 예수회는 서구에서 수도원 운동이 최후로 화려하게 꽃피운 사건이라고 말할 수 있다. 이것이 단 기간에 발전할 수 있었던 요소들로는 보통 이들 조직이 가지는 뛰어난 조직력이다. 즉 가장 하급자에서부터 가장 상급자에 이르기까지 순식간에 이루어지는 연락 체계는 이 조직을 활성화하는 데 큰 힘이 되었다. 또한 엄격한 징계 체제는 이들 조직이 건강한 영적인 생명력을 계속 유지해주는 바탕이 되었다. 이들은 성찬식을 자주 거행하고 개인적 고해성사를 강조하는 한편, 영적으로 회원들의 문제를 항상 상담함으로써 모든 회원의 양심에 관한 문제에 항상 큰 관심을 기울이고 있었다.

루이스 스피츠라는 학자는 예수회와 칼빈주의를 비교하면서 닮은 점이 많다고 했다. 그는 양쪽 모두가 어느 정도 금욕주의적 경향이 있었으며, 올바른 지식의 함양을 위해 보다 고상한 차원의 고등교육을 강조하였고, 세속 정부에 대한 저항권을 정당화하며, 정치적 계약 이론을 추구하는 것 등을 말하고 있다. 또한 서로 인간 본성을 악하다고 생각해서 원죄에 관심을 기울였으며, 자유 의지는 꺾여지고 단련 받아야 한다는 것, 하나님의 은혜를 중시하는 등의 공통점이 있다고 설명한다.

어쨌든 예수회는 특히 교육과 선교에 큰 성공을 거두었다. 특히 선교와 교육에서 큰 효과를 거두고 있는데, 이것은 물론 예수회 소속 회원들의 뛰어난 학식과 성품 덕분이다. 특히 각국의 왕자들에게 가정 교사를 제공함으로써 동유럽 지역의 차기 통치자들에게 강력한 영향력을 행사한 것과, 동구권이 현재까지 보통 가톨릭 국가라는 것은 보면 이들이 취했던 정책이 얼마나 견고한 효과를 갖는 것인지 알 수 있다.

이들은 또한 개신교 세력이 강한 곳에서는 도서관, 수도회 또는 가르치는 자료 즉 요리문답 작성이라든가, 대학 설립 등 모든 수단을 강구해서 이것을 막고자 했다. 때로는 예수회 회원들은 비밀 공작원의 역할도 마다하지 않을 만큼 열심이었다.

선교

선교에서도 큰 업적을 이루어서 세계 각처에 기독교를 전파함으로써 유럽의 제국주의적이고 약소국 수탈 정책에 대해 약간이나마 보상을 했다. 특히 이들의 뛰어난 학자적 자질들은 그들의 선교지에서 각국의 역사 및 지리에 대한 학구적 연구 보고서를 유럽에 가져옴으로써 결국 유럽이 세계를 석권하는 데 결정적인 정보를 제공했다.

중국까지도 선교사를 보내서 사비에르가 개척하고 특히 마테오 리치는 중국 천문학에 큰 도움도 주고 중국의 달력을 개량했을 뿐 아니라 중국을 서방에 알리는 데 커다란 업적을 남기기도 했다. 예수회의 선교 보고서에 의해 아시아, 아프리카, 아메리카 등에 관한 지식이 유럽에 전달되었다. 특히 마테오 리치는 중국인들을 존경하여 자신들 서구인보다 모든 면에서 뛰어난, 특별한 재능을 하나님에게로부터 부여받은 사람들이라는 보고서를 작성해서 보냄으로써 서구 사회와, 교회에 파문을 일으키기도 하였다. 이러한 결과가 지금에야 서구학자들이 그나마 도덕적 우월주의, 학문적 우월주의를 버리고 동양의 미적 원칙과 도덕을 인정하고, 기독교 우월주의 및 기독교와 세계정복을 동일시하는 세계관을 수정하는 계기를 마련하기도 한다.

그러나 예수회의 활동에도 불구하고 서구의 전체적 흐름은 전통적 수도원들의 위축을 의미하는 것이었다. 가톨릭적 개혁 분위기에 때문에 존속한 수도회들은 전통적인 베네딕트, 프란치스코, 어거스틴 수도회로 통합 정비 되었으며, 또한 수도원의 행정도 중앙 수도원이 전체를 관장하는 체제로 만들고, 걸식이나 구걸에 의해서 수도회를 유지하는 것도 교황권에 의해서 원칙적으로 부정되었다.

  종교개혁으로 인해서 가장 어려운 지경에 처했던 것이 전통적 수도원들이었다. 교회와 세속 통치자들에게서 계속되는 요구와 강요는 이들의 삶의 방식 자체를 위협했다. 그러나 일단의 태풍이 지나가자 자신들을 종교적 삶에 계속해서 헌신하고자 했던 수도사들은 자신의 현실에서 허락되는 방법으로 하나님께 드리는 삶을 계속했다.

7. 근대사회와 수도원

　종교개혁 이후 서구 사회는 대단히 많은 변화를 경험했다. 중세를 정체와 절대 이념의 추구라고 말한다면, 근세 이후는 역동과 모든 기존의 가치를 부정하고 비판하는 새로운 인문주의의 태동과 이를 바탕으로 한 과학 정신이 대두되었다. 그래서 종교개혁 이후의 대표적인 학자나 지도자들은 더 이상 기독교라는 종교적 틀에 매이지 않고 인간의 새로운 가능성을 제시해 주는 사람들이었다. 그래서 17세기를 사람들은 이성의 시대 또는 합리주의 시대라고 부른다. 18세기는 혁명의 시대나 계몽주의 시대이며, 그 이후는 산업자본주의 시대가 도래해서 오늘날의 산업 자본주의 시대까지 이어지게 된다.

　이런 진행 과정에서 절대적 하나님께 자신의 모든 것을 바쳐서 헌신하고자 하는 수도원들과 수도사의 생활 방식이 사람들에게 경멸의 대상이 되고 구시대적 생활 방식이라는 비난을 듣는 것은 어쩌면 당연했다.

　그래서 프랑스 대혁명 이후 수도회는 세계적으로 감소 추세를 보여왔다. 물론 교황권의 강화를 위해서 노력했던 수도회, 특히 예수회와 국가 권력을 강화하고 가톨릭적 세력을 억압하고자 했던 각 국가들 사이에 있었던 마찰의 결과로 나타난 각 국가들의 수도회 말살 정책도 큰 몫을 했다. 그래서 특히 유럽의 여러 나라에서 예수회가 공식적으로 해산되는 결과에까지 이르게 된다. 이것은 또한 지금까지의 수도회의 중요한 배후 세력이었던 교황권의 쇠퇴를 의미하는 것이기도

하므로 수도원과 수도원 운동의 쇠퇴는 어쩌면 필연적인 결과일 것이다.

이런 사회 상황에서 수도원에서 살고, 수도사로서 헌신하는 사람들은 수도원이 처음 생길 때처럼 자기 자신의 신앙과 절대적 헌신의 이상을 가지고 살아야 했다. 이 때 수도사들이 택한 생활 방식은 대개 선교와 이웃에 대한 봉사였다. 그래서 지금까지도 많이 해왔지만 주 업무는 아니었던 구제나 이웃을 돌보는 것들이 그들의 주 업무처럼 되었다. 이것은 또한 교황권의 영향력이 약해지면서 나타난 결과이므로 많은 수도원들이 자신의 독자성을 주장하는 결과를 낳기도 한다.

8. 정리

  수도원은 개혁의 주체 세력이나 문제 제기보다는 자신을 하나님께 드리는 삶에 관심이 있었다. 그러나 이런 원칙은 교회가 부패하거나 옳지 못한 신앙적 영성이 시대를 지배했을 때 하나님 앞에서 그리스도인의 삶이 어때야하는지를 돌아보게 하는 원천의 역할을 했다. 또한 교리나 신학이 아니라 실제적이고 구체적인 방법을 통해서 하나님께 자신을 드리자 했으므로 기독교가 이론적이고 학문적 영역에 머무는 것을 방지하고 구체적 삶의 문제나 영역과 함께 하며, 그 속에서 헌신하는 그리스도인들의 본을 보여주었다.

  특히 기독교의 개혁 운동과 관련해서는 전체적 흐름이 중세의 교리와 신학을 통한 조직과 체제의 권위에 대해 그들이 가진 규범을 중시하고, 그 규범의 종합적 원천이 성경이라는 것을 분명히 함으로써, 교리나 교황의 제도적 권위보다는 성경이 권위의 원천이라는 주장의 길을 열었다는 것 등을 들 수 있을 것이다.

  물론 부정적 입장에서는 흔히 알려진 대로 고행(행위)을 통한 구원이나, 인간의 의를 통한 인간 행위의 강조 등이 언급되나, 기독교가 가지는 특징 중에 많든 적든 그런 요소(도덕적 요구까지 포함하여)가 있다는 것을 동의한다면, 여기에 돌을 던지는 것은 온당치 않다고 생각한다. 특히 수도사의 고행은 자신을 구원하기 위해서가 아니라 하나님께 올바로 헌신하기 위한 방법을 찾는 과정인 것을 생각하면, 행위를 통한 구원을 주장한다고 하는 주장은 크게 설득력이 없을 것이다.

 다만 자기 신학이 없고, 교황의 권위에 무조건적 복종이 강조되면서, 중세에 이단 재판에서 큰 역할을 한 것은 수도회가 가진 이상인 하나님의 뜻을 따르기 위해 고행을 하는 것이 하나님과 교황이 서로 맞바꾸어진 것 같아 커다란 오점으로 지적되어야 할 것이다.

 그러나 기독교에서 개혁이 있어왔고 중요하고 필요하다면 이것의 근본적 원천은 수도사의 이상 "모든 것을 버리고 하나님의 뜻대로" 사는 것이 "그리스도를 따라 사는 삶"이라는 큰 줄기에서 나왔다는 것은 인정해야 할 것이다.

제7장
영적 독서 안내
홍성주 목사(서울신학대학 및 성결대학, 영성)

　영적 독서란 영적이거나 종교적인 주제들에 대하여 독서하는 것을 뜻하지 않고 성령님에게 귀를 기울이게 하고 하나님의 통보 또는 암시에 눈 뜨게 하는 영적인 길로 이끌어 주는 책을 독서하는 것이다.
　영적 독서란 대부분 한 연인의 활동—말을 진하게 주고 받는 것—이요, 연애 편지의 행 뿐만 아니라 행간도 읽는 것이다. 또 그것은 여유있게 되풀이 하며 반추하는 독서이다. 바론 프리드리히 반 후겔은 "영적 독서란 흡사 밥을 먹는 것과 달리 알약을 빨아 먹는 것과 같다."라고 하였다.[1]
　영적 독서는 영성 생활의 초보자 뿐만 아니라 지도자도 일생 동안 꾸준히 힘써야 할 영성 훈련의 한 과정이다. 12세기 프랑스의 카르투지오 수도회의 수도사였던 구이고 2세는 영적 독서와 묵상과 기도와 관상의 관계를 다음과 같이 잘 이야기하였다.[2]

"독서는 외적 감각의 훈련이요, 묵상은 내적 식별과 관련되며, 기도는 바램과 연관 있으며, 그리고 관상은 모든 기능을 능가한다. 첫째 단계는 초보자에게 타당하며, 둘째 단계는 숙달자에게, 셋째는 헌신자에게, 넷째는 복된 자에게 타당하다…묵상이 없는 독서는 메마르게 되며, 독서 없는 묵상은 실수하기 쉽고, 묵상 없는 기도는 미적지근하며, 기도 없는 묵상은 열매가 없으며, 기도가 열렬할 때 관상에 이르지만, 기도 없이 관상에 이른다는 것은 드문 일이요, 기적일 것이다."

필자는 여기에 신학도들과 헌신자들의 영적 독서를 위하여 몇 가지 책들을 소개하고자 한다.[3] 이 책들을 읽는 데 있어서 수잔 안네트 무토 교수의 충고가 큰 도움이 될 것이다. 그는 정보용 독서와 영적 독서를 비교하면서 영적 독서를 위해서는 파고 들기보다는 곰곰이 생각하며, 변증법적이고 비교하기보다는 제자같이 유순하며, 분석하고 비판하기보다는 역동적이어서 우리가 읽는 것을 우리의 삶에 연관시키는 데 힘써야 한다고 하였다.[4]

1. 기본서

1. 성경(원어 성경, 영어 및 현대 외국어 성경, 한글 성경) — 100독
2. Williams, Charles. *The Descent of the Dove*.
3. von Balthasar, Hans Urs. *Prayer*: 저자는 스위스 가톨릭 교도로 몇 년 전 타계한 금세기 최고의 기독교 지성인 중 한 사람이다. 칼 바르트가 신학의 최고봉이었다면, 그는 기도와 영성의 최고봉이었다. 이 저작은 최고의 기도서로 인정되고 있다.
4. von Hegel. Baron Friedrick. *Selected Letters*, 1927: 잉글랜드 평신도 영성 지도자의 저작.
5. Herbert, George. *The Country Priest*: 16세기 잉글랜드에 살았던 저자의 목회 신학 입문서로 소명의 영성에 관한 책.
6. St. Augustine. *Confessions*(참회록).
7. Gregory the Great. *Pastoral Care*: 6세기 로마에서부터 지금까지 지속되는 목회 사역의 본질을 다룬 책.
8. Gregory of Nyssa. *The Life of Moses*, (tr.) Abraham J. Malherbe and Everett Ferhuson. Classics of Western Spirituality, New York: Paulist, 1978.(은성: 모세의 생애)
9. Barth, Karl. *The Epistle to the Romans*.
10. Teresa of Avila. *The Collected Works*. trans. by Kieran Kavanaugh, O.C.D. and Otilio Rodriguez, O.C.D. 1976: 3권으로 된 이 책은 그녀의 광범위한 영적 체험을 담고 있다.
11. Calvin, John. *Institutes of the Christian Religion*.
12. Henry Newman, John. *Apologia Pro Vita Sua*, 1864: 19세기 잉글랜드의 최고 지성이요 겸손했던 그리스도인의 저서.

13. Foxwell Albright, William. *From the Stone Age to Christianity*, 1945.

2. 고전

1. a Kempis, Thomas. *The Imitation of Christ*(그리스도를 본받아), ed. Harold C. Gardiner. Ann Arbor, MI: Servant, 1992.
2. Loyola, Ignatius. *The Spiritual Exercises.*(분도출판사: 영신수련)
3. Anonymous. *The Cloud of Unknowing*. ed. William Johnston. New York: Doubleday, 1973. 14세기 영국인의 저서(성 바오로: 무지의 구름).
4. Pascal, Blaise. *Pensees*(빵세).
5. Pseudo-Dionysius. *Collected Works*. 1987: 이 책은 그 어떤 저서보다 서방의 영성에 많은 영향을 끼쳤다. 저자는 아덴에 있던 바울 전도의 회심자로 오랫동안 알려져 왔으나 요즘에는 5세기 헬라인으로 알려져 있다.
6. Athanasius. *The Life of Antony*, 1980.(은성: 안토니의 생애)
7. Bonaventura. *The Soul's Journey into God: The Tree of Life; The life of St. Francis*. tr. Ewert Cousins. Classics of Western Spirituality. New York: Paulist, 1978.
8. Bunyan, John. *The Pilgrim's Progress*(천로역정).
9. Barth, Karl. *Evangelical Theology: An Introduction*, 1963.
10. John of the Cross. *The Collected Works*. tr. by Kieran Kavanaugh, OCD and Otilio Rodriguez, OCD. Washington,

DC: Institute of Carmelite Studies, ICS Publications, 1991.

11. Bernard of Clairvaux. *Selected Works*. tr. G. R. Evans. Classics of Western Spirituality. New York: Paulist, 1987. 12세기 수도원장의 작품으로 그의 주제는 사랑.

12. Kierkegaard, *Purity of Heart is To will One Thing: Spiritual Preparation for the Office of Confession*. tr. Douglas V. Steere. New York: Harper, 1956.

13. St. Nikodimos of the Holy Mountain and St. Makarios of Corinth(comp.) *The Philokalia*. 3 vols. tr. and ed. by G. E. H. Palmer, Philip Sheerrard, Kallistos Ware, 1979: 1천 년 이상 (4-15세기)의 기간 동안 쓰여진 글 모음집으로 풍부하고도 스릴 넘치는 동방 정교회의 영성을 보여 주고 있다.

14. vin Balthasar, Hans Urs. *The Glory of the Lord: A Theological Aesthetics,* 7 vols., 1982.

3. 기도

1. von Hegel, Frederick. *The Life of Prayer*, 1921: 저자는 영성 생활에 있어서 20세기 대가들 중의 한 사람이다.

2. Buber, Martin. *I and Thou*(나와 너).

3. Heiler, Friedrich. *Prayer: A Study in the History and Psychology of Religion*. tr. and ed. by Samuel Mccomb. New York: Oxford University Press, 1958.

4. Lewis, C. S. *Letters to Malcolm: Cheifly on Prayer*. New York Harcourt, Brace & World Inc., 1963.

5. Tugwell, Simon. *Prayer in Practice*, 1974.

6. Tugwell, Simon. *Prayer: Living with God*, 1975.
7. Cassian, John. *Conferences*. tr. Coln Luibheid. Classics of Western Spirituality. New York: Paulist, 1985. 저자는 5세기 수도사로 수도사들을 위해 이 책을 썼는데 오늘날의 목사들을 위해서도 대단히 유익하다.
8. Forsith, P. T. *The Soul of Prayer*, 1916.
9. Ellul, Jacques. *Prayer and Modern Man*, 1973.
10. Leech, Kenneth. *True Prayer*, 1980(은성: 마음으로 드리는 기도).
11. Houston, James M. *The Transforming Friendship*, 1989. 저자는 카나다의 Regent College의 영성신학 교수이다.
12. Foster, Richard J. *Prayer: Finding The Heart's True Home*. 1993(두란노: 기도). 저자는 미국의 Azusa Pacific University의 영성신학 교수로 기도를 실제적으로 접근하였다.
13. Bondi, Roberta C. *To Pray and To Love: Conversations on Prayer with the Early Church*(콘콜디아사: 기도와 사랑). Emory University의 교회사 교수
14. Carson, D. A. ed. *Teach Us to Pray: Prayer in the Bible and the World*. London: The Paternoster Press and Baker Book House, 1990.
15. Harkness, Georgia. *Prayer and the Common Life*. New York: Abingdon-Cokesbury Press.
16. Miller, Patrick D. *They Cried to the Lord: The Form and Theology of Biblical Prayer*. Minneapolis: Fortress Press, 1994. 프린스톤 신학 교수
17. Spear, Wayne R. *The Theology of Prayer: A Systematic Study of the Biblical Teaching on Prayer*. Baker Book House, 1979(기독교서회: 시도의 신학).

4. 영성 형성

1. Barth, Karl. *The Christian Life, Church Dogmatics IV*, 4, Lecture Fragments, 1981.
2. von Rad, Gerhard. *Wisdom in Israel*, 1972.
3. Forsyth, P. T. *The Cure of Souls: An Anthology of P. T. Forsyth's Practical Writings*. ed. by Harry Escott, 1971. 이 책은 필체가 화려하고 풍미로운 영성이 있다.
4. Law, William. *A Serious Call to A Devout and Holy Life*, 1906(크리스챤 다이제스트: 경건한 삶을 위하여).
5. Bonhoeffer, Dietrich. *Life Together*, 1954(기독교서회: 신도의 공동생활).
6. Foster, Richard J. *Celebration of Discipline*(은성: 영성훈련).
7. van Kaam, *Formative Spirituality*. 4 vols, 1983-87. 네덜란드 신부로 미국의 Doquense University에 영성형성연구소를 창립하였다.

5. 영성 지도

1. Aelred of Rievaulx. *Spiritual Friendship*. Trans. by Mary Eugenia Laker, S.S.N.D, 1974. 12세기 북잉글랜드 수도원장의 저서
2. de Sales, Francis. *Introduction to the Devout Life and Letters of Spiritual Direction*, 1988. 일상 생활 속에서의 평신도의 영

성을 다룸.

3. Leech, Kenneth. *Soul Friend*, 1977. 영성 형성의 전 차원을 회복하려는 시도.

4. Merton, Thomas. *Spiritual Direction & Meditation*. MN: Liturgical Press, 1960.

5. de Chardin, Pierre Teilhard. *The Devine Milieu: An Essay on the Interior Life*. London: William Collins, Fontana Books, 1964.

6. May, Gerald. *Care of Mind/Care of Spirit*, 1982.

7. Heufelder, Jerome and Coelho, Mary. ed. *Writing on Spiritual Direction by Great Christian Masters*, 1982.

8. Steere, Douglas V. *Together in Solitude*. 1982. 퀘이커 교도인 저자는 금세기의 영성 지도자 중 한 사람.

9. Luther, Martin. *Letters of Spiritual Counsel*, 1955.

10. Aumann, Jordan. *Spiritual Theology*. London: Sheed and Ward, 1993(영성신학).

11. van Kaan, Adrian. *The Dynamics of Spiritual Life in the Methodist Tradition, 1791-1945*. London: Epworth Press, 1966.

6 영성 훈련

1. Willard, Dallas. *The Spirit of the Disciplines*. Harper & Row Publishers, 1988(은성: 영성훈련).

2. Thruman, Howard. *Disciplines of the Spirit*. Richmond, In:

Friends United Press, 1963.

3. Underhill, Evelyn. *The Spiritual Life*. London: Harper & Brothers, 1937.

4. Whiney, Donald S. *Spiritual Disciplines in the Christian Life*. Nav Press, 1993.

5. Wakefield, Gordon S. *Methodist Devotion: The Spiritual Life in the Methodist Tradition, 1791-1945*. London: Epworth Press, 1966.

6. Foster, Richard J. *A Spiritual Workbook*.

7. 영성사

1. Bouyer, Louis. *A History of Christian Spirituality*. vol. I, II. New York: Seabury Press: Minneapolis: Winston Press, 1963. 가톨릭에 치중.

2. Holt, Bradley P. *Thirsty for God: A Brief History of Christian Spirituality*(은성: 기독교 영성사).

3. Kirk, Kenneth. *The Vision of God*. Oxford Scholarship.

4. Williams, Rowan. *Christian Spirituality*.

5. Pannenberg, Wolfhart. *Christian Spirituality*. 대단히 개신교적이고 현대적이고 학문적이다.

6. Louth, Andrew. *The Origins of the Christian Mystical Tradition: From Plato to Denys*, 1981.

7. Wakefield, Gordon S. ed. *A Dictionary of Christian Spirituality*. London: SCM Press, 1983.

8. McGinn, Bernard and Meyendorff, John and Others. ed. *Christian Spirituality*. 3 vols. World Spirituality Series. New York: Crossroads, 1985, 89.

8. 개신교 영성

1) 현대

1. Amirthan, Samuel & Robin. *Prayer*. ed. Resources for Spiritual Formation in Theological Education. WCC Programon Theological Education, 1989.

2. Godon, James R. *Evangelical Spirituality: From The Wesleys to John Stott*. Abingdon Press, 1993.

3. Lovelace, Richard F. *Dynamics of the Spiritual Life: An Evangelical Theology of Spiritual Renewal*. InterVarsity Press, 1979.

4. Macquarrie, John. *Paths in Spirituality*. SCM Press Ltd., 1972.

5. Schaeffer, Francis A. *True Spirituality*. Wheaton, II. Tyndale, 1971.

6. Senn, Frank. ed. *Protestant Spiritual Traditions*. Paulist Press, 1986.

7. Mass, Robin & O'Donnel, Gabriel, O. P. *Spiritual Traditions for the Contemporary Church*. Nashville, TN: Abingdon Press, 1990.

8. Underhill, Evelyn. *Mysticism*. New York: New American

Library, 1974.
9. Veith, Gene Edward. *Reformation Spirituality: The Religion of Georgy Herbert*. Bucknell U. Press, 1985.
10. Wakefield, Gordon S, ed. *A Dictionary of Christian Spirituality*. London: SCM Press, 1983.
11. Cheslyn Jones and Others. *The Study of Spirituality*. New York: Oxford University Press, 1986.

2) 고전

1. Arndt, Johann. *True Christianity*. Paulist Press(Classics of Western Spirituality), 1979(은성: 진정한 기독교).
2. Baxter, Richard. *The Saint's Everlasting Rest*(Abridged by Benjamin Fawcett), Philadelphia: J. Highlands, 1885.
3. Bonhoeffer, Dietrich. *Letters and Papers From Prison*. London: Fontana, 1953.
4. Calvin, John. *The Piety of John Calvin: An Anthology*. tr. &. ed. by Ford Lewis Battles. Baker Book House, 1978.
5. Finney, Charles Grandison. *Principles of Sanctification*. Minneapolis, Mn. Bethany House, 1986.
6. Finney, Charles Grandison. *The Promise of the Spirit*. Comp. & ed. by Timothy L. Smith. Minneapolis, Mn. Bethany Fellowship, 1980.
7. Palmer, Phoebe, *Selected Writings*. Paulist Press(SAS), 1988.
8. Taylor, Jeremy. *Holy Living and Dying*. London: Bohn, 1858.
9. Wesley, John. *A Plain Account of Christian Perfection*. Epworth Press, 1952.

9. 영성과 기도에 관한 한국 문헌

1. 김경재, 그리스도인의 영성 훈련, 대한기독교서회, 1990.
2. 김경재, 영성신학서설, 대한기독교서회, 1987.
3. 김경재, 종교다원주의 시대의 기독교 영성, 다산글방, 1992.
4. 김보록, 기도하는 삶, 광주: 생활성서사, 1990.
5. 김외식, 현대 교회와 영성목회, 감신대 출판부, 1994.
6. 류기종, 기독교 영성, 도서출판 열림, 1994.
7. 박영만, 기독교 영성의 뿌리와 열매들, 성광문화사, 1993.
8. 오성춘, 영성과 목회, 장신대 출판부, 1994.
9. 엄두섭, 수도생활의 향기, 보이스사, 1989.
10. 엄두섭, 영성생활의 향기, 은성, 1994. (그외 다수)
11. 이기반, 히말라야의 눈꽃: 썬다싱의 생애. 믿음의 글들 80. 홍성사, 1994.
12. 들의 꽃 공중의 새, 믿음의 글들 136. 홍성사. (그외 다수)
13. 이성주, 기도의 신학, 인천: 나눔터, 1994.
14. 정대식, 기도와 삶, 가톨릭 출판사, 1993.
15. 최일도, 김연수, 영성 수련의 실제, 도서출판 나눔사, 1992.
16. 협성신학연구소 편. 기독교 신학과 영성, 도서출판 솔로몬, 1995.
17. 홍성주, 21세기 영성신학, 은성, 1995.
18. 홍성주, 21세기 기도신학, 은성, 1996.
19. 한국기독교학회 편, 한국 교회와 영성, 하우기획출판, 1992.
20. 한국기독교학회 편, 오늘의 영성신학, 한국기독교총서 4. 하우, 1992.

주(註)

1. Eugne H. Peterson, *Take and Read—Spiritual Reading: Annotated List, Introduction*(Michigan: Willian B. Eerdmans Publishing Company, 1996), pp. vii-viii.

2. Susan Annette Muto, *A Practical Guide to Spiritual Reading,* revised ed. with a Foreword by Adrian van Kaam(Massachusetts: St. Bede's Publications, 1994), p. 286.

3. 필자는 책들을 소개함에 있어서 주 1, 2의 책들과 아래에 소개하는 필자의 책들을 참조하였음을 밝혀둔다.

   홍성주, 21세기 영성신학, 은성, 1995.

   홍성주, 21세기 기도신학, 은성, 1996.

4. Muto, op. cit., p. 12f